मैनेजमेंट गुरु

# भगवान श्रीकृष्ण



ओ. पी. झा

डायमंड बुक्स

**ISBN : 978-81-288-3772-2**



**प्रकाशक** : **डायमंड पॉकेट बुक्स (प्रा.) लि.**
X-30, ओखला इंडस्ट्रियल एरिया, फेज-II
नई दिल्ली-110020
फोन : 011-40712200
ई-मेल : sales@dpb.in
वेबसाइट : www.diamondbook.in

---

MANAGEMENT GURU BHAGWAN SHRI KRISHAN
*by : O. P. Jha*

# आमुख

बीसवीं सदी के अंतिम पच्चीस वर्षों में मैनेजमेन्ट एक महत्त्वपूर्ण विषय के रूप में उभरा। इक्कीसवीं सदी के पहले दशक में यह सबसे लोकप्रिय विषय बन गया। इंजीनियरिंग, मेडिकल, योजना, ब्यूरोक्रेसी और अर्थशास्त्र के अलावा आम आदमी की रुचि मैनेजमेन्ट के प्रति भी बढ़ी। इस विषय में उपलब्ध किताबों की बाढ़ सी है। इनमें से कुछ विशेषज्ञों के लिए हैं तो कुछ विशेष टॉपिक पर आधारित हैं, कुछ किताबें ज्ञानवर्द्धक हैं तो कुछ उलझाने वाली।

भारत के सबसे लोकप्रिय व्यक्तित्व भगवान कृष्ण हैं। हजारों साल गुजर चुके हैं, लेकिन लोगों की रुचि उनमें बनी हुई है। आज भी, वे कवियों की प्रेरणा हैं। उनका जीवन विविधताओं से भरा है, यह अत्यंत उच्च स्तर के मैनेजमेन्ट के बिना असंभव था। बात चाहे ब्रह्मांड के सर्जक की हो या अद्‌भुत क्षमता वाले इंसान की, मैनेजमेन्ट की जरूरत दोनों ही जगह थी। भारत में ज्यादातर लोग कृष्ण को सर्वशक्तिमान ईश्वर का अवतार मानते हैं। कुछ इन्हें सर्वाधिक विकसित आत्मा मानते हैं। अलग-अलग लोगों के विचार अलग-अलग हो सकते हैं, लेकिन इतना तो निश्चित है कि सभी इन्हें असाधारण मानते हैं। यही वजह है कि उनके जीवन को नजदीक से जानने की उत्सुकता अभी भी बनी हुई है।

आप चाहे प्रबंधन के क्षेत्र से जुड़े हों या किसी और से, भगवान कृष्ण के जीवन पर एक सरसरी निगाह डालने की जरूरत तो है ही। उनके जीवन के कुछ हिस्सों से जब हम गुजरते हैं तो हमें अहसास होता है कि उनमें प्रबंधन की अद्‌भुत क्षमता रही होगी। यह किताब कृष्ण के जीवन में प्रबंधन दक्षता को सामने लाने की ईमानदार कोशिश है। मैं उम्मीद करता हूं कि इससे साधारण आदमी को एक नई दिशा मिलेगी। यह आत्मा को भी शांति देने में सहायक होगी। निस्संदेह इसके कुछ तथ्य विशेषज्ञों के लिए भी लाभकारी होंगे।

इस किताब के लेखक ने डायमंड बुक्स के प्रकाशक श्री एन. के. वर्मा के नेतृत्व में ही अपनी कोशिश को ठोस आकार दिया। श्री एन. के. वर्मा को किताबों से बहुत प्यार है। वे जहां एक ओर प्राचीन ज्ञान को किताबों के जरिए सामने लाने में विश्वास करते हैं वहीं दूसरी ओर उन्हें अनछुए इलाकों में भी घूमने में हिचक नहीं होती। इसलिए वे किताबों और जर्नलों की आश्चर्यजनक शृंखला प्रकाशित करते हैं। यह एक महान कार्य है.... सचमुच महान।

मैं उन सब लोगों के प्रति अपना आभार व्यक्त करता हूं, जिन्होंने प्रत्यक्ष या अप्रत्यक्ष तौर पर किताब को उसके आकार में लाकर, उसे उनके सच्चे प्रेमी या पाठक तक पहुंचाने में मेरी मदद की है। निस्संदेह, मेरे परिवारजन, मेरी धर्म पत्नी श्रीमती ममता झा और पुत्र आयुष्मान अभिनव चैतन्य ने अनन्य निष्ठा के साथ इस ग्रंथ को पूरा करने में अत्यंत सहयोग दिया है।

**आपका**

**ओ.पी. झा**

**email : opjha189@gmail.com**

# विषयवस्तु

## भाग–1

## ( असीम विस्तार )



## भाग–2

## ( भगवान कृष्ण और संगठन के स्तर पर मैनेजमेंट )

## भाग-3

## ( भगवान कृष्ण और व्यक्तिगत स्तर पर मैनेजमेन्ट )



## भाग-4

## ( मैनेजमेंट गुरु भगवान कृष्ण और अंतर्राष्ट्रीय विवादों का समाधान )

# भाग 1

# असीम विस्तार

# 1

# गुरु के रूप में कृष्ण

**कृष्णम् नारायाणम् वन्दे कृष्णम् जगद्गुरुम्।**
**कृष्णम् द्वौपायनम् वन्दे कृष्णम् पृथा सुतम्।।**

**– श्रीमद्भागवत**

***तात्पर्यः हम कृष्ण को परम-आत्मा नारायण और जगद्गुरु होने के नाते प्रणाम करते हैं। उनके साथ-साथ हम भागवत् के लेखक द्वौपायन और पृथा ( कुंती ) पुत्र अर्जुन को भी नमन करते हैं।***

जब हम भगवान् कृष्ण पर उपलब्ध साहित्य को पढ़ते हैं तो आश्चर्यचकित रह जाते हैं। क्या यह संभव है कि एक व्यक्ति का जीवन इतने सारे गुणों और विविधताओं से भरा हो? कृष्ण के जीवन में मौजूद कलाओं और विविधताओं के आधार पर लोग उन्हें सर्वोच्च ईश्वर के रूप में पूजते हैं।

कृष्ण बालक के तौर पर सबके दुलारे थे। युवा कृष्ण लड़कियों के ध्यानाकर्षण का केंद्र थे। एक योद्धा के तौर पर उनके समय के शक्तिशाली योद्धाओं ने भी उनकी सराहना की। वे एक कर्त्तव्यनिष्ठ पुत्र, विश्वासी मित्र, समर्पित पति (जबकि उनकी अनेक पत्नियां थी), सफल कूटनीतिज्ञ, एक गुणी चिंतक, दूरदर्शी और अच्छाई के झंडाबरदार थे। वे अपने समय का बेहतरीन नमूना हैं।

उनके गुणों और कलाओं की इतिहास पर अमिट छाप है। एक गुरु के रूप में उनके पद्चिन्ह स्थायी और प्रेरणादायी हैं। मुझे पहले 'गुरु' पद की व्याख्या करनी चाहिए। गुरु का मतलब महज शिक्षक या आध्यात्मिक शिक्षक नहीं हैं। गुरु वह है, जो अपने शिष्यों को बंधन से मुक्त करता है और उसके जीवन को सुखमय बनाता है। गुरु हर तरह की कमजोरी से ऊपर होता है।

कृष्ण जब मात्र एक सप्ताह के थे तो पूतना नाम की एक राक्षसी उन्हें मारने के लिए आयी। वह एक स्त्री की वेशभूषा धारण करके आयी थी। उसने अपने वक्ष पर विष लगा लिया था। उसने कृष्ण को दूध पिलाने की कोशिश की। लेकिन कृष्ण का स्वाद विकसित हो चुका था। वे मां के दूध और दुश्मन के दूध में अंतर करने में सक्षम थे। चिंतकों ने इस वाकये को अलग-अलग नजरिये से देखा। लेकिन मेरे विचार से इसका सीधा मतलब है कि वेश बदलकर उन्हें मूर्ख नहीं बनाया जा सकता था। सच्चे गुरु दिखावे से प्रभावित नहीं होते हैं और अपने अनुयायियों को सत्य और तथ्य की पहचान करने की प्रेरणा देते हैं।

कृष्ण जीवन की अनदेखी कभी नहीं करते हैं। वह समता और विषमता दोनों में ही जीवन की सुंदरता को देखते हैं। अध्यात्म और भौतिकता बहुत अलग नहीं है। अध्यात्म के जीवन को नकारना ऐसा है, मानो हम भोजन की अवहेलना करें और स्वस्थ होने की कामना करें।

कृष्ण को अपने साथियों के साथ मजा आता था। लेकिन उनके मित्र जानते थे कि वह उन सबमें श्रेष्ठ हैं। एक नेता को अपने टीम के साथ काम करने में मन जरूर लगता है, लेकिन दूसरे सदस्यों को उसकी योग्यता में विश्वास भी होता है। बचपन के दिनों में खेल के दौरान कृष्ण के मित्रों को बराबर का दर्जा हासिल था। लेकिन उन्हें पता था कि जब समस्या सामने होगी तो कृष्ण ही रक्षक बनेंगे। एक गुरु सबके बीच वैसे ही नजर आ सकते हैं, लेकिन उनमें सबसे बेहतर करने का उत्साह भी रहता है।

ब्रज की गोपियों को कृष्ण से प्यार था। कृष्ण के दिल में भी वैसी ही भावना थी। लेकिन उनका प्यार किसी विशेष के लिए नहीं था। हां, भले ही उनके दिल में राधा के लिए विशेष जगह थी। हालांकि राधा के प्रति अपने विशेष झुकाव की उन्होंने कभी चर्चा नहीं की। लेकिन उनके सहयोगी उनकी पसंद-नापसंद को समझते थे। कृष्ण जब भी राधा के साथ होते थे तो दूसरी गोपियां उन्हें परेशान नहीं करती थीं। बिना घोषणा किए भी गुरु की मंशा स्पष्ट होती है। उनके अनुयायी उनके मिशन को संपादित करते हैं।

महाभारत के युद्ध के पहले कृष्ण गुरु के सबसे अच्छे रूप में नजर आए। कुरूक्षेत्र के मैदान में एक भीषण युद्ध का लड़ा जाना निश्चित था। पांडवों और कौरवों की सेनाएं वहां जमा हो चुकी थी। वास्तविक युद्ध के पहले पांडवों के शक्तिशाली योद्धा अर्जुन, कृष्ण के साथ दोनों सेनाओं के बीच आए। अर्जुन

भावनाओं के भंवरजाल में फंसे थे। वह अपने सगे-संबंधियों को मारने के लिए तैयार नहीं थे। वह आत्मसमर्पण करना चाहते थे।

यह एक सामान्य कमजोरी है। बहुधा लोग ऐसे विचारों में उलझ जाते हैं और लक्ष्य को प्राप्त करने में ऐसी बाधाएं आती हैं। कभी किसी की शैली तो कभी पारिवारिक रिश्ते, कभी राजनीतिक परेशानियां तो कभी दोस्ती और कभी कई दूसरी चीजें लक्ष्य प्राप्त करने की राह में अड़चन बन जाती हैं। एक सच्चा गुरु अपने शिष्य की आंखों के सामने से यह अंधकार हटाकर उन्हें रोशनी दिखाता है। ताकि उनका शिष्य अपने कर्त्तव्य से चूके नहीं।

लोग भावुक होकर अपने कर्त्तव्य से पीछे हटने लगते हैं। गुरु उन्हें कर्त्तव्य की महत्ता समझाता है। उनके सामने कर्त्तव्य की सही परिभाषा रखता है। अर्जुन के लिए महाभारत का युद्ध राजगद्दी की लड़ाई थी। कृष्ण के लिए यह उत्तराधिकार की लड़ाई नहीं थी। वह युद्ध के कारणों को ही उखाड़ फेंकना चाहते थे। लोग लड़ाइयां लड़ते हैं, लेकिन उसके कारण और उसकी उत्पत्ति को जानने की कोशिश नहीं करते। महाभारत के बाद भारत में कोई महायुद्ध नहीं लड़ा गया। यहां कोई विश्वयुद्ध नहीं हुआ। केवल लड़ाईयां लड़ी गयी।

अर्जुन के लिए दुर्योधन उनके दुश्मन थे। कृष्ण के लिए दुर्योधन नकारात्मक ऊर्जा के प्रतीक थे। उन्हें सभी बुराइयों का कारण ही खत्म करना था और अच्छाइयों की सत्ता स्थापित करनी थी।

कृष्ण ने अर्जुन को विश्वास में लिया और उन्हें अपना कर्त्तव्य निभाने का उपदेश दिया। अर्जुन को समझाने के लिए उन्होंने अपना दर्शन, तर्क और बल के साथ प्रस्तुत किया। उनकी सूक्तियां लोकप्रिय हुई। रणक्षेत्र में कृष्ण के द्वारा अर्जुन को दिए गए उपदेश को हम गीता के रूप में जानते हैं। वास्तव में यह गीतों का संग्रह है। यहां सूक्तियां गीत बन गयीं। जिसे सब गाते हैं। यह किताब किसी संप्रदाय से संबंधित नहीं है। यह गीत सार्वभौमिक है। यह जीवन को समझने का दस्तावेज है।

हम किसी को एक बार में विश्वास नहीं दिला सकते। समझाने में वक्त लगता है। गीता के प्रथम अध्याय में अर्जुन अपनी कमजोरी और उदासी के बारे में बताता है। दूसरे अध्याय में कृष्ण उसे आत्मा की निरंतरता का उपदेश देते हैं। लेकिन कमजोरी और उदासी से घिरे व्यक्ति के लिए आत्मा की निरंतरता कोई मायने नहीं रखती है। इसके बाद भगवान् कृष्ण नैतिकता और

औचित्य पर भाषण केंद्रित करते हैं। लेकिन अर्जुन इसके बाद भी युद्ध के लिए तैयार नहीं होते हैं। तब कृष्ण महामानवों वाला गुण दिखाते हैं। इससे अर्जुन लक्ष्य तक पहुंचने के लिए तैयार हो जाते हैं। इससे पहले अर्जुन, कृष्ण को अपना मित्र और मार्गदर्शक मान रहे थे। लेकिन दसवें और ग्यारहवें अध्याय के बाद कृष्ण और अर्जुन दोनों के सुर बदल गए। अब, कृष्ण गुरु के रूप में थे और अर्जुन उनका शिष्य बनकर परम सुख का आनंद ले रहे थे।

किसी व्यक्ति को जब गुरु की क्षमता का ज्ञान हो जाता है तो वह समर्पित हो जाता है। अर्जुन कृष्ण को अपने गुरु के रूप में स्वीकार करते हैं। इसी स्वीकृति के बाद कृष्ण कर्त्तव्य, समर्पण और ज्ञान के महत्त्व पर उपदेश देते हैं। अर्जुन को यह समझ आ जाती है कि दुर्योधन कुकर्मों का प्रतिनिधि है। शांति स्थापित कर विश्व के फलने-फूलने के लिए दुर्योधन का अंत आवश्यक है।

यह ज्ञान प्राप्त कर अर्जुन युद्ध में उतरते हैं। अपने कर्त्तव्य को संपूर्ण गुणवत्ता से निभाने के लिए विभाग का बौद्धिक झुकाव होना आवश्यक है। उस समय भावनाओं के साथ नहीं बहना चाहिए। भावुक होना अच्छा है, दयालु होना बेहतर है, लेकिन कवि के कौशल से काम करना सर्वोत्तम है। सबसे अच्छी कविता सच की गहराइयों से निकल कर आती है। गीता सच्चाई का ही सार है। जो जीवन में फलना-फूलना और तरक्की करना चाहते हैं, उनके लिए गीता का सारगर्भित अध्ययन जरूरी है। 'गीता' कृष्ण के अति विशिष्ट जीवन और अनश्वर जीवन दर्शन से निकलकर आया एक सुंदर फूल है। प्रबंधन गुरु भगवान् कृष्ण, महागुरु भगवान् कृष्ण के महज एक प्रतिबिंब है। आगे के अध्यायों में हमें उन्हीं अमर कृष्ण की झलकियां देखने को मिलेगी।

यहां मैं सार्वभौमिक गुरु भगवान् कृष्ण को प्रणाम करता हूं। (वंदे कृष्णम् जगद्गुरु)!

# 2

# भगवान् कृष्ण की चौसठ कलाएं और मैनेजमेंट

गुणात्मनस्तेऽपि गुणान् विमांतु
हितावतीर्णस्य क ईशिरेऽस्य।
कालेन यैर्वा विमिताः सुकल्पै-
र्मूपांशवः खे मिहिकाद्युभासः॥

– श्रीमद्‌भागवत

*जिस भगवान श्रीकृष्ण ने विश्व के कल्याण हेतु जन्म लिया हो, उनके गुणों को जानने में कौन सक्षम है? क्योंकि वह ही समस्त गुणों को आच्छादित करते हैं। कोई व्यक्ति इस धरती के समस्त धूल-कणों को और यहां तक कि इस ब्रह्मांड के सभी तारों की गणना तो कर सकता है, किंतु उनके गुणों को कोई भी नहीं गिन सकता।*

*फिर भी पाठकों के परमानन्द के लिए यहां भगवान श्रीकृष्ण के चौंसठ गुणों अर्थात् कलाओं का वर्णन किया गया है जो कि रूप गोस्वामी रचित 'भक्तिरसामृत सिंधु' पर आधारित हैं।*

गीता के दसवें अध्याय में भगवान् कृष्ण ने सभी सुंदर वस्तुओं में ईश्वर के प्रतिबिंब को स्थापित किया है। वे कहते हैं कि सर्वशक्तिमान ईश्वर, हर नैसर्गिक चीज में मौजूद है। अंत में भगवान् कृष्ण स्वीकार करते हैं कि वे स्वयं हर जीवित और निर्जीव चीज में मौजूद हैं। भागवत् महापुराण के अनुसार ईश्वर का गुणगान नहीं किया जा सकता है। उनके गुण वर्णनातीत हैं। फिर भी कविगण परमानंदकी प्राप्ति के लिए भगवान् के गुणों का वर्णन करते हैं। इसी

पवित्र पुराण के अनुसार सृष्टि के प्रारंभ में भगवान् ने सोलह गुणों का निर्माण किया। यह सोलह गुण सर्वशक्तिमान ईश्वर के सोलह विभागों के द्वारा तैयार किया गया। हमारे शरीर में पांच ज्ञानेन्द्रियां, पांच कर्म इन्द्रियां, पांच तत्त्व (क्षिति, जल, पावक, गगन, समीर) और मन है। मनुष्य के अंदर ये सोलह घटक कभी बिल्कुल संतुलित नहीं रहते हैं। लेकिन एक सामान्य मनुष्य के अंदर इनका अनुपात समान जरूर रहता है। इन्हीं सोलह घटकों से संबंधित सोलह गुण हैं।

भगवत् महापुराण में संसार की उत्पत्ति का जिक्र है। इसमें ईश्वर की कृतियों और संसार को चलाने के लिए सोलह गुणों की स्वीकृति का वर्णन है। इनमें से कुछ गुण मनुष्यों में देखने को मिलते हैं। भारतवर्ष में कृष्ण को ईश्वर का सच्चा अवतार माना गया है। कुछ लोग उनकी सोलह कलाओं का वर्णन करते हैं तो कुछ उनके चौंसठ गुणों की बात करते हैं। कुछ भक्त ऐसे भी हैं, जो ईश्वर के मात्र छः लक्षणों से ही संतुष्ट हो जाते हैं। आगे हम इन गुणों, कलाओं और लक्षणों की बात करेंगे। चौसठ गुणों में सोलह कलाएं और छः लक्षण भी शामिल हैं।

चैतन्य महाप्रभु के अनुयायियों में एक सुप्रसिद्ध संत, कवि रूप गोस्वामी थे। उन्होंने अपनी प्रसिद्ध कृति 'भक्तिस्मृति सिंधु' में भगवान् कृष्ण के सोलह गुणों का वर्णन किया है। इनमें से कुछ गुण सभी मनुष्यों में मौजूद होते हैं। लेकिन सभी गुण किसी एक मनुष्य में मौजूद नहीं रह सकते। भगवान् कृष्ण में यह सारे गुण थे, जो निम्नांकित हैं –

## 1. सुरम्य अंग ( सुंदर शरीर )

भगवान् कृष्ण का शरीर बिल्कुल सही आकार में था। उनकी सुंदरता अद्वितीय थी। लोग उनकी ओर सहज रूप से आकर्षित होते थे। एक स्मार्ट और सुंदर व्यक्ति के सैकड़ों प्रशंसक होते हैं। किसी के भी व्यक्तित्व में उसके शारीरिक सौष्ठव का महत्त्वपूर्ण स्थान होता है। पहली नजर में शारीरिक बनावट पर ही ध्यान जाता है। इसे व्यायाम, योग और ध्यान के द्वारा सुंदर बनाया जा सकता है। लेकिन सुंदर शरीर मूलतः ईश्वर प्रदत्त एक वरदान है। भगवान् कृष्ण को 'श्यामसुंदर' कहा जाता था। वे आसपास की लड़कियों के चहेते थे। कृष्ण के यौवनावस्था में महिलाएं और लड़कियां उनका ध्यान आकर्षित करने के लिए हमेशा तत्पर रहती थीं। सुंदर शरीर एक वरदान है।

## 2. सर्वलक्षण समन्वित ( सभी लक्षणों से युक्त )

कृष्ण के व्यक्तित्व में सुंदर और उदात्त गुणों का समन्वय था। जिससे सभी प्रसन्न थे। कहा जाता है कि उनके जन्म के वक्त फूल खिल गए, वृक्ष फलों से लद गए और ऋषिगण वेदवाक्य गुनगुनाने लगे। राजाओं ने उन्हें अपने राजसी समारोहों में आमंत्रित किया। माताओं ने उन्हें खाने पर आमंत्रित किया। किशोरियों ने उन्हें बगीचों में मिलने के लिए बुलाया। उनकी उपस्थिति सबके लिए वांछनीय और सुखद थी।

## 3. रुचिप्रद ( सुखद )

कृष्ण का जगमगाता व्यक्तित्व देखकर लोगों में सुखद अहसास भर जाता था। अपनी बाल लीला से उन्होंने अपनी दत्तक माता यशोदा को स्वार्गिक सुख का अहसास करवाया। ब्रज अपने गोप साथियों के साथ उन्होंने खेल-खेल में मस्ती और आनंद का माहौल पैदा किया। वे नृत्य-गीत, नाटक और मीठी बातों से ब्रज की गोपियों का दिल जीत लेते थे। उन्होंने बुरी शक्तियों और आतंक को पराजित कर संजन लोगों को खुश किया। वह जो दूसरों के लिए सोचता है, हमेशा खुशी देने वाला होता है। भगवान् कृष्ण का व्यक्तित्व सुखद था। सबने उन्हें सराहा, प्यार किया और उनकी पूजा की।

## 4. तेजसयुक्त ( तेजस्वी )

भगवान् कृष्ण का व्यक्तित्व तेजोमय था। जैसे सूरज लगातार प्रकाश देता है, उसी तरह से उनका व्यक्तित्व भी प्रकाश फैलाने वाला था। अर्जुन को उन्होंने नैसर्गिक आंखें दीं ताकि वह उनके पराभौतिक रूप का दर्शन कर सके। तब अर्जुन ने देखा कि भगवान् के पास हजारों चांद, सूरज और तारों की रोशनी है। तेजोमय और शालीन व्यक्तित्व को सभी पसंद करते हैं। भगवान् के चेहरे की आभा इतनी प्रखर थी कि लोग उनके चेहरे की ओर लगातार नहीं देख पाते थे। उन्हें बगल हटना पड़ता था।

## 5. शक्तिशाली

कृष्ण बेहद शक्तिशाली थे। उन्होंने बल प्रयोग कर दुनिया को तबाह कर रहे दुर्दांत राक्षसों का नाश किया। कभी-कभी आततायी शक्तियों से निपटने के लिए बल प्रयोग को सही साबित करना पड़ता है। हालांकि यह आदर्श स्थिति

नहीं है। कृष्ण को मारने के लिए कंस के द्वारा भेजे गए राक्षसों के लिए अहिंसा का कोई मतलब नहीं था। कृष्ण का बचपन मथुरा के ब्रज में गुजरा। ब्रज के लोग भोले और सीधे थे। लेकिन कंस के सैनिक उन्हें लगातार परेशान कर रहे थे। बुरी शक्तियों को पूरी तरह से साफ करने के लिए, नियम-कानून बहाल करने के लिए और भोले- निर्दोष लोगों की रक्षा करने के लिए कभी-कभी बल प्रयोग आवश्यक हो जाता है। यहां बल महत्त्वपूर्ण है, लेकिन इसका प्रयोग अच्छे कारणों के लिए किया जाना चाहिए।

## 6. वयसान्वित ( कोमलता/कैशोर्य )

कृष्ण हमेशा एक किशोर की तरह दिखते थे। उनका व्यक्तित्व कोमलता और नवीनता से परिपूर्ण था। जवान दिखने की चाहत हर किसी में होती है। कोई इसके लिए जिम जाते हैं तो कोई आयुर्वेदिक और रासायनिक दवाओं का प्रयोग करते हैं। ऋषि च्यवन के बारे में मशहूर है कि उन्होंने अपने जीवन के सांध्यकाल में यौवन को फिर से प्राप्त करने का निश्चय किया। अंत में, उन्होंने एक ऐसी दवा खोज निकाली, जिसका सेवन कर व्यक्ति हमेशा जवान रह सके। मनुष्य जाति में जवान दिखने की शाश्वत इच्छा रही है। जो जवान दिखते हैं, वे आसानी से लोगों का दिल जीत लेते हैं और प्रभावशाली होते हैं।

## 7. विविध बहुभाषाविद्

कृष्ण अनेकानेक भाषाओं के जानकार थे। इसी क्षमता के कारण वे अलग-अलग क्षेत्रों के राजाओं और कूटनीतिज्ञों से आसानी से संवाद स्थापित कर लेते थे। आजकल के विविध भाषाओं के दौर में मात्र एक भाषा की जानकारी नाकाफी है। एक व्यक्ति को कम से कम दो भाषाओं की जानकारी होनी चाहिए। चाहे कोई सामान बेचना हो या लोगों के साथ परस्पर संवाद कायम करना हो, हमें अभीष्ट समूह के भाषा की जानकारी होनी चाहिए। जिसके पास यह जानकारी नहीं होती है, उसे मध्यस्थ की जरूरत होती है। मध्यस्थ दोनों ही भाषाओं का जानकार होता है और अनुवाद के जरिए संवाद कायम करने में मदद करता है। कभी-कभी संवाद जब तक अपने उद्‌गम से अंत तक पहुंचता है, उसकी आत्मा नष्ट हो जाती है। वर्तमान समय में अंग्रेजी की पहचान एक अंतर्राष्ट्रीय भाषा की है। इसके अलावा चीनी आबादी का एक बड़ा हिस्सा मंदारिन भाषा का प्रयोग करता है। हिन्दी बोलने वाले लोगों की संख्या 80 करोड़ से भी ज्यादा है। विज्ञापन इत्यादि के लिए स्थानीय भाषा का

उपयोग ज्यादा कारगर होती है। बुद्ध ने अपने विचारों के विस्तार के लिए संस्कृत की जगह क्षेत्रीय भाषा 'पाली' को चुना। लोगों को सामान्य तौर पर बोली और समझी जाने वाली भाषा के अलावा स्थानीय भाषा की भी जानकारी होनी चाहिए। तुलसीदास ने महाग्रंथ 'रामचरितमानस' को स्थानीय भाषा 'अवधी' में लिखा।

आधुनिक युग के जाने-माने भाषाविदों का मानना है कि ऐसे लोग जिन्हें अलग-अलग भाषाओं की जानकारी होती है, उनके पास सृदढ़ दिमागी शक्ति होती है। वे कई बिंदुओं पर और कई दिशाओं में सोचते हैं। इसलिए वे ज्यादा रचनात्मक होते हैं। भगवान् कृष्ण बहुभाषाविद् थे। इसलिए उन्हें सर्वोच्च रचनाकार माना जाता है।

## 8. सत्यवादी ( सच बोलने वाला )

कृष्ण सत्यवादी थे। वे झूठ नहीं बोलते थे। सच बोलने वाले पर लोग आसानी से विश्वास कर लेते हैं। ऐसे लोगों को सहयोगियों और जनसामान्य का आदर मिलता है। लीडरशिप या नेतृत्व करने के लिए यह परमावश्यक गुण है। यहां तक कि महाभारत की लड़ाई के दौरान भी कृष्ण ने एक भी झूठ नहीं बोला। पांडवों में सबसे बड़े धर्मराज युधिष्ठिर को शब्द काल्पनिक सच का सहारा लेना पड़ा, लेकिन भगवान् स्वयं झूठ से दूर रहे। बचपन में जब वे माता यशोदा से कुछ छिपाते थे तो उनका हाव-भाव इतना भोला होता था कि सच सामने आ जाता था। अच्छे व्यक्तित्व का सबसे सुदृढ़ स्तंभ सच्चाई ही है।

## 9. मृदुभाषी ( प्रिय वचन बोलने वाला )

केवल सच बोलना काफी नहीं होता है। हमें कड़वा सच नहीं बोलना चाहिए। बोली में मधुरता होनी चाहिए। भगवान् कृष्ण दुर्दांत अपराधियों से भी मीठी भाषा में ही बात करते थे। उनकी खासियत थी कि वे अपना आपा कभी नहीं खोते थे। भगवान् कृष्ण कठोर से कठोर संवाद भी मीठी भाषा में ही सुनाते थे। मीठे वचन बोलना बहुत आसान नहीं है, खास तौर पर जब कठोर संवाद सुनाना हो। इसके लिए संतुलित व्यक्तित्व की जरूरत होती है। मीठे वचन बोलकर हम उम्मीद से कहीं ज्यादा प्राप्त करते हैं। यही कारण है कि युद्ध जैसी परिस्थितियों में भी कूटनीतिज्ञ मीठी भाषा ही बोलते हैं।

कर्णप्रिय भाषा बोलना बच्चों का खेल नहीं है। इसके लिए सुनियोजित दिमाग और मनोविज्ञान की जरूरत होती है। यह मृदुभाषी या खुशनुमा

हृदय रखने वाले से भी अलग है। अगर आपके दिमाग में कोई बात चल रही है तो आप बहुत देर तक मीठी भाषा नहीं बोल सकते हैं। लाख कोशिशों के बावजूद आप अपनी मंशा बहुत देर तक छिपा कर नहीं रख सकते। भगवान् कृष्ण ब्रज की गोपियों के साथ मीठी-मीठी बातें किया करते थे। वे महाभारत के युद्ध के दौरान भी ऐसा करते थे। युद्ध के ठीक पहले कृष्ण ने जो उपदेश दिया, उसे हम 'गीता' के नाम से जानते हैं। यह कृष्ण की महानता की चरम है कि एक योद्धा रणक्षेत्र में दिव्य गान गाता है।

## 10. वाक्पटु

भगवान् कृष्ण अच्छे वक्ता थे। किसी भी बात को आकर्षक अंदाज में प्रस्तुत करने की कला में वे माहिर थे। इस कला में महारत हासिल करने के लिए कई तरह की जानकारी होनी चाहिए। वक्ता को समय और अवसर का ज्ञान होना चाहिए। इसके साथ ही उसे उस व्यक्ति अथवा श्रोता के बारे में भी पर्याप्त जानकारी होनी चाहिए, जिसके साथ संवाद स्थापित करना है। कृष्ण को इस कला में महारत हासिल थी। हर कोई अच्छा वक्ता नहीं हो सकता। वाक्पटुता प्रबंधन का एक महत्त्वपूर्ण गुण है। एक अच्छा वक्ता अपने भाषण से श्रोताओं को अपने पक्ष में कर लेता है और रास्ते की रुकावटों को उखाड़ फेंकता है। प्रभावशाली भाषण के लिए वक्ता को अवसर की नजाकत का पता होना चाहिए। कृष्ण अपने माता-पिता के सामने एक बच्चे की तरह व्यवहार करते थे। अपने साथियों के बीच वे लोकप्रिय नवयुवक दिखते थे। युद्ध के मैदान में वे रणनीतिकार के रूप में नजर आए। वहीं राजाओं के बीच उनकी भूमिका कूटनीतिज्ञ की थी। भक्त की आंखों में वे इन साधारण क्रियाकलापों से ऊपर थे। एक ही व्यक्ति में इन सभी भूमिकाओं का समावेश आश्चर्यजनक है। यह भी एक कला है, जिसे बेहतरीन प्रस्तुतीकरण कहा जा सकता है।

## 11. सुपंडित (सर्वज्ञाता)

कृष्ण सब कुछ जानने वाले अवतार थे। उनकी औपचारिक शिक्षा की शुरुआत बारह वर्ष की उम्र में हुई। मथुरा के निरंकुश राजा कंस को मारने के बाद उन्हें प्राचीन भारत के एक गुरुकुल में भेजा गया। एक आम आदमी के

नजरिए से देखें तो लगता है कि इससे पहले कृष्ण ने जीवन को काफी नजदीक से देखा। उनके पास मीठे और कटु दोनों ही तरह के अनुभव थे। उन्हें अपने माता-पिता से बारह वर्षों तक अलग रहना पड़ा। कंस ने उनके माता-पिता को बंदी बना लिया था। हालांकि उनकी दत्तक माता यशोदा ने उनके लालन-पालन में ही अपना जीवन समर्पित कर दिया। इसका पता कृष्ण को भी था। कृष्ण ने दर्जनों दुर्दांत राक्षसों का खात्मा किया। इन अनुभवों से वे परिपक्व हुए। ईश्वर के नजरिए से देखें तो कृष्ण में सारे गुण जन्मजात थे। लेकिन साधारण आदमी जीवन के अलग-अलग चरणों में अलग-अलग चीजें सीखता है। प्राचीन भारत में मौजूद शिक्षा पद्धति के अनुसार कृष्ण ने सभी चौंसठ गुण, सोलह कलाएं और स्वाध्याय की चौदह शाखाओं का ज्ञान ऋषि संदीपनी के गुरुकुल में मात्र चौंसठ दिनों के छोटे से अंतराल में ग्रहण किया। आजकल के समाज में परिस्थितियों का योग्यतापूर्वक आकलन कर, अभीष्ट परिणाम देने के लिए व्यक्ति का अच्छी तरह पढ़ा-लिखा होना जरूरी है। यहां एक साथ कई काम निपटाने होते हैं। इसे सफलतापूर्वक करने के लिए अलग-अलग तरह के अनुभवों की जरूरत है।

## 12. बुद्धिमान

अगर कोई सुंदर है, लेकिन बुद्धिमान नहीं तो उसे जीवन में समुचित सफलता नहीं मिलेगी। भगवान् कृष्ण बचपन से ही काफी तीक्ष्ण बुद्धि के थे। आजकल लोग भावनात्मक बुद्धिमता की बातें करते हैं। अगर भावनात्मक स्तर पर रिश्ता बनाने के लिए बुद्धिमता का इस्तेमाल किया जाये तो उचित है। लेकिन अधिकांश मामलों में भावनात्मक बुद्धिमता का इस्तेमाल लोगों को भावनात्मक स्तर पर ब्लैकमेल करने के लिए किया जा रहा है। विज्ञापनों की दुनिया में लाभ कमाने के लिए लोगों की भावनाओं को नियंत्रित करने के बहाने बहकाया जा रहा है। लेकिन उत्पाद की गुणवत्ता सर्वोपरि है। अगर यह स्तर सही है तो उत्पाद चल निकलता है। जाली सिक्के किसी काम के नहीं होते। नैतिक रूप से सही लोगों को खुश करने के लिए भगवान् कृष्ण ने भावनात्मक कुशाग्रता के साथ-साथ बुद्धिमता का भी सहारा लिया। भावनात्मक बुद्धिमता में स्थायित्व नहीं होता। इसलिए मैं भावनात्मक बुद्धिमता के बदले नैतिक बुद्धिमता का प्रयोग करना चाहूंगा। यहां नैतिक बुद्धिमता की व्याख्या आवश्यक है। यह हमारी अंतरात्मा से निर्देशित होता है। यह हमें स्वार्थपूर्ति और दूसरों को

बेवकूफ बनाने के लिए कभी प्रेरित नहीं करता। यह दूसरे की भावनाओं के साथ खिलवाड़ नहीं करता है। यह सबके फायदे के लिए और स्थायी होता है। यह न तो किसी विशेष पंथ की वकालत करता है और न ही जरूरत से ज्यादा व्यापक होता है। इसमें हृदय को छूने वाली संवेदना होती है पर इसका ठोस व्यावहारिक पक्ष भी होता है। यह समग्र विकास  की आवश्यक शर्त है। हमारी अंतरात्मा सही और गलत का निर्धारण आसानी से कर लेती है। यहां धर्मनिरपेक्ष और नैतिकता के बीच कोई संघर्ष नहीं है। नैतिकता का प्रयोग आध्यात्मिक और धर्मनिरपेक्ष दोनों ही विषयों में प्रसांगिक और आवश्यक है। इसलिए नैतिक बुद्धिमता पूर्ण रूप से उत्पादक है। भगवान् कृष्ण ने इसी बुद्धिमता का परिचय दिया।

यह बड़े-बड़े पूंजीपतियों और विशाल औद्योगिक घरानों के टिके रहने के लिए भी जरूरी है। कई मामले ऐसे होते हैं, जिनमें औद्योगिक घराने दिवालिया हो जाते हैं। नैतिक बुद्धिमता के अभाव में लोगों को आर्थिक मंदी का दंश झेलना पड़ता है। लेकिन यह भी सच है कि अगर इसके सहारे आगे बढ़ा जाये तो भ्रष्टाचार अपने आप खत्म हो जाएगा। एक्जीक्यूटिव और ब्यूरोक्रेट के चुनाव प्रक्रिया में नैतिक बुद्धिमता की जांच जरूर होनी चाहिए। वर्तमान परिप्रेक्ष्य में इससे ज्यादा विस्तार में उचित नहीं होगा।

अगर हम नैतिक बुद्धिमता के सहारे आगे बढ़ें तो प्रतियोगिता के दौर में भी हमें परस्पर सहयोग मिलेगा। इससे व्यापार का बेहतर वातावरण बनेगा। संपूर्ण विश्व की कार्य-संस्कृति में अच्छे बदलाव आएंगे और हमारी दुनिया बेहतर बनेगी। काम में सुंदरता आएगी और दिमाग में शांति।

## 13. प्रतिभासंपन्न

भगवान् कृष्ण अद्‌भुत रूप से प्रतिभासंपन्न थे। दुनिया की सच्चाई उन्होंने जल्दी ही समझ ली थी। वे ईश्वर के अवतार माने जाते हैं। अगर इस दृष्टि से देखें तो सृष्टि उनकी कृपा का ही परिणाम है। लेकिन उनकी जीवनशैली को अगर आधार माना जाये तो उनके आश्चर्यजनक रूप से प्रतिभासंपन्न होने के स्पष्ट संकेत मिलते हैं। जब कोई व्यक्ति वह कर जाता है जो एक बुद्धिमान व्यक्ति के वश में भी नहीं होता तो उसे हम 'जीनियस' (प्रतिभासंपन्न) कहते हैं। यह बुद्धिमता का उच्चतम स्तर है। कृष्ण ने अपने जीवन में कई अद्‌भुत कार्य

किए। जब हम अपने बौद्धिक सामर्थ्य का अच्छा हिस्सा प्रयोग में लाते हैं तो हम बुद्धिमान बन जाते हैं। सच्चाई चौंकाने वाली है। अधिकांश लोग अपने बौद्धिक सामर्थ्य का एक प्रतिशत भी संपूर्ण जीवन काल में प्रयोग में नहीं लाते हैं। जबकि एक जीनियस (प्रतिभासंपन्न व्यक्ति) अपने सामर्थ्य का 1/6 हिस्सा प्रयोग में लाता है। एक बुद्धिमान व्यक्ति अपने सामर्थ्य का 1/10 से लेकर 1/9 या 1/8 हिस्सा प्रयोग में लाता है। कृष्ण ने प्यार और युद्ध दोनों में अपने सामर्थ्य का उपयोग किया। वे ब्रज में ग्वाला मित्रों के साथ मस्ती भरे खेल खेलते थे। महाभारत की लड़ाई के वे प्रमुख रणनीतिकार थे। उन्होंने अर्जुन को अपना विश्वरूप दिखाया। यह सामर्थ्य का महानतम प्रदर्शन था। कोई साधारण मनुष्य ऐसा नहीं कर सकता। लेकिन एक आम आदमी अपने सामर्थ्य का बेहतर इस्तेमाल तो कर ही सकता है। हमें उत्कृष्टता को प्राप्त करने की कोशिश करनी चाहिए। यह हमारा कर्त्तव्य है।

## 14. विदग्ध ( कलानिपुण )

भगवान् कृष्ण सभी कलाओं में निपुण थे। वे एक अच्छे योद्धा, संगीतकार, गायक और नर्तक थे। आज के मल्टीटास्किंग दौर में हमें अलग-अलग कलाओं और गुणों में दक्ष होना पड़ता है। वे मार्शल आर्ट में माहिर थे। अपने सहयोगियों के बीच उनकी पहचान एक नायक की थी। बेहद व्यस्त रहने के बावजूद वे अपनी रानियों के लिए समय जरूर निकालते थे। कभी-कभी कृष्ण उनकी केशसज्जा भी करते थे। वे दुश्मनों के लिए भय का पर्याय और दोस्तों के लिए खुशी का स्रोत थे। अलग-अलग कलाओं में दक्ष होने के कारण वे जीवन के हर बिंदु पर संतुलन कायम करने में सक्षम थे। बांसुरी उनका मुख्य वाद्य यंत्र था। उन्हें इससे इतना प्यार था कि वे अपनी प्रेमिका राधा के लिए भी इसे अलग नहीं कर सके। यहां तक कि महाभारत के युद्ध के दौरान भी बांसुरी उनके पास रहती थी।

प्राचीन भारत में कई विषय थे। लेकिन उनके बीच कोई स्पष्ट विभाजन नहीं था। 'कला' में 'क्राफ्ट' और 'विज्ञान' दोनों शामिल था। इसलिए 'कला' एक ऐसा विशाल पद था, जिसमें कई विभाग शामिल थे। अलग-अलग कलाओं और क्राफ्टों की जानकारी व्यक्ति को संसाधन-संपन्न बनाती है। वह अलग-अलग स्तरों पर बातचीत कर सकता है। आज के औद्योगिक जगत में बहुआयामी व्यक्तित्व की जरूरत है। यह कारण है कि अकादमिक पढ़ाई के

साथ-साथ गैर अकादमिक गतिविधियों को भी इतना ही महत्त्वपूर्ण माना जाता है। यह मानव मस्तिष्क की क्षमता को बढ़ाता है।

## 15. चतुर ( सावधान )

भगवान् कृष्ण एक साथ कई समस्याओं का समाधान करने में सक्षम थे। एक व्यक्ति, एक साथ एक या ज्यादा से ज्यादा दो कार्य निपटा सकता है। लेकिन कृष्ण एक ही समय में कई विभागों में काम करते थे। वे ग्वालों के साथ मौजमस्ती करते थे, लेकिन साथ ही आसपास होने वाली अवांछनीय घटनाओं के प्रति भी सचेत रहते थे। बचपन में खेल के दौरान उन्होंने कई राक्षसों को मारा। दुर्योधन की मृत्यु के बिना महाभारत के युद्ध का अंत नहीं था। कानून के साम्राज्य और नैतिक समाज की स्थापना के लिए दुर्योधन का अंत आवश्यक था। दुर्योधन की माता गांधारी ने अंधे राजकुमार धृतराष्ट्र से शादी के बाद अपने आंखों पर पट्टी बांध ली थीं। जिसे उन्होंने कभी नहीं खोला। युद्ध की शुरुआत से पहले उन्होंने अपने बड़े पुत्र दुर्योधन से अपने सामने नग्नावस्था में आने को कहा। वे दुर्योधन के समक्ष आंखों की पट्टी उतारकर उसकी किरणों से पुत्र के शरीर को वज्र की तरह कठोर और मजबूत करना चाहती थी। कोई शस्त्र, यहां तक कि बिजली और ठनका भी उसके शरीर को नहीं तोड़ सकता था। भगवान् कृष्ण के मित्र पांडवों को इस संबंध में कोई जानकारी नहीं थी। लेकिन स्वयं भगवान इतने बुद्धिमान, गुणी और सचेत थे कि उन्हें दुर्योधन के इरादों का पता चल गया। जब वह निर्वस्त्र होकर माता के समक्ष जा रहा था तो भगवान् कृष्ण प्रकट हो गये। उन्होंने उससे कहा - "ओ दुर्योधन, तुम अपनी मां के पास जा रहे हो। उन्होंने विवाह के समय से ही आंखों पर पट्टी बांध रखी है। जन्म के वक्त भी उन्होंने तुम्हें नहीं देखा है। अब तुम जवान हो गये हो तो वे तुम्हें पहली बार देखेंगी। कृपया, अपने कमर को तो पत्तों से ढक लो। तुम्हें परंपरा का पालन करना चाहिए।" उन्होंने अपनी बुद्धिमता से दुर्योधन की अंतरात्मा को ललकारा। दुर्योधन ने ऐसा ही किया। माता गांधारी ने पुत्र के संपूर्ण शरीर को देखा। दुर्योधन की कमर और जांघ को छोड़कर उसका पूरा शरीर मजबूत हो गया। जब वह भीम के साथ आखिरी लड़ाई लड़ रहा था तो शरीर के अपेक्षाकृत कमजोर हिस्सों पर भीम के पंजों की मार सहन नहीं कर सका। इस तरह, उसका अंत हुआ। कभी-कभी कानून की सत्ता स्थापित करने के लिए हमें चतुर होना पड़ता है।

## 16. दक्ष

भगवान् कृष्ण छोटे अंतराल में भी कई मुश्किल काम निपटाने में सक्षम थे। कम से कम समय में मुश्किल समस्याओं का समाधान हर समय की मांग रही है। खास तौर पर तेजी से बदल रही आधुनिक दुनिया के लिए तो यह परमावश्यक है।

पैसा बनाने के लिए लोग ढेरों ऐसे काम की जिम्मेवारी ले लेते हैं जिनमें वे दक्ष नहीं है। नतीजे के बारे में गंभीरतापूर्वक सोचे बिना जब हम कोई काम करते हैं तो उसका फायदा नहीं होता है। अगर कोई फायदा मिलता भी है तो ब्रांड की कीमत पर ही मिलता है। इस तरह से काम करना आत्मघाती होता है। ऐसे लोग जो पेशेवर हैं या सेवा प्रदान कर रहे हैं, वे या तो स्वयं एक ब्रांड हैं या एक ब्रांड बनने की प्रक्रिया में शामिल हैं। इसलिए दक्षता के अनुसार जिम्मेवारी लेना आजकल का मूलमंत्र है। कृष्ण ने जो कुछ भी किया, उसमें वे दक्ष थे- युद्ध में भी, शांति में भी, प्रेम और प्यार, मनुहार में, कला में, क्राफ्ट में और स्वाध्याय में। कर्त्तव्यपालन में भी कृष्ण निपुण थे, चाहे भूमिका बेटे की हो या पति की, प्रेमी की हो या पिता की, मित्र की हो या शिष्य की या फिर गुरु की।

## 17. कृतज्ञ

अतीत के बुरे अनुभवों को भुलाना अच्छा है। लेकिन जिन्होंने हमारी मदद की है, उन्हें नहीं भूलना चाहिए। भगवान् कृष्ण अपने बचपन के मित्रों को नहीं भुला सके। वे अच्छे लोगों को नहीं भूलते थे। जिनसे हमें मदद मिली है, उन्हें याद करना कृतज्ञता है। मानव सभ्यता कृतज्ञता के आधार पर खड़ी है। अगर कृतज्ञता का बोध न हो तो जीवन में जहां-तहां अवसरवादिता का नंगा प्रदर्शन नजर आएगा। कृष्ण अपने प्रिय मित्र सुदामा को कभी नहीं भूले। बहुत सालों के बाद सुदामा उनसे मदद मांगने के लिए पहुंचे। कृष्ण ने न सिर्फ उन्हें पहचाना, बल्कि विशिष्ट अतिथि का सम्मान भी दिया। उन्होंने गुरुकुल के अपने मित्र की हृदय से मदद की। वे बचपन की दोस्त राधा को भी नहीं भुला पाये। वह हमेशा उनके हृदय में बसी रहीं। उनकी मुलाकात एक सौ बरसों के बाद हुई। फिर भी दोनों ने एक-दूसरे को पहचान लिया। यही सच्चा प्यार है। वे अपनी दत्तक माता यशोदा से बहुत मिल नहीं पाते थे। लेकिन वे उन्हें हमेशा याद करते थे। पांडव

भगवान् कृष्ण के मित्र थे। भगवान् ने पांडवों की हर जरूरत में मदद की। जो जरूरत के समय मदद करे, वही सच्चा मित्र होता है। एक बार कृष्ण की तर्जनी कट गयी। उसमें से खून बुरी तरह बह रहा था। वहां कुछ ऐसा नहीं था जिससे खून का बहना बंद किया जा सके। द्रौपदी वहां मौजूद थी। उन्होंने अपनी साड़ी का एक किनारा फाड़ा और उसे कृष्ण की उंगली पर बांध दिया। भगवान् के मन में यह दृश्य हमेशा उपस्थित रहा। हस्तिनापुर के दरबार में धृतराष्ट्र के दूसरे पुत्र दुःशासन ने जब द्रौपदी को निर्वस्त्र नंगा करना चाहा तो कृष्ण ने उनके लाज की रक्षा की। यह कृतज्ञता है।

मित्रता दलाली नहीं है। यह उससे बहुत ऊंचे स्तर पर स्थित होता है। यह आजकल प्रचलित पब्लिक रिलेशन के जोड़-घटाव से भी काफी अलग है। एक सही आदमी मिलना मुश्किल है। एक सच्चा मित्र मिलना उससे भी ज्यादा मुश्किल है। जिसके पास एक अच्छा मित्र है, वह कभी निर्धन नहीं होता। जब हम सच्ची मित्रता की नौका पर सवार होते हैं – तो हर तूफान का सामना सफलतापूर्वक करते हैं।

## 18. दृढ़संकल्प ( सुदृढ़ )

एक पुरानी कहावत है – 'जहां चाह, वहां राह', दृढ़ निश्चय की बदौलत लोग माउंट एवरेस्ट पर चले गये, प्रशांत महासागर को पार किया, चंद्रमा पर चले गये और अगम्य क्षेत्रों का दौरा किया। बड़े-बड़े युद्ध सिर्फ सशक्त सेना और शस्त्रों के बल पर नहीं जीते जाते, बल्कि दृढ़निश्चयों से भी जीते जाते हैं। भगवान् कृष्ण दृढ़ निश्चयी थे। एक बार जब उन्होंने नैतिकता की सत्ता स्थापित करने का निश्चय कर लिया तो इसके लिए उन्होंने हर कीमत अदा की। कभी-कभी इसके लिए उन्हें बहुत बड़ा त्याग भी करना पड़ा। दृढ़ निश्चयी व्यक्ति रास्ते में व्यर्थ के आकर्षण से विचलित नहीं होते। वे रुकावटों के आगे घुटने नहीं टेकते। जो अपने रास्ते से विचलित हो जाते हैं, उन्हें लक्ष्य प्राप्त नहीं होता है। दृढ़निश्चयी व्यक्ति अपने रास्ते पर अडिग रहता है। भगवान् कृष्ण जब अपना लक्ष्य प्राप्त करने की राह पर आगे बढ़े तो उन्होंने रास्ते में किसी तरह का समझौता नहीं किया। एक दृढ़ निश्चयी व्यक्ति के लिए उसका लक्ष्य ही उसकी नियति होता है। वहीं जो कमजोर होता है, उनके लिए उनकी नियति उनका लक्ष्य है।

जिंदगी को दो नजरिए से देखा जा सकता है। विलियम शेक्सपीयर ने कहा है – 'चरित्र, भाग्य होता है', लेकिन प्रसिद्ध उपन्यासकार थॉमस हार्डी ने कहा है – 'भाग्य ही चरित्र है।' इस बात से इंकार नहीं किया जा सकता कि जीवन में कभी-कभी ऐसी परिस्थितियां आती है कि हम उसी के प्रवाह में बहते चले जाते हैं। जीवन के मध्य में अधिकांश व्यक्ति परिवर्तन की इच्छा नहीं रखते हैं। एक दृढ़निश्चयी व्यक्ति के लिए उसका लक्ष्य भी खेल का अंत नहीं होता है। वह लक्ष्य तक पहुंचने के लिए अपनी तकदीर बदल लेता है। ऐसे लोगों को अपने काम पर विश्वास होता है। ऐसे व्यक्ति के चारों और एक आभामंडल फैला रहता है। ऐसे लोगों को दृढ़निश्चयी कहते हैं।

भगवान् कृष्ण ने कंस को मारने का निर्णय लिया। उन्होंने ऐसा किया भी। जब उन्होंने रुक्मिणी से विवाह का निर्णय किया तो वैसा ही किया भी। उन्होंने एक बार कौरवों की सत्ता समाप्त करने की ठान ली तो वह कर दिखाया। यह सबकुछ प्राप्त कर लेने में अन्य चीजों के अलावा जो सबसे महत्त्वपूर्ण चीज थी, वह है – कृष्ण का दृढ़निश्चय।

## 19. देश-काल-पात्र का ज्ञान

कोई भी कार्य करने से पहले भगवान् कृष्ण स्थान, व्यक्ति और समय पर विचार जरूर करते थे। कोई भी निर्णय लेने से पहले हर व्यक्ति को सोचना चाहिए कि यह काम शुरू करने का सही समय और स्थान है या नहीं? इसके अलावा जिस व्यक्ति के लिए कारवाई की जानी है, वह सही व्यक्ति है या नहीं? कृष्ण ने जरासंध से आगे का युद्ध किए बिना ही मथुरा छोड़ दिया। कृष्ण ने मथुरा के निरंकुश राजा कंस को मार डाला था। उसकी जगह पर कोमल हृदय सूरसेन राजा बने। इससे कंस के ससुर जरासंध गुस्से में आ गए। वे भोल-भाले मथुरावासियों को परेशान करने लगे। भगवान् कृष्ण उन्हें कई बार परास्त कर चुके थे। लेकिन जरासंध का आतंक रुक नहीं रहा था। तब, कृष्ण ने भारत के पश्चिमी तट पर स्थित द्वारका को अपनी राजधानी बनाई। उन्होंने युधिष्ठिर द्वारा किए जाने वाले एक यज्ञ के दौरान जरासंध को मार डालने की समुचित व्यवस्था की। इसके बहुत सालों बाद भीम ने जरासंध को मारा। इसलिए जीवन में सफल होने के लिए समय, स्थान और व्यक्ति पर विचार करना आवश्यक है।

किसी महत्त्वपूर्ण निर्णय या बड़े इन्वेस्टमेंट के पहले एक प्रबंधक को समय, स्थान और व्यक्ति पर गौर करना चाहिए। एक योजनाकर्मी या

रणनीतिकार कभी इन चीजों की अनदेखी नहीं करता। यह तीनों ही चीजें जीवन के हर क्षेत्र में महत्त्वपूर्ण हैं। भगवान् कृष्ण जानते थे कि जब तक कर्ण के पास दिव्यास्त्र है, उनका मित्र अर्जुन सुरक्षित नहीं है। नैतिकता का साम्राज्य स्थापित करने के लिए अर्जुन का जीवित रहना आवश्यक था। उन्होंने युद्ध के मैदान में भीम के शक्तिशाली पुत्र घटोत्कच को लगाया। घटोत्कच, कौरवों के लिए कभी न खत्म होने वाला तूफान नजर आ रहा था। दुर्योधन ने अपने मित्र कर्ण से दिव्यास्त्र का उपयोग करने को कहा, जिसे कर्ण ने अर्जुन को मारने के लिए बचाकर रखा था। कर्ण ने झिझकते हुए अपने मित्र का अनुरोध मान लिया। कर्ण ने दिव्यास्त्र के सहारे घटोत्कच को मार गिराया। इसके बाद कर्ण की मृत्यु निश्चित थी। कर्ण के सेनापति बनने के पहले अगर घटोत्कच को लड़ाई के मैदान में भेजा जाता तो उसे मारने की जिम्मेदारी तत्कालीन सेनापति के पास होती। तब कर्ण सुरक्षित होते और अर्जुन खतरे में। इसका मतलब है नैतिकता खतरे में रहती। इसलिए सही समय और सही स्थान की पहचान आवश्यक है।

भगवान् कृष्ण ने भीष्म की एक कमजोरी को भांप लिया था। वे स्त्री जाति से नहीं लड़ सकते थे। उन्होंने एक हिजड़े शिखंडी को भीष्म से लड़ने के लिए भेजा। भीष्म इस मामले में पुराने विचार के थे और वे हिजड़ों को औरत मानते थे। इसलिए शिखंडी से लड़ना उन्होंने अपनी बहादुरी का अपमान माना। उन्होंने उसका सामना नहीं किया। इस तरह रणक्षेत्र से भीष्म हटा दिए गए।

एक प्रबंधक इन चीजों का ख्याल रखकर आगे बढ़ता है।

## 20. शास्त्रों के प्रति सम्मान

भगवान् कृष्ण शास्त्रों के प्रति आदर भाव रखते थे। शास्त्रों में हमारे पूर्वजों द्वारा प्राप्त अनुभवों और ज्ञान का भंडार होता है। उसे इतना पवित्र माना जाता है कि उसे हम दिव्य कहते हैं। यहां शास्त्र का मतलब 'आचार संहिता' है। हर समाज में कुछ मान्यताएं और एक आचार संहिता होती है। अगर किसी समाज के लोग मान्यताओं और आचार संहिता का पालन नहीं करते हैं तो वहां जंगलराज हो जाता है। आधुनिक समाज में लोगों को दिशा-निर्देश देने के लिए संविधान है। एक अच्छा नागरिक कभी इसके विरुद्ध नहीं जाता है।

ठीक इसी तरह हर भद्र व्यक्ति का या पवित्र आत्मा का कर्त्तव्य है कि वह शास्त्रों का सम्मान करें। भगवान् कृष्ण ने वैसा ही किया।

## 21. पवित्र

भगवान् कृष्ण पवित्रता की शाश्वत् प्रतिमूर्ति हैं। वह दूसरों को पवित्र करने में भी सक्षम थे। ऐसी पवित्र आत्मा में एक चिरस्थायी आकर्षण होता है। पवित्रता, स्वच्छता से कहीं ऊपर है। स्वच्छता बाहरी चीज है। अधिकांश लोग स्वच्छता की सीमा तक ही पहुंचते हैं। केवल चेहरे और कपड़े की सफाई ही काफी नहीं है। पवित्रता भी जरूरी है। यह हमारी आंतरिक प्रवृत्ति है। बाहरी शुद्धता का प्रभाव क्षणिक होता है। पवित्रता का संबंध हृदय से है। जो इसके पास आ जाते हैं, वे भी इसे नहीं छोड़ते। पवित्रता लगातार प्रयास करने पर मिलती है। ध्यान इसका एक माध्यम है। भगवान् कृष्ण जन्म से ही पवित्र थे।

एक दूरदर्शी प्रबंधक पवित्रता प्राप्त करना चाहता है। पवित्रता से हमारी दोनों दुनिया समृद्ध होती है।

## 22. वशी ( जितेन्द्रिय )

भगवान् कृष्ण का अपने सभी इन्द्रियों पर नियंत्रण था। वे किसी इच्छा के वशीभूत नहीं होते थे। जबकि दूसरे पैसा, प्रतिष्ठा और ताकत के पीछे भागते हैं। सम्मानपूर्वक काम करके सफल होने के लिए हमारी अपनी इंद्रियों पर नियंत्रण जरूरी है। दुर्योधन का अपने गुस्से पर कोई नियंत्रण नहीं था। उसका अंत हो गया। कीचक को कामवासना पर नियंत्रण नहीं था, जब वह द्रौपदी को लुभाने की कोशिश कर रहा था तो भीम के हाथों मारा गया। भगवान् कृष्ण ने ब्रज के भोली-भाली गोगिपयों को रास भूमि से वापस जाने को कहा। उन्होंने उन्हें तभी तक वहां रहने की अनुमति दी, जब तक उनके अंदर कोई दैहिक इच्छा नहीं थी। वे महाभारत की लड़ाई के प्रमुख रणनीतिकार थे। उनका अपनी इन्द्रियों पर नियंत्रण था, इसलिए वे इस महान काम को पूरा कर सके। दुनिया की हर समस्या चाहे वह व्यक्तिगत हो या सामुदायिक, उसकी जड़ मानव मस्तिष्क में व्याप्त छः अशुद्धियों में है - अनियंत्रित कामेच्छा, क्रोध, लालच, वासना, अभिमान और ईर्ष्या। भगवान् कृष्ण का इन सब पर नियंत्रण था। ऐसे उद्योगपति जो लालची नहीं हैं, वे समाज की भलाई के लिए भी पैसे खर्च करते हैं। पैसे कमाना बुरा नहीं है, लेकिन इसके पीछे भागना बेहद बुरा है। यह लालच है। जब सही रास्ते पर चलकर पैसे कमाए जाएं तो इससे अर्थव्यवस्था सुदृढ़ होती है। जब इसके लिए गलत रास्ता चुना जाता है तो यह

अर्थव्यवस्था को कमजोर करता है। तब एक समानांतर अर्थव्यवस्था चल निकलती है, जिसे हम काला धन कहते हैं।

## 23. धैर्य

भगवान् कृष्ण के पास उच्चतम स्तर का धैर्य था। जीवन की कठिनाईयों से जूझने के लिए और धरती पर खड़े रहने के लिए धैर्य की जरूरत होती है। धीरज तभी प्राप्त होता है जब हमारा दिमाग और मन स्थिर होता है। एक पुरानी कहावत है 'रोम का निर्माण एक दिन में नहीं हुआ।' इसी तरह सफलता एक क्षण के प्रयास में नहीं मिलती। सफलता प्राप्त करने के लिए हमें मध्य रात्रि में दीपक जलाना पड़ता है। इसका अर्थ है कि कठिन परिश्रम करना पड़ता है। निरंकुश राजा कंस के अध ीन काम कर रहे गैर सामाजिक तत्त्वों को नाश करने के लिए भगवान् कृष्ण अपने माता-पिता से बारह सालों तक अलग रहे। दुनिया की दूसरी समस्याओं का समाध ान करने के लिए भगवान् कृष्ण अपनी प्रेमिका राधा से वर्षों अलग रहे। जिसके पास धैर्य नहीं, वह ऐसा विरह कैसे सहन कर सकता है।

हम सभी ने खरहा और कछुआ की प्रसिद्ध कहानी सुन रखी है। खरहा काफी तेज था। उसे इसका घमंड था। उसने कछुए को दौड़ लगाने की चुनौती दी। कछुए को अपने लगातार प्रयत्न और धैर्य पर विश्वास था। उसने चुनौती स्वीकार कर ली। बीच रास्ते में खरहा ने कछुए के परिश्रम पर ध्यान नहीं दिया और एक पेड़ के नीचे सो गया। कछुआ ने प्रयास जारी रखा। वह लगातार लक्ष्य की ओर बढ़ रहा था। खरहा गहरी नींद में था और कछुआ लक्ष्य तक पहुंच गया। धैर्य के साथ किया गया लगातार प्रयास फलदायी होता है।

एक अच्छा प्रबंधक जब-तब अपनी प्रतिक्रिया नहीं व्यक्त करता है। इसके लिए वह सही समय का इंतजार करता है। जब ऐसा अवसर आता है तो वह उसे व्यर्थ नहीं गंवाता है। वह जानता है कि समय किसी की प्रतीक्षा नहीं करता है।

धैर्य, सफलता प्राप्त करने के लिए एक आवश्यक गुण है।

## 24. सहनशीलता

एक गुणी, सक्षम और सशक्त व्यक्ति में सहनशीलता का दिव्य गुण जरूर मौजूद होता है। कमजोर के लिए यह एक समस्या है। सहनशील होने के लिए मानसिक और शारीरिक दोनों ताकतों की जरूरत होती है। हो सकता है कि एक व्यक्ति शारीरिक तौर पर मजबूत और मानसिक तौर पर

कमजोर हो। ठीक इसके विपरीत कुछ लोग शारीरिक तौर पर कमजोर होने के बावजूद मानसिक तौर पर मजबूत होते हैं। प्रकृति की विषमता और मानव प्रदत्त रुकावटों का सामना करने के लिए हमें सशक्त दिमाग के साथ-साथ सशक्त शरीर की भी जरूरत होती है। कृष्ण को उनके सामर्थ्य और दक्षता के कारण लोग ईश्वर के अवतार के तौर पर पूजते हैं। वे सहनशीलता की प्रतिमूर्ति थे। उन्होंने सबसे विषैले सांप कालिया के सामने भी अपना धीरज नहीं खोया। उन्होंने विष को बर्दाश्त किया और मौत के मुंह से बाहर निकल आए।

## 25. क्षमाशील

भगवान् कृष्ण ने ऐसे ढेरों पापियों को, जो पश्चाताप की अग्नि में जल रहे थे, उन्हें क्षमा कर दिया। उन्होंने देवराज भगवान् इंद्र की पूजा करने की बजाय गोवर्धन की पूजा की। इससे इंद्र क्रुद्ध हो गए। वह बारिश के देवता थे। उन्होंने संपूर्ण ब्रज को असमय बारिश से डुबाने की कोशिश की। भगवान् कृष्ण ने संकट से जूझ रहे ब्रजवासियों की मदद की । अंत में इन्द्र को समर्पण करना पड़ा। इन्द्र ने जघन्य अपराध किया था। अपने अभिमान की पुष्टि के लिए भोले-भाले लोगों को परेशान करना अपराध है। ब्रजवासियों की कोई गलती नहीं थी। उन्हें बिना किसी ठोस कारण के इंद्र के गुस्से का सामना करना पड़ा। बाद में, इंद्र को बहुत पछतावा हुआ। वे भगवान् कृष्ण के चरणों में आ गिरे। भगवान् कृष्ण ने उन्हें क्षमा कर दिया। क्षमा करना दिव्य गुण है। अगर किसी व्यक्ति का हृदय परिवर्तित हो जाता है तो उसे क्षमा पाने का हक है। देवराज इन्द्र बदल गये थे। कृष्ण ने उन्हें क्षमा कर दिया।

प्रबंधन का व्यक्ति अनावश्यक चीजों के पीछे नहीं भागता। वह छोटी-मोटी गलतियों के लिए न सिर्फ सहयोगियों को, बल्कि दुश्मनों को भी माफ कर देता है।

## 26. गंभीर

भगवान् कृष्ण गंभीर व्यक्ति नहीं थे। गंभीर होने से कोई मसला हल नहीं होता। इससे साथियों को विरक्ति होने लगती है। वे रिजर्व या अपने दायरे में रहने वाले थे। यह किसी भी व्यक्ति का अधिकार होता है। कभी-कभी व्यक्तिगत या सामुदायिक स्तर पर भी गोपनीयता बरतने की जरूरत होती है।

हमें पारदर्शिता और गोपनीयता के बीच संतुलन कायम करना पड़ता है।

भगवान् कृष्ण के प्रदर्शन और क्रियाकलापों में हमेशा गहरा अर्थ छिपा रहता था। इनका कोई छिछला मतलब नहीं होता था। उनका व्यक्तित्व 'रिजर्व' था। सही समय आने पर ही वे अपना इरादा बताते थे। वे कर्ण के माता-पिता को जानते थे। कुंती उनकी माता थी और भगवान् सूर्य उनके पिता थे। लेकिन कर्ण को इस संबंध में कोई जानकारी नहीं थी। वह पूरी जिंदगी अपनी वास्तविक माता के बारे में जानने के लिए तड़पता रहा। कुंती को भी यह पता था। लेकिन सामाजिक मान्यताओं के तहत वह इस राज को खोलना नहीं चाहती थी। उन्होंने कर्ण को तब जन्म दिया, जब वे अविवाहित थी। अगर कृष्ण ने पांडवों के सामने यह राज खोला होता तो, हो सकता था कि वे महाभारत की लड़ाई नहीं लड़ते। अपना पूरा साम्राज्य कर्ण के चरणों में अर्पित कर देते। दूसरी तरफ कर्ण दुर्योधन के मित्र थे। हो सकता है राजपाट दुर्योधन के हाथों में आ जाता। इस तरह दुर्जनों का राज कायम होता। दुर्जनों का नाश और सज्जनों की मुक्ति कृष्ण का लक्ष्य था।

जब पांडव महाभारत के युद्ध में मारे गये अपने रिश्तेदारों को श्रद्धांजलि दे रहे थे, तब कृष्ण ने इस रहस्य का उद्घाटन किया। भगवान् कृष्ण ने उनसे कर्ण को भी श्रद्धांजलि देने का अनुरोध किया। इससे पांडव आश्चर्यचकित हुए। तब कृष्ण ने बताया कि कर्ण, कुंती के सबसे बड़े पुत्र थे। अपने छोटे भाइयों से पहली और आखिरी श्रद्धांजलि प्राप्त करना उनका हक था। छोटों से उचित सम्मान प्राप्त करना जायज है। यह अच्छा व्यवहार है। लेकिन दुर्जनों का समर्थन बिल्कुल नाजायज है। जब तक कर्ण कौरवों की ओर से लड़ रहे थे, कृष्ण ने पांडवों के सामने यह रहस्य नहीं खोला। मृत्योपरांत अंतिम कामकाज परिवार वालों का कर्त्तव्य है। कृष्ण ने उन्हें कर्त्तव्य पालन की याद दिलाई।

पांडव भगवान् कृष्ण के नजदीकी थे। फिर भी कृष्ण ने कर्ण की मृत्यु से पहले इस रहस्य पर से पर्दा नहीं उठाया। गोपनीयता बरकरार रखना समय की मांग थी। लेकिन जब सही समय आया तो कृष्ण ने रहस्योद्घाटन कर दिया। रिजर्व रहने की प्रमुख शर्त है कि हमारे पास बातों को पचाने की अद्भुत क्षमता हो। अगर हम कुछ बातों को दबा नहीं सकते हैं तो हमें लक्ष्य हासिल करने में सफलता नहीं मिलेगी। भारतीय वैज्ञानिक

और सुरक्षा अधिकारी जब नाभिकीय विखंडन के लिए पोखरण की ओर बढ़ रहे थे तो उन्होंने गोपनीयता बरती। उस वक्त की मांग थी कि अमेरिकी इंटेलिजेंस को भी इसकी खबर न मिले। इसलिए भारत की ओर से ऐसी गोपनीयता बरती गयी।

लेकिन कभी-कभी लोगों को विश्वास दिलाने के लिए हमें कुछ चीजें खोलनी पड़ती है। भगवान् कृष्ण ने अर्जुन को अपना विश्वरूप दिखाया ताकि उसे सच का अहसास हो जाये। कभी-कभी सच की स्थापना करने के लिए कुछ रहस्यों को खोलना पड़ता है। इसलिए गोपनीयता और पारदर्शिता के बीच संतुलन आवश्यक है।

## 27. संतुष्ट

भगवान् कृष्ण संतुष्ट थे। वे जीवन के द्वैत से ऊपर उठे हुए थे। सुख-दुःख या हर्ष और विषाद उनका मानसिक संतुलन नहीं बिगाड़ पाते थे। गहरे अवसाद के क्षणों में भी वे अपना आपा नहीं खोते थे। लक्ष्य प्राप्त करने के लिए लगायी जा रही ऊर्जा को उन्होंने कभी बाधित नहीं होने दिया। जब उनके पुत्र शिशु प्रद्युम्न का अपहरण कर लिया गया तो उन्होंने अपना संतुलन नहीं खोया। बल्कि बेटे की सुरक्षा की गारंटी दी। महज छाती ठोकना किसी समस्या का समाधान नहीं है। बल्कि सही दिशा में कोशिश करने से ही बात बनती है।

जब उनकी बहन के बेटे अभिमन्यु की धोखेबाजी से नृशंस हत्या कर दी गयी तो उन्होंने रोने-चिल्लाने में अपना समय बर्बाद नहीं किया। उन्होंने इस काम को अंजाम देने वाले अपराधी को मार डालने की शपथ ली। उन्होंने जयद्रथ को मार गिराने की समुचित व्यवस्था की।

एक सच्चा योगी दुनिया के द्वैत से विचलित नहीं होता है। वह अंदर से शांत रहता है। एक अच्छे प्रबंधक को योगी बनने का प्रयास करना चाहिए। इसका मतलब यह नहीं है कि सुख और दुःख के बंधन से ऊपर उठ जाये। अच्छे प्रबंध न के लिए जरूरत साधारण आदमी की ही होती है। उसे खुशमिजाज होना चाहिए और रोज होने वाले क्रियाकलापों के दबाव से निराश नहीं होना चाहिए।

## 28. समभाव

आदिकाल से ही मानव समाज समानता की मांग कर रहा है। विश्व के सभी महान व्यक्तियों ने जाति, संप्रदाय, राष्ट्र और समुदाय से ऊपर उठकर

समानता की वकालत की। कृष्ण ने कभी मित्र और शत्रु में अंतर नहीं किया। उन्होंने समाज के दुश्मनों को भी सही राह पर लाने की कोशिश की। लेकिन वे शांति के रास्ते पर चलने के लिए तैयार नहीं थे। उन्होंने हिंसा नहीं रोकी। अंत में कृष्ण सच्चाई के साथ खड़े थे। जीवन के मध्य तक आते-आते कृष्ण की ख्याति भारतीय उपमहाद्वीप में चारों ओर फैल चुकी थी। फिर भी, उन्होंने पांडवों द्वारा आयोजित यज्ञ में आए और सभी ऋषियों के पैर धोए। वह इन चीजों से ऊपर उठ गए थे।

एक सच्चे प्रबंधक को गैर जरूरी चीजों के लिए किसी दल विशेष में शामिल नहीं होना चाहिए। हां, अगर कोई मुद्दा संगठन को या व्यक्तिगत प्रतिष्ठा को प्रभावित कर रहा हो तो वहां सच्चाई की वकालत जरूर करनी चाहिए।

## 29. दानवीर

भगवान् कृष्ण कभी-कभी जरूरतमंदों के बीच गाय और धन का दान करते थे। वे अपने घर से किसी को खाली हाथ नहीं लौटने देते थे। उनके अपने माता-पिता और पालक माता-पिता काफी दानी प्रवृत्ति के थे।

दान का मतलब भिक्षावृत्ति या अकर्मण्यता को बढ़ावा देना कतई नहीं है। यह जरूरतमंदों की मदद का एक माध्यम है। कुछ कारणों से समाज में कुछ लोग पीछे छूट जाते हैं। वे अर्थव्यवस्था की गतिशीलता के साथ सामंजस्य नहीं बिठा पाते हैं। उनका जीवन ठहर जाता है। उनके जीवन में गति लाने के लिए कुछ मदद की जरूरत होती है। इसलिए कभी-कभी दान करना चाहिए।

अधिकांश अवसरों पर दान किए गए धन और सामग्री का उचित इस्तेमाल ही होता है। इसलिए महान आत्मा वाले लोग समाजोपयोगी कार्य करते हैं और उसे बढ़ावा देते हैं।

## 30. धार्मिक

धार्मिक होने का मतलब किसी पूजा करने की विशेष पद्धति को अपनाना नहीं है। 'धर्म' अर्थात् ऐसी जीवनशैली, जो किसी की अंतरात्मा से निर्देशित होती है। ऐसे व्यक्ति जो किसी धर्म विशेष से नहीं जुड़े हैं, वे भी धार्मिक हो सकते हैं। कृष्ण ने धार्मिक जीवन व्यतीत किया और संपूर्ण विश्व को उस धर्म से प्रकाशित किया। आधुनिक जीवन में चारो और शोर-शराबा है। इसका मूल

कारण धार्मिक प्रवृत्ति का अभाव है। लोग **'भावनात्मक बुद्धिमता'** की बातें करते हैं। कुछ क्षेत्रों में यह उपयोगी भी साबित हुआ है। **गोलेमन** ने भावनात्मक बुद्धिमता के पांच घटकों की विवेचना की है –

1. अपनी भावनाओं को जानना,
2. अपनी भावनाओं को नियंत्रित करना,
3. अपने को प्रेरित करना,
4. दूसरे लोगों की भावनाओं की पहचान और समझ,
5. रिश्ते बनाना और दूसरों की भावनाओं को व्यवस्थित करना।

'भावनात्मक बुद्धिमता' में अध्यात्म के साथ-साथ सत्य निष्ठा को शामिल करना जरूरी है। यह न सिर्फ व्यक्तिगत स्तर पर हमें सफल बनाएगा, बल्कि समुदाय भी इससे फलेगा-फूलेगा। भगवान् कृष्ण उस समय भारत के समाज में मौजूद बुरी ताकतों का नाश करने के लिए महाभारत के युद्ध में शामिल हुए । इस तरह उन्होंने धर्म की स्थापना की। कृष्ण धार्मिक हृदय वाले लोगों को प्यार करते थे।

## 31. शूरवीर

भगवान् कृष्ण शूरवीर थे। वीरता का तात्पर्य आंतरिक और बाहरी दोनों ताकतों से है। बाहरी शक्ति अर्थात् शारीरिक ताकत के बिना दुश्मनों को हराना मुश्किल है। लेकिन महज शारीरिक ताकत प्राप्त कर लेना ही वीरता का परिचायक नहीं है। शारीरिक शक्ति के साथ-साथ उच्च स्तर की मानसिक शक्ति ही एक व्यक्ति को सच्चा वीर बनाती है। अर्जुन एक शक्तिशाली व्यक्ति था। उस समय मौजूद सभी सुरुचि संपन्न अस्त्र-शस्त्रों से लैस था। वह वीरों के संपर्क में था। उसके पास सर्वोतम तकनीक, अच्छे हथियार, शक्तिशाली योद्धा, पवित्र और धार्मिक व्यक्तियों का आशीर्वाद था। लेकिन वह दुर्जनों के साथ निर्णायक लड़ाई लड़ने के लिए तैयार नहीं था। गैर सामाजिक लड़ाई लड़ने के लिए कौरवों के खिलाफ लड़ाई परमावश्यक थी। इसलिए, उस समय अर्जुन को ठोस मानसिक समर्थन की जरूरत थी। तब, कुरुक्षेत्र के मैदान में भगवान् कृष्ण ने गीता का उपदेश दिया। गीता का संदेश समझने के बाद अर्जुन युद्ध के लिए तैयार हुआ।

कुछ लोगों को अच्छी शारीरिक और मानसिक ताकत जन्म से ही मिलती है। कुछ कठिन परिश्रम करके इसे प्राप्त करते हैं। वहीं कुछ ऐसे भी होते हैं,

जो इसे प्राप्त करने की कोशिश ही नहीं करते। भगवान् कृष्ण के पास हमेशा से यह शक्ति मौजूद थी। अर्जुन की मानसिक शक्ति कुछ समय के लिए भावनाओं के नीचे दब गयी थी। लेकिन भगवान् कृष्ण जैसे महान गुरु से दिशा-निर्देश मिलने के बाद वह अपनी कमजोरी से ऊपर उठ गया।

एक वीर नेता परिस्थितियों को समझता है और लक्ष्य प्राप्त करने में कमजोरियों को आड़े नहीं आने देता। असीम बहादुरी के आधार पर हमें अपने मिशन में कामयाबी मिलती है। एक बहादुर व्यक्ति ही अपने मिशन में कामयाब होता है।

## 32. करुणा

करुणा एक दिव्य गुण है। यह एक आम आदमी को संत बना देता है। यह एक आवश्यक मानवीय गुण है। करुणा के बिना मनुष्य, हड्डी और मांस के एक लोथड़े से ज्यादा कुछ नहीं रह जाता है। मानव सभ्यता का सूत्र ही करुणा है।

भगवान् कृष्ण जरूरतमंदों के लिए हमेशा सहानुभूति की भावना रखते थे। मथुरा के निकट यमुना नदी में एक विषैला सांप रहता था। वहीं उनका परिवार भी निवास करता था। विषैले सांप की वजह से नदी का जल प्रदूषित हो रहा था। कृष्ण के जीवन काल में वहां न तो कोई औद्योगिक प्रदूषण था और न ही यमुना को गंदा करने वाले दूसरे अवशेष उसमें बहाए जाते थे। नदियां भारतीय सभ्यता की जीवनरेखा थीं। सांप की वजह से प्रदूषित हुए यमुना का पानी पीने से ग्रामीणों और मवेशियों की जाने जा रही थी। भगवान् कृष्ण इन निर्दोष प्राणियों के प्रति बेहद करुणा का भाव रखते थे। एक दिन कृष्ण ने नदी में छलांग लगा दी। यह छलांग बिल्कुल उस जगह पर लगायी गयी, जहां कालिया रहता था और इलाके की संपूर्ण जनसंख्या के लिए समस्या पैदा करता था। उन्होंने उस सांप को सजा दी। उसे जगह छोड़ने के लिए बाध्य किया। इस तरह उन्होंने अपने समुदाय की रक्षा की।

एक सच्चे प्रबंधक में अपने सहकर्मियों के प्रति करुणा भाव होना चाहिए। उसे जरूरत पड़ने पर अपने सहयोगियों की मदद करनी चाहिए।

## 33. बड़ों का सम्मान

सभी संस्थान में काम करने के लिए एक तंत्र का पालन किया जाता है। इसके तहत ऊंचे पद के व्यक्ति के पास अपने से नीचे वालों को नियंत्रित करने

की शक्ति होती है। यह पद के अनुसार हर सीढ़ी पर लागू होता है। जहां यह तंत्र संस्था के निरंतर विकास के लिए काम करता है, वहां संस्था उन्नति करती है। जहां यह महज एक नियम बनकर रह जाता है, वहां यह संस्था का रोग हो जाता है। सच्चे सहृदय व्यक्ति, प्रतिष्ठित अधिकारी/ व्यक्ति और बड़ों का सम्मान जरूरी है। इस गुण के बिना किसी संस्था का जिन्दा रहना मुश्किल हो जाता है।

कृष्ण ने हमेशा अपने बड़ों का सम्मान किया। वे हर अवसर पर उनकी सलाह लेते थे। लेकिन कंस जैसा दुर्जन नजदीकी रिश्तेदार होने के बावजूद कृष्ण के खिलाफ खड़े थे।

आदर का संबंध हृदय से होता है। आदरणीय व्यक्ति को आदर अवश्य मिलता है। लेकिन यह भी सच है कि किसी का स्वभाव उसके ललाट पर अंकित नहीं होता है। इसलिए जब कभी हमें अपने सामने कोई बड़ा व्यक्ति नजर आए तो हमें उसका सम्मान करना चाहिए। इसी मानवीय गुण के कारण यात्राओं के दौरान हम बुजुर्गों और उम्रदराज लोगों के लिए सीट छोड़ देते हैं। उम्र और अनुभव का सम्मान जरूरी है।

## 34. सौम्यता

आप ईमानदार हैं, मेहनती हैं, बुद्धिमान हैं, और सुंदर हैं, लेकिन अगर आप सौम्य नहीं है तो सफलता की संभावना न्यूनतम हो जाती है। आधुनिक समय में बुद्धिमता की कमी नहीं है। हमें मेहनती और ईमानदार लोग भी मिल जाते हैं। लेकिन नैतिकता का घोर अभाव है। जब हमें किसी के व्यक्तित्व का आकलन करना होता है तो हम उसकी सौम्यता की जांच करते हैं। सौम्यता जन्मजात गुण है। सुरुचि संपन्नता प्राप्त की जा सकती है, लेकिन सौम्यता हमारा आंतरिक गुण है।

भगवान् कृष्ण अपने व्यवहार में और गतिविधियों में सौम्य थे। वे हँसमुख थे। यह मुस्कुराहट कृत्रिम नहीं थी। वह शाश्वत सुख के अहसास से भरे हुए थे। एक अच्छा प्रबंधक होने के लिए हमें सौम्य होना चाहिए। अगर किसी में जन्मजात सौम्यता है तो यह उसकी खासियत है। भगवान् कृष्ण वृंदावन में अपने मित्रों और लड़कियों के साथ ही सौम्य नहीं थे, बल्कि महाभारत के युद्ध के दौरान भी उतने ही सौम्य थे।

सौम्य होने के लिए संतुलित व्यक्तित्व आवश्यक है। यह एक महान कला है। बाध्य होकर या किसी कूटनीति के तहत सौम्यता बरकरार रखना मुश्किल है।

## 35. विनयी

"जो विनम्र है, उसे गिरने का डर नहीं है।" यह किसी अंग्रेज कवि का किताबी ज्ञान नहीं है, बल्कि अच्छे व्यवहार का मूलमंत्र है। चाहे लक्ष्य कितना भी मुश्किल हो, हमें विनयशील रहना चाहिए। एक प्रबंधक को गरममिजाज वाला नहीं होना चाहिए। क्रोध के वक्त व्यक्ति की बुद्धि भ्रष्ट हो जाती है। बुद्धि भ्रष्ट होना अपने आपको खत्म करने जैसा है।

महाभारत के युद्ध के दौरान भगवान् कृष्ण पांडवों की ओर से थे। लेकिन वे कौरवों की ओर से लड़ रहे सभी बड़ों के प्रति भी उतने ही विनयशील थे। दुश्मनों के साथ भी विनयी रहना एक महान कला है। एक प्रबंधक में इस कला का होना आवश्यक है। जब भी हमें कोई कठोर और अलोकप्रिय निर्णय लेना पड़े, तब भी हमें विनयी रहना चाहिए।

## 36. आत्मप्रशंसा के प्रति संकोची

उचित सोच रखने वाला व्यक्ति आत्मप्रशंसा सुनकर मुग्ध नहीं होता है। उसे यह सुनने में संकोच होता है। भगवान् कृष्ण सत्य की साकार मूर्ति थे। बचपन के दिनों में ही उन्होंने कई ऐसे कारनामे किये, जो आम आदमी के वश की बात नहीं थी। उन्होंने शक्तिशाली राक्षसों को मारा। युवा काल के दौरान उन्होंने कई लोगों की मदद की। हर अवसर पर कृष्ण से लाभान्वित लोगों ने उनके काम की भूरि-भूरि प्रशंसा की। लेकिन कृष्ण ने स्वयं इसे अपने कर्त्तव्य का हिस्सा माना। वे कभी प्रशंसा से प्रभावित नहीं हुए।

प्रशंसा का किसी भी व्यक्ति पर सकारात्मक प्रभाव पड़ता है। इससे मनोबल बढ़ता है। लेकिन हमें इसके आवेग में बहना नहीं चाहिए। उचित सोच रखने वाला व्यक्ति आत्मप्रंशसा सुनकर संकोची हो जाता है। इससे प्रभावित होना निंदनीय है।

## 37. शरणार्थियों के लिए आश्रय

पांडव अपने चचेरे भाई कौरवों के साथ जुए के खेल में अपनी सर्वनिष्ठ पत्नी द्रौपदी को हार गए। कौरवों में सबसे बड़े दुर्योधन ने अपने छोटे भाई दु:शासन को प्रतिष्ठित लोगों से भरे दरबार में द्रौपदी का चीरहरण करने की आज्ञा दी। पांडव इस निर्णय का विरोध करने का नैतिक हक खो चुके थे।

वहां कोई द्रौपदी की मदद करने वाला नहीं था। उसने वहां बैठे श्रेष्ठ और बहादुरजनों से अपनी लाज बचाने की गुहार की। लेकिन किसी ने उसकी मदद नहीं की। किसी में दुर्योधन और दु:शासन का विरोध करने की हिम्मत नहीं थी। अंत में उन्होंने भगवान् कृष्ण की प्रार्थना शुरू कर दी। उसने कहा – "हे गोविन्द, इस दुनिया में आपके अलावा और कोई नहीं, जो मुझ जैसी असहाय औरत की मदद करे। मैं आपकी शरण में आ गयी हूं।" दु:शासन ने द्रौपदी की साड़ी को खींचना शुरू किया। द्रौपदी ने अपनी आंखें बंद कर ली। वे भगवान् कृष्ण का जाप कर रही थी। आश्चर्यचकित करने वाला नजारा सामने आया। कृष्ण वहां प्रकट हो गए और साड़ी प्रदान करने लगे। साड़ी का अंत आया ही नहीं। दु:शासन थककर जमीन पर गिर गया। इस तरह द्रौपदी की लाज की रक्षा हुई। जो भी भगवान् कृष्ण की शरण में आए, भगवान् ने उनकी रक्षा की।

दूरदर्शी प्रबंधक सच्चे साथियों की गलतियों को क्षमा कर उनकी रक्षा करता है। इससे गलती करने वाला व्यक्ति कभी गलती दुहराता नहीं है। एक विशेष परिप्रेक्ष्य में कोई निर्णय गलत हो सकता है, लेकिन इरादा सही होना चाहिए।

## 38. सदा सुखी

सुख और दु:ख जीवन के अभिन्न अंग हैं। इससे कोई इनकार नहीं कर सकता है। लेकिन संपूर्ण जीवन काल में कृष्ण को दु:ख ने कभी नहीं छुआ। उनके द्वारा दिये गये गीता का उपदेश दु:ख से बाहर निकलने का बेहतरीन रास्ता है। धर्म की स्थापना के लिए अपने रिश्तेदारों को ही दुश्मनों के रूप में मारने के विचार से अर्जुन गहरे दु:ख में डूब गया था। वह भावना के अतिरेक में बह रहा था और कर्त्तव्य को नजरअंदाज कर रहा था। एक राजा का कर्त्तव्य है कि वह अपनी प्रजा की रक्षा करे और धर्म की स्थापना करे। उसे भावनात्मक विचारों से प्रभावित नहीं होना चाहिए। सत्य के पथ पर चलकर अपने कर्त्तव्य के पालन करने से ज्यादा महान कार्य कुछ और नहीं होता। अर्जुन को विचलित होने से रोकने के लिए भगवान् कृष्ण ने गीता का उपदेश दिया। उन्होंने संपूर्ण मानवता को दु:ख के सागर से बाहर निकालने की कोशिश की। मन की शांति को प्राप्त कर लेना जीवन की सबसे बड़ी उपलब्धि है। खासतौर पर उनके लिए जो जीवन के रहस्य को समझ चुके हैं। भगवान् कृष्ण महान योगी थे। उन्होंने गीता के जरिए शाश्वत शांति का संदेश दिया। शाश्वत शांति प्राप्त किए बिना कोई सदा सुखी नहीं रह सकता।

एक अच्छा प्रबंधक हर दिन होने वाले उथल-पुथल को अपने व्यक्तित्व पर हावी नहीं होने देता है। वह इन चीजों को नियंत्रित कर अपने व्यक्तित्व का मालिक स्वयं बन जाता है। इसलिए सदा सुखी रहता है।

## 39. भक्त वत्सल ( भक्तों को प्यार करने वाले )

भगवान् कृष्ण अपने भक्तों का हमेशा ख्याल रखते थे। वे उनकी रक्षा के लिए किसी भी हद तक जा सकते थे। उन्होंने राक्षसों और दुर्जन राजाओं के साथ युद्ध किया। बहुत सारे युद्ध उन्होंने सिर्फ अपने भक्तों के लिए ही लड़े। उनके भक्त बहुत धार्मिक प्रवृत्ति के लोग थे। ईश्वर के अवतारों का उद्देश्य ही है- धर्म की स्थापना। भगवान् विष्णु ने अपने सभी अवतारों में इस उद्देश्य को पूरा किया। भगवान् कृष्ण को सर्वशक्तिमान ईश्वर का साक्षात अवतार माना गया है। भगवान् कृष्ण केवल अपने भक्तों के लिए युद्ध ही नहीं कर रहे थे, बल्कि उनकी धार्मिक इच्छाओं की भी पूर्ति कर रहे थे। भारत में, विशेषकर हिन्दुओं के बीच भगवान् विष्णु को सर्वशक्तिमान ईश्वर माना गया है। भगवान् कृष्ण जब मथुरा में कंस को मारने के उद्देश्य से प्रवेश कर रहे थे तो एक कुबड़ी महिला उनसे मिलकर उनके माथे पर चंदन का लेप लगाना चाह रही थी। भगवान् कृष्ण महिला के इरादे को समझ गए और जान-बूझ कर उसके रास्ते से गुजरने लगे। उन्होंने उसका प्रस्ताव स्वीकार कर लिया। भगवान् कृष्ण ने उसकी पीठ के कुबड़े हिस्से को छुआ। इस कोमल स्पर्श से एक चमत्कार हुआ। वह एक सुंदर महिला बन गयी, जिसकी पीठ बिल्कुल ठीक हो गईं। भगवान् कृष्ण के संबंध में ऐसी सैकड़ों कहानियां हैं।

एक अच्छा बॉस अपने अधीनस्थ कर्मचारियों की देखभाल करता है। वह अपने सहयोगियों के हितों की रक्षा करता है। उसे अपने कर्मचारियों से आदर मिलता है। वह लोगों के लिए किसी भी तरह का खतरा बर्दाश्त करने के लिए तैयार रहता है।

## 40. प्रेमवश

भगवान् कृष्ण केवल प्रेम के ही वशीभूत थे। वे भक्तों के नियंत्रण में थे। उनके हृदय में राधा के लिए एक स्थायी स्थान था। कृष्ण कई तरह की गतिविधियों में व्यस्त रहते थे। हर रिश्ते को बरकरार रखना मुश्किल था। लेकिन उन्होंने किसी भी रिश्ते को नहीं भुलाया। जब भी कोई राधा की बात

करता, वे गहरे ध्यान में चले जाते। उन्होंने कहा – "राधा मेरा हृदय है।" राधा उनके बचपन का प्यार थी। वे पूरी जिन्दगी उन्हें नहीं भुला सके।

वे अपनी पालक माता यशोदा को भी कभी नहीं भूले। उनके माता-पिता मथुरा के जेल में थे। उनका पालन-पोषण नंद और उनकी पत्नी यशोदा ने किया। अलग होने के बावजूद वे अपने बचपन के मित्र सुदामा को कभी नहीं भूल सके। उनका प्यार एकनिष्ठ था। उनके लिए प्रेमी और प्रेमिका के बीच कोई अंतर नहीं था। दोनों एक आत्मा थे। मैथिली साहित्य के महान कवि विद्यापति ने कहा है – "हमेशा कृष्ण की यादों में खोए रहने के कारण राधा उनके साथ एकाकार हो गयी।"

अनुसन माधव माधव रटैत रटैत।

भगवान् कृष्ण ने अपने प्यार का व्यावहारिक उदाहरण दिखाया। यह केवल मानसिक स्तर पर नहीं था।

## 41. सर्वशुंभकर (सबका भला चाहने वाले)

आधुनिक समय में महात्मा गांधी ने रस्किन की किताब "अनटू द लास्ट" पढ़कर निष्कर्ष निकाला कि सबकी भलाई में ही व्यक्तिगत भलाई निहित है। कृष्ण ने गीता संवाद में कहा – "बुद्धिमान व्यक्ति के लिए परमात्मा और एक चींटी में एक ही तत्त्व देखते हैं।" बड़ी-बड़ी चीजें छोटी चीजों के मिलने से ही बनती हैं।

आधुनिक समय में बहुत सारी समस्याओं की जड़ पक्षपातपूर्ण दृष्टि है। लोग कुछ खास लोगों और कुछ खास समूहों के कल्याण के बारे में सोचते हैं। हमारे योजनाकर्मी विस्तृत आयाम पर विचार नहीं करते। एक अकथित संकीर्णता उनकी बुद्धिमता को चारों ओर से घेरे हुए हैं। पुराने समय से चली आ रही समस्याओं का समाधान ढूंढने में ही उनकी सारी दक्षता व्यर्थ जा रही है। उनके पास एकनिष्ठ दृष्टि नहीं है। आजकल वे समग्र विकास करते हैं। समग्र विकास अर्थात् सर्वतोमुखी विकास, जो लंबे समय तक चले। लेकिन अगर हमें सही मायनों में समग्र विकास का वातावरण प्राप्त करना है तो हमें तरह-तरह के वर्गीकरण से ऊपर उठना होगा।

उन्होंने कंस और उसके दूसरे दुर्जन साथियों को व्यक्तिगत बदले के लिए नहीं मारा। निजी पसंद और नापसंद के आधार पर किसी को सफलता नहीं मिलती है। उन्होंने मानव जाति के कल्याण के लिए काम किया। उनके क्रियाकलापों में एक संदेश था। यह संदेश हर समय में उपयुक्त है, इसलिए सर्वकालिक है।

## 42. प्रतापी

दुर्जनों के दिलों में आतंक पैदा करने के लिए उनका नाम ही काफी था। जब कृष्ण ने कंस को हरा कर मार गिराया, उसके बाद कोई भी राजा कृष्ण के खिलाफ नहीं जाना चाहते थे। सभी धार्मिक लोगों ने उन्हें सर्वशक्तिमान ईश्वर मानना शुरू कर दिया। ऐसे लोग जो निर्दोष लोगों को तंग कर रहे थे और अपना रास्ता बदलने को तैयार नहीं थे, उन्हें मुंह की खानी पड़ी। केवल शक्तिशाली होना ही काफी नहीं है। उसके साथ-साथ प्रतापी भी होना पड़ता है।

लोगों को एक योग्य प्रबंधक के काम की जानकारी होनी चाहिए। डॉ. ए.पी.जे. अब्दुल कलाम ने भारत के लिए मिसाइलें तैयार की। यहां की जनता और सरकार उनके काम से प्रभावित थी। उन्हें भारत के राष्ट्रपति पद पर आसीन होते का प्रस्ताव मिला। उन्होंने न सिर्फ इस प्रस्ताव को स्वीकार किया बल्कि देश के सर्वोच्च पद पर बैठकर भी अपने कर्त्तव्य का पालन उसी उत्साह से किया, जिसके लिए वे प्रसिद्ध थे।

भगवान् कृष्ण के काल में सबको विश्वास था – ''जहां कृष्ण हैं, वहां धर्म है।'' उन्होंने अपने आपको सत्य के साधक के तौर पर साबित किया। उनके पास सत्य के लिए काम करने का साहस था और अपने इरादों को कामयाब बनाने की प्रतिबद्धता थी।

लोग एक अच्छे प्रबंधक के नाम पर अपनी सेवा या संसाधन देने के लिए तैयार होते हैं। जब कोई व्यक्ति समर्पण, प्रतिबद्धता, दूरदृष्टि के साथ-साथ सबकी भलाई के लिए काम करता है तो उसका नाम आदर के साथ लिया जाता है। ऐसा प्रबंधक होने के लिए बहुत त्याग करना पड़ता है। श्री नारायण मूर्ति ने एकनिष्ठ होकर अत्यंत अनुशासन के साथ काम किया। उन्होंने अपनी कंपनी 'इंफोसिस' को विश्वस्तरीय संस्था बना दिया। इस ऊंचाई पर पहुंचने के बाद उन्होंने दूसरे योग्य सहकर्मी को कंपनी का कार्यभार दे दिया। अब वे करोड़ों लोगों के लिए प्रेरणास्त्रोत बन गए हैं।

### कीर्ति

तत्कालीन विश्व में भगवान् कृष्ण की प्रसिद्धि सभी दिशाओं में फैल चुकी थी। ऐसी प्रसिद्धि किसी को एक क्षण में नहीं मिलती है। यह आम जिंदगी को

बेहतर बनाने के लिए सही दिशा में किये गये लगातार प्रयास का परिणाम था। जो इस तरह से काम करते हैं, उन्हें सच्ची ख्याति मिलती है। हर समाज में निःस्वार्थ सेवा के सैकड़ों उदाहरण मिल जाएंगे। भगवान् कृष्ण का कोई व्यक्तिगत एजेंडा नहीं था। उनका एक मिशन था। व्यक्तिगत एजेंडे पर काम करने में कोई बुराई नहीं है। लेकिन यह जनसामान्य का ध्यान आकर्षित नहीं करता है। जो जनसामान्य के लिए निःस्वार्थ भाव से काम करते हैं, उन्हें बेदाग प्रसिद्धि मिलती है।

कृष्ण ने किसी व्यक्तिगत राजतंत्र पर काम नहीं किया। उन्होंने अपने कल्याणकारी कामों के फल की चिंता कभी नहीं की।

आप जो प्राप्त करते हैं, उसके लिए याद नहीं किए जाते हैं। समाज को आपसे जो मिलता है वह यादगार बनता है। कृष्ण ने समाज को बहुत कुछ दिया। लेकिन बदले में कुछ लिया नहीं। वे निरंतर देते रहे। जो अपनी संस्था को देने में विश्वास रखते हैं, उन्हें प्राकृतिक तौर पर खुद ही मिलता है। देना महत्त्वपूर्ण है।

## 44. स्वभाव से मधुर

भगवान् कृष्ण अधिकांश लोगों को प्यार करते थे। लेकिन सबको नहीं। कोई भी दुर्जन व्यक्ति से प्यार नहीं कर सकता है। वे कंस, शकुनी, शिशुपाल, जरासंध इत्यादि के प्रति मधुर भाव नहीं रखते थे। ये सारे लोग कुख्यात थे और अंत तक साधारण लोगों को नुकसान पहुंचाते रहे।

यहां तक कि ईसा मसीह के भी दुश्मन थे। वे षड़यंत्र के शिकार हो गए। गांधीजी को अपने जीवन का त्याग करना पड़ा। इसलिए किसी के लिए भी ज्यादातर लोगों को प्यार करना संभव है, हरेक को नहीं। एक अच्छे और योग्य प्रबंधक के ढेरों प्रशंसक और कुछ दुश्मन होते हैं। वह ज्यादातर लोगों से मधुर संबंध रखता है।

भगवान् कृष्ण स्वभाव से मधुर थे। इसलिए बचपन के दिनों से ही उन्होंने लोगों का ध्यान अपनी और खींचा। उन्हें हर क्षेत्र से जुड़ा हुआ आदमी प्यार करता था।

ध्यानपूर्वक प्रयास करने से भी हमारा स्वभाव मधुर बनता है। अगर किसी में यह ईश्वर प्रदत्त है तो एक महान वरदान है।

## 45. साधु समाश्रय

भगवान् कृष्ण के पास साधुजनों को आश्रय मिलता था। उनके दरवाजे साधुओं के लिए हमेशा खुले रहते थे। उन्होंने न सिर्फ साधुओं, बल्कि दूसरे

दात्क-दयालु जीवों को भी आश्रय दिया। देवताओं के राजा इंद्र के क्रोध से उन्होंने संपूर्ण ब्रज भूमि को बचाया। उन्होंने निर्वासित पांडवों को अपने राज्य में शरण दी। उन्होंने गरीब सुदामा को आश्रय दिया। उन्होंने एक शक्तिशाली हाथी को एक घड़ियाल के जानलेवा कब्जे से बचाया। उन्होंने जरासंध के लगातार हमले से मथुरा के भोले-भाले लोगों को बचाया।

एक सक्षम व्यक्ति को साधुजनों को आश्रय देना चाहिए। जहां तक संभव हो, उनकी मदद करनी चाहिए।

## 46. नारी गण मनोहारी

भगवान् कृष्ण सुंदर और प्यारे थे। अपने बचपन में ही उन्होंने कई सुंदरियों का दिल जीता। उन सबके मन में कृष्ण के लिए पवित्र प्रेम था। उनमें राधा, ललिता और विशाखा प्रमुख हैं। अपने यौवन में उनकी आठ पत्नियां थी। वे सभी अपने समय की सुंदर स्त्रियां थीं। भगवान् कृष्ण उन सबका ख्याल रखते थे। किसी के मन में उनके लिए कोई शिकायत नहीं थी।

आधुनिक समाज में बहुविवाह प्रचलित नहीं है। लेकिन सुंदरियों का दिल जीतना भी एक कला है। अपनी प्रेमिका या पत्नी को सही मायनों में खुश करना एक महान उपलब्धि है। सुखी वैवाहिक जीवन व्यतीत करना हर काल के लिए एक प्रशंसनीय कृत है। घर में और कार्यालय में महिलाओं का सम्मान आज के समय की जरूरत है।

## 47. सर्वआराध्य

भगवान् कृष्ण का सम्मान सभी करते थे। कौरवों की ओर से लड़ रहे भीष्म और द्रोणाचार्य भी दुश्मनों के तरफदार कृष्ण का आदर करते थे। वृंदावन में वे सर्वोच्च ईश्वर के रूप में पूजे जाते थे। मथुरा और द्वारका में सर्वशक्तिमान के रूप में उनकी आराधना की जाती थी। राजाओं के बीच वे अपने अद्वितीय करिश्माई व्यक्तित्व के कारण चर्चा में रहते थे। पांडवों के लिए वे महागुरु थे। उनके बिना पांडव अपने अस्तित्व के बारे में सोचते ही नहीं थे। उनकी अनुपस्थिति में मथुरा की गोपियों ने लंबे वियोग का जीवन बिताया।

हमें सबका आदर करना चाहिए। जो सबका आदर करते हैं, उन्हें सबसे आदर मिलता है। एक योग्य नेता सबकी आदर का पात्र होता है।

## 48. समृद्धिवान

भगवान् कृष्ण सर्वतोमुखी समृद्धि के पर्यायवाची बन गए थे। उनका राजतंत्र द्वारका उन दिनों धन-संपदा का स्रोत माना जाता था। यह एक समुद्री शहर था। यहां कार्य-व्यापार फल-फूल रहा था। भगवान् कृष्ण का व्यक्तित्व दिव्य गुणों से भरा-पूरा था।

उन्होंने स्वयं सर्वोन्मुखी समृद्धि का जीवन जिया। सर्वतोमुखी समृद्धि से तात्पर्य है धन के साथ-साथ शांति और सुख की उपलब्धि। उनकी पत्नी रुक्मिणी को धन की देवी लक्ष्मी का अवतार माना जाता था। बचपन में उन्हें एक संपन्न ग्वाले नंद ने पाल-पोस कर बड़ा किया। उनके अधिकांश मित्र धनी थे। उन्होंने अपने एक गरीब मित्र सुदामा को धनी व्यक्ति बनाया। हमें अपनी मंडली को संपन्न बनाने की कोशिश करनी चाहिए। अगर आपके इर्द-गिर्द धनी और सच्चे लोग हैं तो निश्चित तौर पर वहां शांति और समृद्धि होगी। संपन्न समुदाय में व्यक्ति शांतिपूर्ण और सुखद जीवन व्यतीत करता है।

## 49. महानता ( वरीयता )

भगवान् कृष्ण को महानतम लोगों के बीच भी महान कहलाने का गौरव हासिल था। उनके काल के संतजनों और प्रबुद्ध लोगों ने उन्हें महानतम की संज्ञा दी। युधिष्ठिर ने जब अपने नये राजतंत्र में राजाओं, संतों और प्रबुद्ध लोगों की सभा बुलाई तो उन्होंने अपने दादा भीष्म से कहा – "प्रथम स्थान किसे दिया जाये?" भीष्म ने बिना किसी झिझक के फौरन जवाब दिया – "जहां भगवान् कृष्ण मौजूद हो वहां यह सवाल नहीं उठता है। प्रथम स्थान का प्रस्ताव केवल उनके जैसे सक्षम व्यक्ति को ही दिया जा सकता है।"

एक महान नेता को प्रथम स्थान उसके लोगों के द्वारा स्वयं दिया जाता है। उसे यह प्राप्त करने के लिए कोई समीकरण हल नहीं करना पड़ता है। उनकी महानता के कारण सफलता स्वयं उनका कदम चूमती है।

## 50 सर्वशक्तिमान ईश्वर

भगवान् कृष्ण की कोई अवहेलना नहीं कर सकता। उन्होंने जो चाहा, उसे प्राप्त किया। केवल भगवान् ही ऐसा कर सकते हैं। एक शक्तिशाली व्यक्ति

अपनी इच्छानुसार चीजों को प्राप्त करने के लिए कड़ी मेहनत कर सकता है। उसे उनमें से बहुत सारी चीजों को प्राप्त करने में सफलता भी मिलती है। लेकिन हरेक चीज वह भी नहीं प्राप्त कर सकता। साधारण आदमी की एक सीमा होती है। लेकिन ईश्वर असीम है।

भगवान् कृष्ण का यह गुण मानवेतर था। लेकिन हमें विभिन्न कलाओं और गुणों में महारात हासिल करने की कोशिश करनी चाहिए।

## 51. सदा स्वरूप संप्रतापी ( स्वनियंत्रित )

भगवान् कृष्ण हर तरह के भुलावे से अप्रभावित रहते थे। वे आत्मनियंत्रण का जीता-जागता उदाहरण थे। 'स्वनियंत्रण' अर्थात् अपने ऊपर नियंत्रण बहुत बड़ी उपलब्धि है। दूसरे को नियंत्रित करने के पहले हमें अपने-आपको नियंत्रित करने की जरूरत है। लोग दुनिया जीतने के लिए निकल तो जाते हैं, लेकिन उनका अपने ऊपर नियंत्रण नहीं रहता है। अंततः वे अपने लक्ष्य तक नहीं पहुंच पाते हैं। उनका सपना अधूरा रह जाता है। इसलिए वे हारा हुआ महसूस करते हैं।

आत्मनियंत्रण के लिए सबसे पहले हमें अपने अंदर झांकना पड़ता है। अपने व्यक्तित्व को अच्छी तरह समझना पड़ता है। हमारे आंतरिक व्यक्तित्व पर धूल और गर्द की कई परतें होती हैं। इसे साफ करने के लिए हमें अपने व्यक्तित्व की सभी परतों को स्वच्छ बनाना पड़ता है। इनमें से कुछ परतें परिवार द्वारा लादी जाती हैं, कुछ समाज द्वारा और कुछ अपने कार्यकलाप और विचारों द्वारा।

## 52. सर्वज्ञ ( सब कुछ जाननेवाला )

बहुत सारे लोग विभिन्न चीजों को जान सकते हैं। कुछ लोग अधिकांश चीजों के बारे में जानते हैं। लेकिन सब कुछ जानने वाला कोई नहीं होता। हम पहले ही मानवीय सीमाओं की बात कर चुके हैं। भगवान् कृष्ण सर्वज्ञ थे। यह उनका मानवेतर गुण था। केवल ईश्वर ही सब कुछ जानने वाले हो सकते हैं। एक साधारण आदमी बहुत कुछ जानने वाला हो सकता है, विद्वान हो सकता है, प्रबुद्ध हो सकता है, लेकिन सर्वज्ञ नहीं हो सकता।

हमें बहुत सारी चीजों को जानने की कोशिश करनी चाहिए। हमें चतुर्मुखी अनुभव लेने का प्रयास करना चाहिए। लेकिन यह भी सच है कि सर्वज्ञ होना मनुष्य मात्र के वश के परे है।

## 53. नित्य नूतन ( सदा नवीन )

भगवान् कृष्ण के व्यक्तित्व का मुख्य आकर्षण उनकी नवीनता थी। उनके साहचर्य में किसी ने कभी एकरसता महसूस नहीं की।

केंद्र में बने रहने के लिए हमें अपने व्यक्तित्व में सदैव नवीनता बरकरार रखनी पड़ती है।

नयी-नयी सोच लेकर सामने आने वाला व्यक्ति ही महान नेता बनता है। गतिविधियों के केंद्र में बने रहने के लिए विचारों की नवीनता ही मूलमंत्र है। विचारों की नवीनता के अभाव में व्यक्तित्व की नवीनता का स्वाद नहीं चखा जा सकता।

लंबे समय तक बने रहने के लिए नित्य नूतन होना पड़ता है।

विचारों की नवीनता मैनेजमेंट गुरु का लक्ष्य और व्यक्तित्व की नवीनता उसका मंत्र होना चाहिए।

## 54. सच्चिदानंद विग्रह

भगवान् कृष्ण एक दिव्य अवतार थे। हम कुछ विशेष तरह की दिव्यता प्राप्त करने का प्रयास कर सकते हैं। लेकिन एक दिव्य अवतार होना असंभव है।

विचारों में दिव्यता संभव है। लेकिन शरीर का अंग-प्रत्यंग दिव्य होना असंभव है। यह ऐसा गुण है जिसे किसी कला या विज्ञान या ध्यान से प्राप्त नहीं किया जा सकता है।

## 55. सर्वसिद्ध

हमने ऐसे योगियों के बारे में सुन रखा है जिनके पास अद्वितीय शक्ति थी। एक आम आदमी के पास यह नहीं होता। भगवान् कृष्ण के पास लगभग सभी योग शक्तियां मौजूद थीं। वे सर्वगुण संपन्न थे। साधारण आदमी ऐसा नहीं होता। एक अच्छे नेता को अलग-अलग तरह के गुण और शक्ति प्राप्त करने की कोशिश करनी चाहिए। इसमें दिमागी शक्ति के साथ-साथ शारीरिक शक्ति भी शामिल है। हम चाहें तो शक्तिशाली शरीर और दिमाग प्राप्त कर सकते हैं।

## 56. चिन्तन से परे महाशक्ति

भगवान् कृष्ण के पास भौतिक नियमों के ऊपर जाने की ताकत थी। उन्होंने अपनी परछाई से सूरज को ढंक दिया। इससे महाभारत के सभी योद्धाओं

को सूर्यास्त का भ्रम हो गया। अर्जुन ने जयद्रथ को सूर्यास्त से पहले मार गिराने की शपथ ली थी। अन्यथा वह स्वयं चिताग्नि में समा जाता। जयद्रथ, अर्जुन को आग में कूदते हुए देखने के लिए आया। अचानक आसमान में सूर्य नजर आने लगा। यह दोपहर का समय था। भगवान् कृष्ण ने अर्जुन को एक भी क्षण गवाएं बिना जयद्रथ को मार गिराने का आदेश दिया। उसने ऐसा ही किया। कोई साधारण व्यक्ति भौतिक नियमों से अलग नहीं जा सकता। लेकिन महाशक्ति ऐसा कर सकती है।

## 57. कोटिब्रह्मानंद विग्रह

महाभारत के युद्ध से ठीक पहले भगवान् कृष्ण ने अर्जुन को अपना विश्व रूप देखने का आशीर्वाद दिया। उसने भगवान् कृष्ण के शरीर के अंदर कितने ही ब्रह्मांड के दर्शन किए। यह साधारण आदमी के लिए संभव नहीं है। यह चमत्कारों के द्वारा भी संभव नहीं है। इसलिए, यह प्रेरणा के लिए नहीं सूचना के लिए था।

एक नेता को भी इसी तरह करिश्माई होना चाहिए।

## 58. अवतारवाली विजय ( सभी अवतारों का आधार )

भगवान् कृष्ण महज एक अवतार नहीं थे। उनमें सभी अवतारों का योग था। उनके विश्वरूप में सभी अवतार प्रकट थे। वे सभी अवतारों के आधार थे।

उनका बहुआयामी व्यक्तित्व, विश्वरूप, दिव्य गुण, चमत्कार, योगशक्ति, साहस, तीक्ष्णता और दूसरे कई गुण इस कथन की पुष्टि करते हैं।

## 59. सद्‌गति दायक

भगवान् कृष्ण के द्वारा जो मारे गये, उन्हें सद्‌गति प्राप्त हुई। दुर्जनों ने बिल्कुल अंतिम क्षण में भगवान् कृष्ण के दिव्य रूप को जाना और उन्हें मोक्ष मिल गया। 'सत्य' का ज्ञान अपने आप में मोक्ष प्राप्त करना ही है। अंतिम क्षणों में सत्य का ज्ञान पाकर दुर्जनों ने भी मोक्ष प्राप्त किया।

## 60. मोक्ष प्राप्त करने वालों के ध्यानाकर्षण का केंद्र

जिन्होंने मोक्ष प्राप्त किया, भगवान् कृष्ण उनके ध्यानकर्षण का केन्द्र थे। वे योगियों के राजा कहे जाते हैं। धार्मिक और नैतिक व्यक्ति सबका ध्यान

अपनी ओर खींचते हैं। भगवान् कृष्ण स्वयं धार्मिकता और नैतिकता के स्रोत थे। वे दिव्य गुणों से भरे हुए थे।

हम अपने गुणों के कारण आदर प्राप्त करते हैं। हमें अपने स्टाफ या अधीनस्थ कर्मचारी से आदर मिल सकता है। लेकिन वह क्षणिक होता है। अगर सच्चा आदर प्राप्त करना है तो हमारे अंदर मानवीय संवेदनाएं और दयालुता होनी चाहिए। सच्चा आदर प्राप्त करना एक महान उपलब्धि है। महान लोगों द्वारा आदर प्राप्त करना महानतम उपलब्धि है।

## 61. सर्वभूत लीला ( अद्‌भुत चमत्कार )

भगवान् कृष्ण ने अपने संपूर्ण जीवनकाल में अद्‌भुत चमत्कार किये। इस तरह की कार्यवाही सामान्य आदमी के पहुंच से बाहर की चीज है। हम उनकी लीला के बारे में सुनकर आश्चर्यचकित हो जाते हैं। एक नेता करिश्माई हो सकता है। उसे कुछ अद्वितीय भूमिका अदा करनी चाहिए। वह कुछ अलग तरह मील के पत्थरों को पार कर सकता है। उसकी इस अद्वितीय क्षमता से उसके अनुयायियों को प्रेरणा मिलेगी।

## 62. अतुल्य माधुर्य

भगवान् कृष्ण का माधुर्य अतुल्य था। संतजन, ऋषि-महर्षि, ग्रामीण स्त्रियां, गोपी, राजा, राजकुमार, सभी कृष्ण की मधुरता के प्रति आकर्षित थे। यह शाश्वत था। साधारणतः किसी के व्यक्तित्व की मधुरता उसके लिए अमृत का काम करता है। मधुरता के आधार पर बहुत लोग सफलता प्राप्त करते हैं।

मधुरता, सफलता की पहली सीढ़ी है। एक नेता के व्यक्तित्व में मधुरता जरूर होनी चाहिए। भगवान् कृष्ण के पास शाश्वत मधुरता थी। इसलिए यह अतुलनीय है।

## 63. मुरली स्वर से तीनों लोक विजय

भगवान् कृष्ण संगीत और नृत्य में माहिर थे। वे बांसुरी वादन की ओर बेहद आकर्षित थे। उन्हें जब भी समय मिलता, वे बांसुरी वादन करते थे। यहां तक कि महाभारत के युद्ध के दौरान भी वे बांसुरी अपने साथ ही रखते थे। उन्हें इससे इतना प्यार था कि अपनी प्रेमिका राधा के अनुरोध के बावजूद वे इसे उन्हें नहीं दे पाये।

संगीत का ज्ञान किसी के व्यक्तित्व में चार चांद लगा देता है। एक नेता को कला, संगीत और सांस्कृतिक गतिविधियों में रुचि रखनी चाहिए। यहां तक कि बहुराष्ट्रीय कंपनियां भी संगीत के कार्यक्रम आयोजित करवाती हैं। वे कला और संस्कृति को बढ़ावा देती हैं। इसे सौन्दर्य-ज्ञान के साथ किये जाने वाले व्यापार की संज्ञा दी गयी है।

## 64. असाधारण रूपलावण्य

भगवान् कृष्ण की सुंदरता असाधारण थी। उनकी कोमलता, मधुरता और सुंदरता से विश्व का हर प्राणी सम्मोहित था।

सुंदर चेहरा ईश्वरीय वरदान है। यह बहुत लोगों को आकर्षित करता है। एक दुर्जन व्यक्ति भी सुंदरता से आकर्षित हो जाता है। मानवीय इतिहास में ऐसे उदाहरण भरे पड़े हैं, जहां राजाओं ने सुंदरता के कारण अपना राजमुकुट छोड़ा। भगवान् कृष्ण के सुंदर व्यक्तित्व और आकर्षण की वैश्विक दरकार थी।

इन चौंसठ गुणों में से अधिकांश आम आदमी में पाये जा सकते हैं। लेकिन कुछ गुण ऐसे हैं, जो निश्चित तौर पर ईश्वर में पाये जाते हैं। समय की मांग के अनुसार भगवान् कृष्ण के कुछ गुणों को अलग परिप्रेक्ष्य में रखकर हम उनसे प्रेरणा ग्रहण कर सकते हैं, इनमें से कुछ तो लगातार प्रयास से प्राप्त किया जा सकता है। कुछ गुण जन्मजात होते हैं। मुझे लगता है कि जो जीवन के किसी भी क्षेत्र में उत्कृष्ट प्रदर्शन करना चाहते हैं, उनके लिए इन चौंसठ गुणों का वर्णन सूचनाप्रद और मददगार साबित होगा।

# भाग 2
# भगवान कृष्ण और संगठन के स्तर पर मैनेजमेन्ट

# 3

# संगठन की समझ

**वदन्ति तत्त्वविदस्तत्त्वं यज्ज्ञानमद्वयम्।**
**ब्रह्मेति परमात्मेति भगवानिति शब्द्यते॥**

**– श्रीमद्‌भागवत**

***लोग विभिन्न माध्यमों से सत्य को जानने व समझने का प्रयास करते हैं तथापि सभी माध्यम और सभी मार्ग एकसमान ही होते हैं। ईश्वर को ही ब्रह्म, परमात्मा और भगवन् आदि भिन्न नामों से पुकारा जाता है। इसलिए ईश्वर को जानने के सभी भिन्न मार्ग अंत में एक ही बिंदु पर मिलते हैं।***

मानव मस्तिष्क दुनिया के कीमती रत्नों का खजाना है। लेकिन यह विष का महासागर भी है। यहां शब्द साधारण है, लेकिन इनका इस्तेमाल रूपक की तरह किया जा रहा है।

रूपक का मतलब समझने के लिए हमें कुछ विशेष प्रकार का संकलन–व्यकलन करना पड़ता है। हम यहां 'रत्न' और 'विष' का स्थानीय मान समझ सकते हैं। इनका कोई मौखिक मान नहीं है, केवल स्थानीय मान है।

कम्प्यूटर विज्ञान में हम गीगा फैक्टर की पढ़ाई करते हैं। जीवन न तो उतना यांत्रिक है और न ही वैज्ञानिक। हम पूरी तरह से कलात्मक जीवन भी नहीं जीते हैं। यह कितने ही तरह के 'अगर' और 'मगर' के मिलने से बना है। हमारे जीवन में कितने ही तरह के उतार–चढ़ाव आते हैं। एक निराशावादी के लिए जीवन कांटों से भरा है, जिसमें कोई सुंदरता नहीं है। एक आदर्शवादी के लिए जीवन फूलों की सेज है। एक यांत्रिक व्यक्ति के लिए जीवन तथ्यों और आंकड़ों का समूह है। इसमें से कोई भी पूरी

तरह सच्चाई के करीब नहीं है। जीवन एक तरह का विज्ञान है, यह कला भी है और वाणिज्य भी। लेकिन इन सबसे अलग और ज्यादा यह कुछ ऐसा है, जिसे किसी तकनीकी पद से परिभाषित नहीं किया जा सकता है। यह एक अबूझ पहेली है। लेकिन एक तेज और सावधान व्यक्ति इसे बहुत हद तक सुलझा लेता है।

इस दिशा में पहला कदम समझदारी है। समस्याओं की सही समझ में उसका निदान छिपा रहता है। हम समझें कैसे?

समझने का सबसे अच्छा तरीका है कि हम 'क्या हैं' को समझ लें। साधारणतः हम न सिर्फ 'क्या है' की अनदेखी करते हैं, बल्कि इसे नकारते भी हैं। और तो और, हम इस सवाल से भागते भी हैं। क्यों नहीं? भागना बहुत आसान है। कम से कम लगता तो यही है। लेकिन यह कई समस्याओं की जड़ है। सच्चाई यही है कि भागना बहुत आसान नहीं है। आपकी जिंदगी हमेशा आपके साथ-साथ ही चलती है।

इन विचारों का स्पष्टीकरण देने के पहले और विषय की व्याख्या करने से पहले कुछ और विचारों की विवेचना आवश्यक है।

साधारणतः हम अपनी जिन्दगी को अपने भौतिक अस्तित्व का एक हिस्सा समझते हैं। यहां '6', '9' है। अर्थात् मामला बिल्कुल विपरीत तो नहीं है। लेकिन अनुभूतियों के जल प्रतिबिंब और दर्पण प्रतिबिंब के कॉकटेल (सम्मिलन) की तरह है। मेरे कहने का मतलब सिर्फ इतना है कि एक व्यक्ति अपने जीवन का हिस्सा होता है। आश्चर्यजनक मालूम पड़ता है? क्या ऐसा नहीं है? पहली नजर में?...हां। लेकिन गहराई में उतरने के बाद। नहीं।

हमारा जीवन बहुत सारी चीजों का सम्मिलन है। इसके कई निर्धारक तत्त्व हैं। उनमें से कुछ निम्नांकित हैं -

- समाज जिसमें हम पैदा होते हैं,
- माता-पिता,
- पालन-पोषण,
- व्यक्तिगत सोच-विचार,
- बचपन और किशोरावस्था की मित्रता,
- साहित्य/कला/विज्ञान,
- कुल अनुभव,
- लक्ष्य और आदर्श,
- परिस्थितियां।

इन तत्त्वों के अलावा और भी कई चीजें हैं। इनमें से कुछ या अधिकांश निर्धारक तत्त्वों में अगर नकारात्मकता ज्यादा होती है तो व्यक्ति विशेष के व्यक्तित्व पर नकारात्मक छाप दिखाई पड़ने लगती है। यहां हमें कंप्यूटर साइंस में प्रयोग होने वाले गीगो फैक्टर की उपयोगिता समझ में आती है। अवसाद ग्रस्त विचारों की अधिक मात्रा, नकारात्मकता का ऊंचा प्रतिशत, एक व्यक्ति के अंदर कमजोरियों की बढ़ी हुई आवृत्ति उसके दिमाग को विष का महासागर बना देती है। यह महासागर हमेशा शांत नहीं रहता है। हवा की गति ज्यों ही थोड़ी तेज होती है, लहरें नजर आने लगती है। व्यक्ति नकारात्मकता दिखाने लगता है। उसका व्यक्तित्व कचड़े का घर बन जाता है जो आए दिन बदबू फैलाता रहता है।

ठीक इसी तरह अगर किसी व्यक्ति में ऊपर वर्णित निर्धारकों में सकारात्मक चीजों का प्रतिशत ज्यादा रहता है तो वह सकारात्मक प्रवृत्ति का होता है। उसका व्यवहार सकारात्मक और प्रेरणादायी होता है। उसका दिमाग दुनिया के कीमती रत्नों का खजाना बनता है। वह एक वैज्ञानिक हो सकता है, एक कलाकार हो सकता है, एक नायक हो सकता है, एक खिलाड़ी हो सकता है, दूसरों का कल्याण करने वाला एक सफल व्यवसायी हो सकता है। चाहे उसका पेशा जो हो, इन सबसे ऊपर वह एक अच्छा इंसान बनता है।

लेकिन कोई व्यक्ति अकेला अपने व्यक्तित्व या अपनी जिंदगी के लिए जिम्मेवार नहीं होता। कुछ चीजों पर व्यक्ति का नियंत्रण जरूर होता है, लेकिन हर चीज पर नहीं होता। निस्संदेह प्रयास करके वह अपने आप को बदल सकता है। इसलिए हम जैसे भी हैं और जो भी हैं, उसमें कई निध रिक तत्त्वों का योग होता है। कुछ हम जिम्मेवार हैं, लेकिन सब के लिए नहीं। यह हमारे नियंत्रण में नहीं है। इसलिए मानव जीवन भौतिक अस्तित्व का हिस्सा नहीं है। हमारा जीवन हमारे भौतिक अस्तित्व से कहीं बाहर भी है। ऐसे में, हम क्या कर सकते हैं? हम अपने अंदर की नकारात्मकता को दबाकर सकारात्मक तत्त्वों को उभारने की कोशिश कर सकते हैं। सकारात्मकता अमृत की तरह है जो संपूर्ण धरा पर इधर-उधर फैली है। यह जीवन के हर क्षेत्र में हमारी मदद करती है।

चूंकि हमारे अंदर और बाहर नकारात्मकता का ऐसा वर्चस्व है कि हम प्राय: यह नहीं सोच पाते कि 'क्या है'। हम हमेशा 'क्या नहीं है' या 'क्या होना चाहिए' के बारे में सोचते हैं। इस नकारात्मक दृष्टि के कारण हमारी आंखें पीलियाग्रस्त हो जाती हैं। 'क्या है' यह समझने के बाद हमें अगले चरण में 'क्या होना चाहिए' पर विचार करना चाहिए।

'क्या है', यह समझने के लिए हमें काफी प्रयास करना पड़ता है। कुछ लोग जैसे कि भगवान् कृष्ण, बुद्ध, ओशो, जे. कृष्णामूर्ति आदि महानुभावों ने इसे ध्यान की प्रक्रिया बताया है। दूसरे कहते हैं कि यह बिना किसी वैर भाव या पसंद-नापसंद के चीजों को देखने का अभ्यास है। वस्तुतः ये दोनों एक ही तरह की चीज हैं। ध्यान और तरह-तरह की ग्रंथियों से ग्रस्त मन साथ-साथ नहीं चल सकते। ग्रंथिरहित दिमाग ध्यान की अवस्था में होता है। उस समय हम 'क्या है' का उचित आकलन कर सकते हैं।

अतीत के अनुभवों के कारण दिमाग में कई तरह की ग्रंथियां घर कर लेती हैं। इनसे मुक्त होकर जिंदगी गुजारना मुश्किल तो है लेकिन असंभव नहीं। भगवान् कृष्ण ने इसे संभव कर दिखाया। हम भी ऐसा कर सकते हैं।

एक संगठन के कई घटक होते हैं – मानव संसाधन और तत्त्व या गैर मानव संसाधन (इंफ्रास्ट्रक्चर – वित्तीय, तकनीक, बाजार तक पहुंच) शामिल हैं। यह किसी भी संगठन के मूलभूत तत्त्व हैं। एक संगठन का लक्ष्य होता है। कि वह संसाधनों के उचित इस्तेमाल के लिए सकारात्मक वातावरण तैयार करे ताकि लक्ष्य तक पहुंचा जा सके। संगठन की ऊंची उड़ान के लिए समुचित 'लोकेशन' परमावश्यक है। हालांकि आजकल संवादों का संप्रेषण इतना आसान हो गया है कि इसे दूसरी तरह से भी परिभाषित किया जा सकता है। लेकिन इसकी महत्ता को नकारा नहीं जा सकता। लेकिन संगठन का लक्ष्य साथ ही कार्यशैली उसकी आत्मा होती है। दुर्भाग्यवश कुछ लोग केवल मुनाफा कमाना चाहते हैं। उनका कोई 'मोटो' नहीं होता है। 'क्या है' और 'क्या नहीं' उसकी चिंता वे नहीं करते।

अगर आप सिक्के का एक पहलू देखने में सक्षम हैं तो आपको दूसरा पहलू देखने में ज्यादा परेशानी नहीं आएगी। 'क्या है' इसे समझना सबसे महत्त्वपूर्ण है। इससे 'क्या नहीं है' इसका भी बोध हो जाता है।

जीवन का न तो कोई 'ग्रैण्ड फाइनल' होता है और न ही कोई आखिरी बिंदु होता है। इसका कोई चरमोत्कर्ष नहीं है, इसमें कोई मांउट एवरेस्ट नहीं होता। यहां चढ़ाव के बाद उतार है। चांद एक पक्ष में बलवान होता दिखता है और दूसरे पक्ष में शनैः शनैः उतार पर होता है। यह न तो ठोस है और न ही महज एक अवधारणा। यह दोनों के बीच, दोनों का ही मिश्रण है।

अपनी दृष्टि साफ करने के लिए आपको मजबूत रेटिना की जरूरत होगी। आपको अपनी दोषपूर्ण दृष्टि साफ करनी होगी, क्योंकि ऐसी आंखों से सब कुछ दोषपूर्ण ही दिखता है। आपको अपनी ग्रंथियों को उखाड़ फेंकना होगा। इसके लिए अतीत को छोड़ना पड़ेगा। जहां इसकी सुखद स्मृतियों के

अहसास को हम नहीं छोड़ना चाहते, वहीं रिक्त अनुभव हमारा पीछा करते रहते हैं। हम इससे भाग नहीं सकते। यूं भी पलायन किसी मसले का हल नहीं होता।

एक संगठन किसी व्यक्ति को उसकी मेधा, योग्यता और अनुभवों के आधार पर नियुक्त करता है। अतीत में गए बिना हम किसी के अनुभवों की जांच कैसे कर सकते हैं। अपने अनुभवों का इस्तेमाल करने के लिए हम अतीत में जाते हैं। जब तक हम गाड़ी चलाना न सीखें, हमारे लिए गाड़ी चलाना असंभव है। जब हम ड्राइव कर रहे होते हैं तो रास्ते पर अपना ध्यान केंद्रित करते हैं। अर्थात् वर्तमान पर ध्यान लगाते हैं। लेकिन हमारा ध्यान हमारी उन कोशिशों का नतीजा है, जो हमने अतीत में की थी। इसलिए अनुभवों का समुचित समायोजन वर्तमान की बेहतरी के लिए जरूरी है। लेकिन वर्तमान में चलने के लिए हमें इसी पर ध्यान केंद्रित करना पड़ता है। कटु स्मृतियां, ग्रंथियां, नकारात्मकता, कमजोरियां और चूके हुए लक्ष्यों की विवेचना हमारे दिमाग में कूड़ा जमा कर देती हैं। इससे हमारी दृष्टि दोषपूर्ण हो जाती हैं।

दिमाग में, समाज, माता-पिता, धर्म, परिस्थितियों, भ्रामक शिक्षा पद्धति और ऐसे ही कई चीजों के द्वारा जो कूड़ा जमा होता है, उसे हम संयत कोशिश से बाहर निकाल सकते हैं। हमारे बचपन के दिनों से ही यह हमें परेशान करता रहता है। जिस दिन से हम 'क्या है' पर विचार करना शुरू करते हैं, हम अपने संगठन को सच्चे अर्थ में समझने लगते हैं। इस तरह का नजरिया रखने से हम अपेक्षाकृत खुश रहते हैं। हम बॉस की उम्मीदों, अधीनस्थ कर्मचारियों की भावना, सहकर्मियों की मंशा और अंदर-बाहर की लहर समझने लगते हैं। जिसके पास ऐसी समझदारी आ जाती है, वह आराम से शासन करता है। भगवान् कृष्ण के पास ऐसी ही समझदारी थी।

कभी-कभी किसी रोजगारकर्मी को संगठन से बाहर निकाल दिया जाता है, क्योंकि वह संगठन को समझ नहीं पाता है। कभी-कभी संगठन की कार्यशैली या कोई बॉस काम करने वाले को नहीं जंचता और वह स्वयं संगठन छोड़ देता है। आत्मनिर्णय भी समझ का ही परिणाम है। समझ का अभाव संगठन की बीमारियों का कारण बन जाता है।

भगवान् कृष्ण का जीवन उनकी समझदारी का एनसाइक्लोपीडिया है। उसके कुछ अंश इस प्रकार हैं-

कृष्ण ने अपने जीवन में कई तरह की विषमताएं देखीं। उनकी ज्ञानेन्द्रियां काफी तेज थीं। उनमें चीजों को पकड़ने की विचित्र क्षमता थी।

वे जेल में पैदा हुए। उनके माता-पिता को किसी आपराधिक गतिविधि के लिए नहीं, बल्कि अपनी अच्छाइयों के कारण जेल में बंद किया गया। कंस (कृष्ण के मामा) को यह विश्वास था कि देवकी का आठवां पुत्र उसे मार देगा। वह इतना डर गया था कि उसने अपनी बहन देवकी को उसके पति वासुदेव के साथ जेल में बंद कर दिया। ताकि वह उसके बेटे को मार सके। संयोगवश, वासुदेव ने गोकुल में अपने मित्र नंद राय के पास अपने बेटे को सुरक्षित रखने का इंतजाम कर लिया।

कृष्ण के चरित्र से जुड़ी हुई कई कहानियां रची गयी हैं। कंस ने भयानक राक्षसी पूतना को कृष्ण को मारने के लिए भेजा। वह वेश बदलकर गोकुल की एक महिला के रूप में कृष्ण के पास पहुंची। उसने बालकृष्ण को गोद में लिया और दूध पिलाना शुरू कर दिया। लेकिन कृष्ण को ज्ञान हो गया कि यह उनकी माता का वक्ष नहीं है। उनकी इस समझदारी से उन्हें स्त्री के इरादे को पहचानने में मदद मिली। इस तरह उन्होंने अपनी जान बचायी। सुरक्षा और समझदारी के लिए पहला चरण अच्छी समझ है। साधारण तौर पर भी यह देखने को मिलता है कि बच्चा अपनी मां और दो सौ दूसरी स्त्रियों के स्पर्श में अंतर कर लेता है। इससे यह भी साबित होता है कि कृष्ण की ज्ञानेन्द्रियां बचपन से ही अपेक्षाकृत तेज थीं।

बचपन में उन्होंने कंस के द्वारा भेजे गए कई राक्षसों को मारा। इससे उन्हें अनापेक्षित घटनाओं की प्रकृति समझ में आ गयी। साथ ही उनके अंदर की जिजीविषा न सिर्फ जाग्रत हुई, बल्कि तीव्र भी हुई। उन्हें अपने शुरुआती समय में काफी विषमताएं झेलनी पड़ीं। उनका मुकाबला उन्होंने जिस बहादुरी के साथ किया कि लोगों को उनमें अद्वितीय शक्ति और योग्यता नजर आयी। वे उन्हें परमात्मा स्वरूप समझने लगे। उन सबकी वजह से कृष्ण युद्ध और प्रेम दोनों को समान भाव से ग्रहण करने में सक्षम हुए। ब्रज की सुंदरियों के बीच रहकर भी उन्होंने अपना संतुलन नहीं खोया। उन्होंने कंस का धन, उसकी शक्ति, उसकी सेना और लोगों में उसके लिए प्रतिक्रिया को अच्छी तरह समझ लिया था। इसलिए वे कंस को मारने में सफल हुए। कंस के दुर्जन सहयोगी जिस तरह से कुछ-कुछ दिन के बाद कृष्ण पर आक्रमण कर रहे थे, उससे लोगों में कंस के प्रति क्रोध का भाव भरता जा रहा था। कृष्ण अपने सामर्थ्य को जानते थे। उन्हें दुश्मनों की शक्ति और उसकी कमजोरियों का भी ज्ञान था। जब उन्हें लोगों के प्यार और भावना का अहसास हुआ तो उन्होंने समाज के दुश्मनों के खिलाफ युद्ध छेड़ दिया। सर्वव्यापी भगवान् कृष्ण का सहयोग पाकर यथोचित साधनों के अभाव के बावजूद पांडवों ने कौरवों के खिलाफ निर्णायक लड़ाई लड़ी। उचित समझ रखने वाला एक आदमी भी मूर्खों की सेना से ज्यादा शक्तिशाली

है। क्योंकि जब लड़ाई निर्णायक हो तो दिमाग जीतता है और बुद्धिहीन हारते हैं। अच्छी समझ के लिए जाग्रत इन्द्रियां और स्पष्टता की जरूरत होती है। कृष्ण की ज्ञानेन्द्रियां अद्वितीय रूप से विकसित थीं। उन्होंने वर्तमान को सुनहरा करने के लिए अतीत के अनुभवों का इस्तेमाल किया। वे किसी चीज से जकड़ कर नहीं रहते थे। इसलिए जीवन के हर क्षेत्र में वे विजयी बने।

अच्छी समझ के लिए हमें भगवान् कृष्ण की ही तरह निम्नांकित चीजों का ध्यान रखना चाहिए (हमें कृष्ण की तरह अपने-आपको परा भौतिक शक्ति से युक्त नहीं समझना चाहिए।) हमें उसमें छिपे अर्थ को समझना चाहिए।

- अतीत के अनुभवों का इस्तेमाल वर्तमान की बेहतरी के लिए होना चाहिए। हमें किसी चीज से जकड़कर नहीं रहना चाहिए।
- चीजों का आकलन बिना किसी वैमनस्य के करें।
- उसके निहितार्थ को समझें।
- उसके बाद उसकी तुलना दूसरी चीजों से करें।
- तुलना के बाद उस चीज के संबंध में दूसरों की राय लें।
- निर्णय लें, लेकिन पूर्वाग्रहग्रस्त बनने की कोशिश न करें।
- चीजों की जिस छवि को आपने अपने दिमाग में उतारा है, वह उपयोगी है या नहीं?
- पहले देखें कि क्या चल रहा है। क्या यह सही है?
- क्या आपकी ओर से कोई बदलाव अपेक्षित है?
- क्या आप बदलाव लाने की स्थिति में है?
- किसी चीज/संगठन को समझने के पहले आपको अपने आप को समझने की जरूरत है।
- एक तालाब की गहराई जानने की जरूरत तैरने के लिए है। उसकी गहराई नापना आपका लक्ष्य नहीं है।
- बिना किसी रुकावट के काम करते हुए उत्कृष्ट प्रदर्शन के लिए समझ की जरूरत होती है। अच्छी समझ साधन है, अंतिम उद्‌देश्य नहीं।
- अच्छा लक्ष्य प्राप्त करने के लिए अच्छे साधन की जरूरत होती है। इसलिए हमारी समझ पक्की होनी चाहिए।

# 4

# लक्ष्य का निर्धारण (यही लक्ष्य क्यों)

**अन्तवन्त इमे देहा नित्यस्योक्ताः शरीरिणः।**
**अनाशिनोऽप्रमेयस्य तस्माद्युधस्व भारत॥**

**– श्रीमद्भगवद्गीता**

***इस शरीर का, जिसमें अजर, अमर और शाश्वत आत्मा का वास होता है, नाश होना तय है। इसलिए अपने लक्ष्य की प्राप्ति हेतु संघर्ष करो।***

कृष्ण द्वारा अपने लक्ष्य की घोषणा का कहीं कोई उल्लेख नहीं है। लेकिन उनके द्वारा किये गये कार्यों से इस बात की पुष्टि होती है कि उन्होंने सत्य का रास्ता अपनाया। जो सत्य के दुश्मन थे तथा ऋषियों और बेकसूरों के लिए खतरा पैदा करते थे, भगवान् कृष्ण उसका नाश कर देते थे। इसी आधार पर उन्हें भगवान् विष्णु का साक्षात अवतार कहा गया। हिन्दू धर्म की मान्यताओं के अनुसार विष्णु सर्वोच्च ईश्वर हैं। उन्हें संपूर्ण जगत का पालक कहा जाता है।

यह स्पष्ट है कि सद्गुरुओं का कोई व्यक्तिगत लक्ष्य नहीं होता। वे व्यक्तिगत जरूरतों और इच्छाओं से ऊपर उठ चुके होते हैं। अगर आपकी कोई भौतिक जरूरत या इच्छा नहीं है तो आप गुरु हैं। ऐसे गुरुओं के समक्ष मिशन होता है। जिसका एकमात्र उद्देश्य मानव समाज की बेहतरी है। सामाजिक नियमों को स्थापित करने के क्रम में उन्हें कई गैर सामाजिक तत्त्वों से मुकाबला करना पड़ता है।

दूसरे को बचाने के लिए हमें पहले अपने आपको बचाना पड़ता है। कृष्ण ने जीवन के शुरुआती वर्षों में ही इस सच को समझ लिया था। उन्हें पता था

कि गैर सामाजिक तत्त्वों को समाप्त बगैर सामाजिक नियम स्थापित नहीं किए जा सकते। उस दिशा में पहला कदम था, अपने आपको विषमताओं से बचाना। उन्होंने अपने आपको और अपने आदमियों को राक्षसों के उत्पात से बचाया। ये राक्षस कौन थे? वे कंस के आदमी थे। वे वेश बदलकर लोगों को परेशान करने में माहिर थे। ऐसे तत्त्व हर युग में पाये जाते हैं। कभी-कभी किसी क्रूर शासक के प्रभाव में आकार या कभी-कभी किसी विशेष विचारधारा के वशीभूत होकर ऐसे तत्त्व निर्दोष लोगों को परेशान करने लगते हैं। संगठन के स्तर पर कुछ अनपेक्षित रुकावटें पैदा होती हैं। कभी-कभी संगठन के अंदर या बाहर से भी विरोधी या प्रतिद्वन्दियों के द्वारा मुश्किल परिस्थिति पैदा कर दी जाती है। ऐसे तत्त्वों को निपटाए बिना या उनके प्रभाव को उदासीन किए बगैर आगे बढ़ना मुश्किल होता है। इसके बाद हमें संगठन के बिना रुकावट के कार्य-संचालन पर ध्यान देना होता है। जब तक संगठन का संचालन सुचारू रूप से न हो, आप लाभ नहीं कमा सकते। लाभ कमाए बिना प्रतिद्वन्दी से मुकाबला मुश्किल है। आप दुश्मनों को हरा नहीं सकते। केवल एक शक्तिशाली व्यक्ति/संगठन ही प्रतिस्पर्द्धा का सामना कर सकता है। एक शक्तिशाली व्यक्ति ही रेस जीत सकता है।

रुकावटों को पहचानने की जरूरत है। एक आदमी के जीवन में कई विकल्प होते हैं। युवा वर्ग के सामने अलग-अलग तरह के करियर के अवसर हैं। एक संगठन के सामने भी अलग-अलग प्रकार के सैकड़ों विकल्प होते हैं। एक व्यक्ति को लुभाने के लिए सैकड़ों आकर्षक असाइनमेन्ट होते हैं। लेकिन यह पूरी तरह से व्यक्तिगत पसंद पर निर्भर करता है कि कोई व्यक्ति किस तरह लक्ष्य बनाता है। यहां हम सबसे अच्छे और बुरे लक्ष्य की बात नहीं कर रहे हैं। यह एक तुलनात्मक अवधारणा है। यह व्यक्ति, स्थान और समय के अनुसार बदलता है। यह व्यक्ति पर निर्भर करता है। संगठन के मामले में निर्णय लेने वालों/निदेशकों के समूह पर निर्भर करता है कि वह किस तरह का लक्ष्य बनाता है। अगर आप गर्म कपड़े बना रहे हैं तो आपका बाजार ठंडा देश होगा। आप अपने माल को गर्म जलवायु वाले दक्षिण अफ्रीका में नहीं सप्लाई करेंगे। अगर आप एस्ट्रोलॉजी से संबंधित पत्रिका निकाल रहे हैं तो आपके क्लाइंट इस्लामिक दुनिया के लोग नहीं हो सकते। क्योंकि वे मनुष्य मात्र पर खगोलीय प्रभाव का यकीन ही नहीं करते हैं। इसलिए लक्ष्य स्थान, विचारधारा, व्यक्ति और परिस्थितियों के अनुसार बदलता रहता है। ठीक इसी तरह इस्लाम का

कट्टर अनुयायी पैसे का लेन-देन या सूदखोरी का व्यवसाय नहीं चुन सकता है। कुछ लोग पैसा बनाना चाहते हैं, लेकिन उनके कुछ परंपरागत विचार होते हैं। इन विचारों से परे हटकर वे पैसा नहीं बनाते हैं।

कुछ लोग पैसा लगाना चाहते हैं। लेकिन स्टॉक मार्केट में पैसा लगाने से डरते हैं। वे सुरक्षित खेल खेलना चाहते हैं। वे रियल एस्टेट में पैसा लगाना चाहते हैं। वे खरहे की तरह दौड़कर नहीं, कछुए की चाल में चलना चाहते हैं। लेकिन हर रास्ते का कुछ पहलू मजबूत तो कुछ कमजोर होता है। कोई भी चाल हमारी उम्मीदों की हद तक सुरक्षित नहीं होता। जब तक हम जोखिम नहीं उठाते, हमें कुछ प्राप्त नहीं होता है। चुनौतियों से जिन्दगी में रोमांस आता है। अगर आप तालाब में तैरना जानते हैं तो यह आपके लिए हमेशा आनंद का स्रोत रहेगा। अगर आपमें यह कला नहीं है तो तालाब आपको हमेशा भयभीत ही करेगा। एक अनुभवी नाविक समुद्री तूफान का आगमन पहले ही भांप लेता है। वह उसी के अनुसार परिस्थितियों को नियंत्रित करता है।

अपना लक्ष्य निर्धारित करने के पहले आपको अपने आपको समझना होगा। अपने आपको समझने के लिए आपको वासनाओं से संचालित नहीं होना होगा। इसके लिए आपको अपने पांव ठोस धरातल पर रखने होंगे। कृष्ण के समय में भारतीय उपमहाद्वीप के बहुत सारे राजा यहां की राजनीति को अपनी महत्त्वाकांक्षा और कल्पनाओं के अनुसार मोड़ना चाहते थे। उन्हें अपने लक्ष्य के औचित्य के बारे में सोचना पड़ा। मिशन 'क्या है?', 'गोल' या उद्देश्य व्यक्तिगत होता है। यह अस्थायी भी हो सकता है और स्थायी भी। 'टारगेट' एक विशेष प्रोजेक्ट या उत्पाद या असाइनमेन्ट से जुड़ा होता है। 'मिशन' शाश्वत है। इसमें कुछ व्यक्तिगत बारीकियां हो सकती हैं, लेकिन इसका परिप्रेक्ष्य विस्तृत होता है। कृष्ण का एक मिशन था। उसका उद्देश्य दुर्जनों का नाश कर बेहतर दुनिया की स्थापना करना था। ऐसे वृहत्तर लक्ष्य को प्राप्त करने के लिए एक व्यक्ति के अंदर कई गुण होने चाहिए। शक्ति, बुद्धि, कूटनीति, नेक इरादा, युद्ध कौशल, समझाने की क्षमता, मोहक व्यक्तित्व, समय व परिस्थिति की समझ, प्रभावोत्पादकता, कड़ी मेहनत और वस्तुनिष्ठता के अलावा समय की मांग को पूरा करना पड़ता है। कृष्ण में यह सारे गुण मौजूद थे। इसलिए अपना मिशन पूरा करने में वे कामयाब रहे।

# 5

# लक्ष्य प्राप्त करने का विकल्प

**नियतं कुरु कर्म त्वं कर्म ज्यायो ह्यकर्मणः।**

**शरीरयात्रापि च ते न प्रसिद्ध्येदकर्मणः॥**

**– श्रीमद्भगवद्गीता**

***आप जो कर्म पूर्वनिर्धारित कर चुके हैं, उन्हें करें क्योंकि कुछ न करने से कुछ कर्म करना बेहतर है। कर्म के बिना आपके नश्वर शरीर का अस्तित्व में रहना भी संभव नहीं है।***

लक्ष्य निर्धारण पर निर्णय करने के पहले हमें उसके विकल्पों पर जरूर विचार करना चाहिए। लक्ष्य (Goal) लंबे समय की योजना से प्राप्त होता है। टारगेट समय सीमा से बंधा होता है। लक्ष्य (Goal) प्राप्त करने के लिए हमें नियमित रूप से टारगेट प्राप्त करना होता है।

हमेशा निर्णय बदलना मुश्किल है। इससे पूरा ढांचा गड़बड़ हो जाता है। इसलिए हमें पहले ही सही विकल्प को चुनना चाहिए। कभी-कभी लक्ष्य (Goal) टारगेट प्राप्त करने के क्रम में कुछ जरूरी बदलाव करने पड़ते हैं। लेकिन यह बिल्कुल विरोधाभासी नहीं होना चाहिए। जो बड़ा सोचता है, वही बड़ा बनता है। लक्ष्य का निर्धारण लंबे समय तक ऊंची सोच का नतीजा है। सामान्यतः लोग टारगेट तय कर लेते हैं। इसमें कुछ गलत नहीं है। लोगों का इसके लिए अलग-अलग स्तर होता है।

भगवान् कृष्ण ने लक्ष्य प्राप्त करने के लिए हमेशा अलग-अलग विकल्पों पर विचार किया। उनके टारगेट और लक्ष्य (Goal) में कोई विरोधाभास नहीं था। जिंदगी उनके लिए एक प्रवाह की तरह था। उन्होंने कुछ अच्छे और कुछ बुरे दिन

देखे। पर, वे हमेशा संयमित रहते थे। उनमें अद्‌भुत तार्किक शक्ति थी। लेकिन उनके जीवन में एक लय था। लयबद्धता संतुलित जीवन में ही देखने को मिलती है।

कृष्ण सामान्य जिन्दगी जी रहे थे। वे दोस्तों के साथ खेलते थे। बालकाओं की मंडली में करते थे। वे हर तरह की अच्छी गतिविधियों में रहते थे। लेकिन दुर्जन शक्तियां उनके जीवन में दखलंदाजी कर रही थीं। उनका कोई व्यक्तिगत टारगेट या लक्ष्य (गोल) नहीं था।

उन्होंने समाज के लिए कितनी ही लड़ाइयां लड़ीं। दुर्जनों का नाश किया। उनका समग्र जीवन मानव मात्र के कल्याण के लिए समर्पित था। उनके हजारों सहचर समाज के लिए खतरनाक थे। उनके आतंक से छुटकारा दिलाने के लिए आतंक का राज समाप्त करना जरूरी था।

कंस के राज का अंत उनके बचपन का उद्‌देश्य था। इसे प्राप्त करने के लिए उन्होंने टारगेट निर्धारित किये। इनमें पूतना, मुष्टिक, बकासुर, चप्नूर और दूसरे राक्षसों का वध शामिल था। उस समय भारत में व्याप्त सभी बुरी शक्तियों के बीच गठबंधन था। उसे तोड़ने के लिए उन्हें सभी गैर आतंकी शक्तियों को जोड़ना पड़ा। जरासंध, शिशुपाल, दंतवस्त्र, दुर्योधन और शकुनी सभी एक ही थैली के चट्टे-बट्टे थे। भगवान् कृष्ण ने इन सबको मौत के घाट उतारा।

इनके खात्मे के लिए उन्होंने कुछ लड़ाइयां लड़ी, कुछ युद्ध किये तो कुछ योजनाएं भी बनायीं। उन्होंने भीम जैसे योद्धा को जरासंध को मारने के लिए प्रेरित किया। अपने मिशन में कामयाब होने के लिए हमें अपने लिए समय और स्थान की जरूरत होती है। ताकि हम उसके बारे में सोच सकें। वे अपने नजदीकी रिश्तेदारों के साथ मथुरा से द्वारका आ गये। हमें बिना वजह के छोटे-मोटे झगड़ों में अपनी ऊर्जा व्यर्थ नहीं गंवानी चाहिए।

कंस की मृत्यु के बाद उसके ससुर जरासंध क्रोध से उबल रहे थे। वे जब-तब मथुरा पर आक्रमण कर रहे थे। निर्दोष मथुरावासियों को उसके आतंक से बचाने के लिए उन्होंने मथुरा छोड़ा और द्वारका आ गए। उनके नजदीकी लोगों ने इसमें उनका साथ दिया। इस तरह से उन्होंने दूसरे लोगों को भी इस तरह की शक्तियों का नाश करने के लिए प्रेरित किया। जरासंध भीम के द्वारा राजसूय यज्ञ के दौरान मारा गया। शकुनि और दुर्योधन जैसे लोग महाभारत के युद्ध में मारे गए।

जो अपराधियों को बचाते हैं, उन्हें सुरक्षित रास्ता नहीं मुहैया कराना चाहिए। भीष्म और द्रोणाचार्य अच्छे लोग थे। लेकिन कौरवों के साथ खड़े

होकर उन्होंने गलत का साथ दिया। कृष्ण उनकी योग्यता के कायल थे। लेकिन अपराधियों का साथ देने की सजा उन्हें भी मिली।

हमें अपने जीवन में कई विकल्प देखने को मिलते हैं। जहां विकल्प ज्यादा हों, चुनाव मुश्किल हो जाता है। लेकिन जब विकल्प एक ही होता है तो चुनाव का प्रश्न नहीं उठता है। चुनाव टारगेट से निर्धारित होता है। धार्मिक टारगेट प्राप्त करने के लिए हमें धार्मिक रास्ता चुनना पड़ता है। पवित्र साध्य प्राप्त करने के लिए सत्य साधनों का अनुकरण करना चाहिए। अन्यथा लंबे समय तक टिका रहना मुश्किल है।

जल्दी प्राप्त होने वाली सफलता में आकर्षण होता है। डैफोडिल काफी आकर्षक फूल है। लेकिन इसकी जिंदगी बहुत छोटी होती है। इसलिए नेतृत्व करने वाले को जल्दबाजी में प्राप्त सफलता आकर्षित नहीं करती है। स्थायित्व के बिना नेतृत्व का कोई भविष्य नहीं होता। एक नेता को टारगेट प्राप्त करने के लिए अपनी भावनाओं पर काबू करना पड़ता है। भीष्म और द्रोणाचार्य अच्छी प्रकृति के होने के बावजूद गलत का पक्ष ले रहे थे। इसलिए कृष्ण को उनके वध की योजना तय करने में झिझक नहीं हुई। वे मानव सभ्यता के खिलाफ खड़े थे। इसलिए टारगेट प्राप्त करने की दिशा में ही चुनाव करना चाहिए।

# 6

# जैसा बोओगे वैसा काटोगे

**किं कर्म किमकर्मेति कवयोऽप्यत्र मोहिताः।**
**तत्ते कर्म प्रवक्ष्यामि यज्ज्ञात्वा मोक्ष्यसेऽशुभात्।।**

*– गीता*

***ज्ञानी लोग भी कर्म और कुकर्म का निर्धारिण करने में भ्रमित रहते हैं, किंतु चिंतित न हों क्योंकि मैं तुम्हें यह सिखाऊंगा और मेरी शिक्षा की सहायता से आप समस्त नकारात्मक प्रभावों से मुक्त हो जाओगे।***

इस किताब में कहीं भी यह नहीं बताया गया है कि महाभारत की लड़ाई क्यों लड़ी गयी है? इस प्रश्न के जवाब में कुछ पंक्तियों का उल्लेख करना आवश्यक है। खासकर, उन लोगों के लिए जो भारतीय – संस्कृति से अच्छी तरह परिचित नहीं हैं। कहा जाता है कि महाभारत एक ऐसा ग्रंथ है जिसमें लगभग हर तरह के विचार संग्रहीत हैं। मुझे लगता है कि इतना लंबा-चौड़ा दावा ग्रंथ के लेखक ने नहीं किया होगा, बल्कि यह उस आलोचक की पंक्ति रही होगी, जो महाभारत की महिमा से अभिभूत था। फिर पीढ़ी-दर-पीढ़ी यह कथन चलता रहा और आज तक चल रहा है। इस किताब में जीवन की विविधता संबंधित जितनी तरह के चित्र मौजूद हैं, उनसे कोई इंकार नहीं कर सकता है।

मूलतः यह कुरु राजवंश की कहानी है। यह प्राचीन भारत में सदियों तक एक प्रमुख राजतंत्र रहा। इसका साम्राज्य हस्तिनापुर में था। महाभारत की कहानी में कई अलग-अलग कहानियां गुंथी हुई हैं। निस्संदेह इस किताब में सबसे महत्त्वपूर्ण कृष्ण की कहानी ही है, लेकिन इसके साथ-साथ इसमें कई छोटे-छोटे युद्धों का भी उल्लेख है। इन सारे युद्धों में सबसे विध्वंसक पांडवों और कौरवों के बीच की लड़ाई है। इस लड़ाई में भगवान् कृष्ण किसी की

ओर से लड़ने वाले योद्धा नहीं थे, लेकिन वे पांडवों के प्रमुख योजनाकर्मी थे। इसके अलावा वे अर्जुन के सारथी भी थे।

कौरव धृतराष्ट्र के बेटे थे और पांडव पांडु के बेटे थे। धृतराष्ट्र और पांडु भाई थे। धृतराष्ट्र जन्मांध थे। यूं तो धृतराष्ट्र बड़े भाई थे, लेकिन अंधेपन की वजह से उन्हें राजसिंहासन नहीं दिया गया। उनके छोटे भाई पांडु को हस्तिनापुर का राजा बनाया गया। हालांकि धृतराष्ट्र अपने छोटे भाई को प्यार करते थे, लेकिन राजगद्दी के प्रति अपनी आसक्ति को वह छिपा नहीं पाये।

पांडु नैतिकता के साथ शासन कर रहे थे। वे एक महान योद्धा थे। उन्होंने कई लड़ाइयां लड़ीं और अपने राजतंत्र का विस्तार किया। उनकी प्रजा उनका बहुत आदर करती थी, लेकिन नियति को कुछ और ही मंजूर था। एक दिन पांडु शिकार पर गये हुए थे, गलती से उनका तीर एक ऋषि के हृदय में जा लगा। ऋषिवर उस समय पत्नी के साथ प्रेम-लीला कर रहे थे। दरअसल, ऋषि और उनकी पत्नी दोनों ही हिरण बन गए थे। उस वक्त वे गहरे प्यार में डूबे हुए थे। राजा को लगा कि कोई हिरण क्रीड़ा कर रहा है। वे उसे दूर से देख रहे थे, लेकिन ऋषि प्रेम-लीला में इतने तल्लीन थे कि उन्हें बाहर की दुनिया का कोई ख्याल ही नहीं था। जब वे प्रेम में खोये हुए थे, तभी तीर आकर उनके दिल में चुभा और उनके प्राण-पखेरू उड़ गए। नाराज ऋषि ने मरने से पहले पांडु को शाप दिया – "जब कभी तुम अपनी पत्नी के नजदीक आओगे तो प्यार के चरम पर पहुंचने के ठीक पहले मर जाओगे।"

पांडु एक नैतिक व्यक्ति था। उसे अपनी गलती का अहसास हुआ। वह गहरे शोक में डूब गया। वह जब अपने राजतंत्र में वापस आया तो गहरे पश्चाताप में डूबा हुआ था। उसने राजतंत्र अपने भाई को अपने प्रतिनिधि के तौर पर सौंप दिया। वे अपनी दोनों पत्नियों और पांचों बेटों के साथ जंगल में चले गये। वहां पांडु की जिन्दगी साधारण तौर पर बिना किसी रुकावट के कट रही थी, समय व्यतीत होने के साथ-साथ पांडु, ऋषि के द्वारा दिए हुए अभिशाप को भूल गये। एक बार वे अपनी दूसरी पत्नी माद्री के नजदीक आने लगे, यही उनके लिए जानलेवा साबित हुआ। पांडु मृत्यु को प्राप्त हो गए, दुःखी होकर माद्री अपने पति की चिता के साथ सती हो गयी। सब कुछ खोकर कुन्ती अपने पांचों अवयस्क बेटों के साथ हस्तिनापुर आ गई।

पांडु की मृत्यु के बाद धृतराष्ट्र ने राजगद्दी पर कब्जा कर लिया। लंबे समय से उसकी यही इच्छा थी और उसने इसे पूरा कर लिया। उसके सौ पुत्र थे, जो कौरवों के नाम से जाने जाते थे। धृतराष्ट्र का सबसे बड़ा बेटा दुर्योधन

था, लेकिन वह पांडवों में श्रेष्ठ युधिष्ठिर से छोटा था। राजगद्दी पर युधिष्ठिर का स्वाभाविक रूप से दावा बनता था, लेकिन धृतराष्ट्र को यह मंजूर नहीं था। इसलिए वह नई-नई चालें चलने लगा।

हस्तिनापुर के दरबार में प्रतिष्ठित लोगों ने युधिष्ठिर का समर्थन किया, लेकिन वे धृतराष्ट्र के कारण अन्याय के खिलाफ निर्णायक स्वर में कुछ नहीं कह पाये। अपने पिता धृतराष्ट्र और मामा शकुनि की शह पर दुर्योधन ने पांडवों को परेशान करना शुरू कर दिया। उसने उन्हें जिंदा जलाने की कोशिश से लेकर जुए में हराकर राजतंत्र को हड़पने तक की कोशिश की।

अंत में, पांडवों ने अपनी पीड़ा की कहानी को खत्म करने के लिए राजतंत्र प्राप्त करने का ऐसा समाधान निकालने का निर्णय लिया जो सद्भावना पूर्ण हो, लेकिन दुर्योधन के इरादे नेक नहीं थे। वह धृतराष्ट्र की अनियंत्रित महत्त्वकांक्षाओं का महज एक प्रतिनिधि था। वह पांडवों को जमीन का एक इंच भी देने को तैयार नहीं था। भगवान् कृष्ण ने दुर्योध न को समझाने का बहुत प्रयत्न किया, लेकिन राजदूत की प्रतिष्ठा के खिलाफ उसने भगवान् कृष्ण को ही बंदी बनाने की कोशिश की, किन्तु वह ऐसा करने में सफल नहीं हुआ। इसलिए महाभारत की लड़ाई लड़ी गई। इसमें कौरवों की समग्र सेना नष्ट हो गयी। इस प्रकार, 'आप जैसा बोते हैं, वैसा ही काटते हैं।'

इस अवसर को जाने नहीं दो। जीवन छोटा है, समय निकलता जा रहा है। समय और समुद्र की लहर किसी की प्रतीक्षा नहीं करते। "लोहे पर चोट तभी करें, जब वह गर्म हो।" प्रायः लोग इन उक्तियों के निहितार्थ पर ध्यान नहीं देते, वे अपनी वर्तमान जरूरतों के अनुसार ही काम करते हैं। निस्संदेह हमें अपनी तात्कालिक जरूरतों का ध्यान रखना चाहिए, लेकिन उन जरूरतों को हमें किसी भी तरह अर्थात् नैतिकता और अनैतिकता का भाव त्यागकर पूरा नहीं करना चाहिए, इससे सभी प्रभावित होते हैं। अगर आप किसी को धोखा देते हैं, तो आप समय विशेष के लिए उसका नुकसान करते हैं, लेकिन आप स्वयं गलत राह पर चल पड़ते हैं, जिससे लौटना आसान नहीं होता है।

इस संबंध में कई उदाहरण देखने को मिलते हैं। भगवान् कृष्ण और उनके भक्तों के जीवन, महाभारत के युद्ध और आधुनिक कॉरपोरेट सेक्टर में ऐसे उदाहरण देखे जा सकते हैं।

आधुनिक समय में, महात्मा गांधी इस नीति पर चले। उन्होंने स्वतंत्रता की लड़ाई सच और अहिंसा के बल पर लड़ने की ठानी। इस निर्णय के पीछे गहन

अर्थ छिपा था। राजाओं ने अस्त्र-शस्त्र का सहारा लेकर अपने राजतंत्र की स्थापना की थी। राज्यों की बनावट का सिद्धांत ही 'बलवान ही सही है' था। शक्तिशाली कमजोरों को कब्जे में लेकर उन पर शासन करते थे। राज्यों का मूलभूत आधार ही खून-खराबा और धोखाधड़ी था। गांधी इस समीकरण को बदलना चाहते थे। वे भारत को एक ऐसे राष्ट्र के रूप में देखना चाहते थे, जहां किसी का शोषण न हो। सच और अहिंसा के मार्ग पर चलकर ही इस उद्देश्य को प्राप्त किया जा सकता था। गलत राह पर चलकर कोई सच्चे लक्ष्य की प्राप्ति नहीं कर सकता है। इसका यह मतलब कतई नहीं है कि गांधी कोई भावुक आदर्शवादी थे और किसी यूटोपिया की तलाश में थे। वे राज्यों के बुनियादी ढांचे और लोगों के स्वभाव से अच्छी तरह अवगत थे। अपने जीवन में उन्हें कई दुर्जनों का सामना करना पड़ा। अहिंसा न तो व्यावहारिक परिस्थितियों से भागने के लिए अपनाई गई थी और न ही इसके पीछे किसी धार्मिक कृत्य का ख्याल था, बल्कि यह कारण और प्रभाव के सिद्धांत को पहचानने के लिए सोच-समझकर की गई कोशिश थी। आप जैसे बीज बोते हैं, आपको वैसी ही फसल काटने के लिए तैयार रहना चाहिए।

दुर्योधन और उनकी समस्त कौरव सेना अधोगति को प्राप्त हुई। भगवान् कृष्ण जीवन की सच्चाई 'जैसा बोओगे वैसा पाओगे' से अच्छी तरह अवगत थे। द्रौपदी के स्वयंवर में जब कर्ण रखी गई शर्तों को पूरा करने वाले थे तो भगवान् कृष्ण ने द्रौपदी को कर्ण की कोशिश पर सवाल खड़े करने का सुझाव दिया। द्रौपदी ने कृष्ण के कहे का अनुसरण किया। कुछ विद्वानों ने इसे कृष्ण का पक्षपातपूर्ण रवैया माना है, लेकिन कृष्ण कर्ण का स्वभाव जानते थे। कर्ण स्वयं चरित्रवान् था, लेकिन उसकी संगति दुर्जनों के साथ थी। उसमें दुर्योधन और उसके साथियों का विरोध करने का साहस नहीं था। कृष्ण को द्रौपदी से कुछ अधिक की उम्मीद थी। वे चाहते थे कि नैतिक व्यक्तियों का शासन स्थापित करने के उनके मिशन में द्रौपदी सहभागी बने। भारतवर्ष में पांडव नैतिकता के प्रतीक थे। इसलिए कृष्ण ने द्रौपदी के स्वयंवर में अर्जुन को शर्तें पूरी करने के लिए प्रेरित किया।

हमें अच्छी तरह सोच-विचार कर ही कोई बड़ा काम करना चाहिए। अगर द्रौपदी का विवाह कर्ण से हुआ होता तो भारत का इतिहास बिल्कुल अलग होता। इसलिए कृष्ण ने अपने जीवन और गीता के उपदेशों के माध्यम से क्रिया-कलापों में शुद्धता का संदेश दिया है।

# 7

# अतिरिक्त घटक, रिस्क मैनेजमेंट

**हतो वा प्राप्यस्यसि स्वर्गं जित्वा वा भोक्ष्यसे महीम्।**
**तस्मादुत्तिष्ठ कौन्तेय युद्धाय कृतनिश्चयः।।**

**– गीता**

**हे कुंतीपुत्र! यदि इस युद्ध में तुम मृत्यु का वरण करते हो तो तुम्हें स्वर्ग में तुम्हारे स्थान की प्राप्ति होगी, किंतु यदि तुम विजयी होते हो तो तुम इस संसार के सम्राट बनोगे। अतएव उठो और युद्ध करो।**

सावधानी के बिना साहस मूर्खों का काम है। जीवन के हर क्षेत्र में अतिरिक्त घटक मौजूद होते हैं। एक सजग व्यक्ति इन घटकों का विचार अवश्य करता है।

कौरव और पांडव दोनों पक्ष एक ही तरह के बहादुर व शक्तिशाली थे, लेकिन कौरव महज बहादुर थे। कर्ण एक महान योद्धा था और शकुनि चालाक व दुष्ट था। अगर आप दुष्टता करेंगे तो आपकी अपनी ही छवि खराब होगी। प्रत्येक व्यक्ति को योजना बनाकर चलना चाहिए। भगवान् कृष्ण एक सच्चे योजनाकर्मी थे। उन्हें पांडवों के रास्ते में आने वाले अतिरिक्त घटकों या यूं कहें कि अड़चनों की पूरी जानकारी थी। इन अड़चनों का मुकाबला करने के लिए उन्होंने योजना बना रखी थी। रिस्क प्रबंधन का सारा इंतजाम भगवान् कृष्ण के पास था।

हाल ही में जापान के तटवर्ती इलाके में एक बड़ी लहर ने जान-माल को काफी क्षति पहुंचायी। इसने जापान के कई न्यूक्लियर रिएक्टरों को बुरी तरह क्षति ग्रस्त कर दिया। जापान ने इस खतरे को कम-से-कम करने की काफी

कोशिश की। वह इन परिस्थितियों से निपटने के बाद पुनः उठ खड़ा हुआ। अगर उसने अतिरिक्त घटकों से निपटने के लिए पहले से योजना नहीं बनाई होती तो वह रिस्क प्रबंधन नहीं कर सकता था। यह तो जापान का मामला था। जरा सोचें, विकासशील देशों का क्या होगा?

हमें अपने निजी, संगठनात्मक और राष्ट्रीय जीवन में विभिन्न प्रकार की प्राकृतिक व वित्तीय आपदाओं का सामना करना पड़ता है। अलग-अलग स्तरों पर हम देखते हैं कि लोगों के पास रिस्क से निपटने के लिए समुचित व्यवस्था नहीं होती है। जब आपदा सामने आ खड़ी होती है तो वे इसके निराकरण के उपाय ढूंढने लगते हैं। अधिकांशतः नतीजे, हमारी उम्मीदों के मुताबिक होते हैं। इसलिए हमारे अन्दर उम्मीद से विपरीत आये नतीजों का सामना करने के लिए भावनात्मक बल होना चाहिए।

एक अच्छा योजनाकर्मी आगे की सोचता है। उसके पास भविष्य के लिए योजनाएं होती हैं। कृष्ण अतिरिक्त घटकों के प्रति सावधान रहते थे। वे आपदा के समय काम करने के लिए हमेशा तैयार रहते थे। वे आपदा-प्रबंधन में सिद्धहस्त थे।

युद्ध क्षेत्र में अर्जुन के पुत्र अभिमन्यु की नृशंस हत्या हुई। इससे आहत अर्जुन ने मुख्य षड्यंत्रकारी जयद्रथ को अगले दिन शाम तक मार डालने की प्रतिज्ञा ली, साथ ही अर्जुन ने यह भी शपथ ली कि अगर वह प्रतिज्ञा पूरी नहीं कर पाया तो स्वयं आग में कूदकर जान दे देगा। उसने शपथ तो ले ली, लेकिन उसके पास जयद्रथ को मारने के लिए कोई योजना नहीं थी। अर्जुन के पास उसकी बहादुरी के अलावा कोई योजना नहीं थी। साधारणतः ऐसी परिस्थिति में कोई बाहर नहीं निकलता, क्योंकि योजना की अनुपस्थिति में दूसरा जीत का आनंद उठाता है। अगर अर्जुन को जयद्रथ नहीं मिला होता तो उसने आत्महत्या कर ली होती। संदेश स्पष्ट था, पांडवों की सत्यनिष्ठा से सभी अवगत थे। इसलिए कौरवों ने जयद्रथ को छिपाए रखने की योजना बनायी।

दूसरे दिन जब युद्ध शुरू हुआ तो रणक्षेत्र से जयद्रथ को अनुपस्थित पाकर अर्जुन निराश हो गया। दुश्मन को ढूंढने में ही अर्जुन ने पूरे दिन का अधिकांश समय गंवा दिया। भगवान् कृष्ण समझ गए कि यह व्यर्थ में किया जाने वाला अभ्यास है। अर्जुन की खोज का कोई फल नहीं मिलने वाला है। भगवान् कृष्ण ने अपनी जादुई शक्ति का प्रयोग किया। सभी इस तरह सम्मोहित हुए कि उन्हें सूर्यास्त का आभास हुआ। अर्जुन के लिए आग की चिता तैयार हुई। उसके

भाई और परिवार के दूसरे लोग उसे अंतिम विदाई देने के लिए वहां इकट्ठा हुए। कौरव लोकाचार दिखाने के लिए वहां जमा हुए। वे खुशी से फूले नहीं समा रहे थे, क्योंकि अर्जुन के बिना पांडव लड़ते ही नहीं और तब कौरवों की जीत सुनिश्चित थी। अर्जुन की मृत्यु देखने के लिए जयद्रथ भी वहां आया। जब अर्जुन चिता में जाने लगा तो सभी रो रहे थे, लेकिन कृष्ण ने उसे वहां अस्त्र-शस्त्र के साथ जाने के लिए कहा। भगवान् कृष्ण ने रोने-धोने में अपना समय बर्बाद नहीं किया, बल्कि वे उसकी जान बचाने की कोशिश में लगे रहे। अर्जुन जब चिता के पास खड़ा था तभी जयद्रथ वहां आ पहुंचा, उसकी खुशी की सीमा न थी। इसी बीच भगवान् कृष्ण ने प्रकृति से अपना जादुई स्पर्श वापस ले लिया। आकाश के बीचो-बीच सूरज चमक उठा। यह दोपहर का समय था। भगवान् कृष्ण ने अर्जुन को अपने दुश्मन को मार डालने का आदेश दिया। अर्जुन ने अपने धनुष से तीर निकाला और जयद्रथ पर निशाना साधा। तीर सीधे जयद्रथ को लगा और वह अंत को प्राप्त हुआ। पांडवों की टोली में खुशी की नई लहर दौड़ पड़ी। यह भगवान् कृष्ण के मास्टर स्ट्रोक के परिणामस्वरूप ही संभव हुआ।

अनापेक्षित परिस्थितियों से निपटने के लिए एक बुद्धिमान प्रबंधक के पास कुछ बंदोबस्त जरूर होते हैं। कृष्ण के पास रिस्क प्रबंधन के लिए हमेशा कुछ-न-कुछ होता था। उनके जीवन में कई ऐसे उदाहरण देखने को मिलते हैं। एक बार इंद्र देव क्रुद्ध हो गए। उन्होंने प्रकृति की ताकतों को आदेश दिया कि वे वृंदावन के नजदीक के इलाके ब्रजभूमि को पूरी तरह डुबो दें। ब्रजवासियों के प्राणों की रक्षा करना कृष्ण का कर्त्तव्य था। वे ब्रज की जनता और सभी जानवरों को गोवर्धन पहाड़ी की तलहटी में ले आए। इंद्र देवताओं में सर्वश्रेष्ठ हैं, यह किंवदन्ती प्रचलित थी। कृष्ण ने लोगों में फैली इस अवधारणा को खत्म किया। अगर कोई राष्ट्र अपने पर्यावरण की सुरक्षा के लिए समर्पित है तो न तो वहां सूखा पड़ेगा या वर्षा का अभाव रहेगा और न ही बाढ़ आएगी। उन्होंने इन्द्र को उसकी स्थिति से अवगत कराया। वे वास्तव में एक मैनेजमेंट गुरु थे, जिनके पास प्राकृतिक आपदाओं से निपटने के लिए उपाय थे। आज के आधुनिक युग में विकसित राष्ट्रों के पास भी प्राकृतिक आपदाओं से निपटने के लिए कोई खास उपाय नहीं हैं। इसलिए कृष्ण के जीवन और उनके द्वारा दी गई शिक्षा हर काल और हर युग के लिए प्रेरणादायी है।

# 8

# नियत बिन्दु चार्ट और उससे परे (प्रारूप परिवर्तन के लिए तैयार)

**या निशा सर्वभूतानां तस्यां जागर्ति संयमी।**
**यस्यां जाग्रति भूतानि सा निशा पश्यतो मुनेः॥**

**– गीता**

***जब दूसरे लोग निद्रामग्न हो जाते हैं, तब एक ज्ञानी मनुष्य जागृत रहता है और जब सभी जागृत हो जाते हैं तो वह ज्ञानी आत्मा विश्राम करती है।***

प्रत्येक अर्थव्यवस्था का एक निश्चित आधार होता है। प्रत्येक संगठन की कार्यशैली के कुछ आधारभूत तथ्य होते हैं। प्रत्येक व्यक्ति की एक अलग छाप होती है, जिससे उसकी मनोदशा का पता चलता है। इन्हीं आधारभूत तथ्यों को आप मौलिकता या विशेषता भी कह सकते हैं। इसके बिना अर्थव्यवस्था/ संगठन/ व्यक्ति का कोई अस्तित्व या विशेषता नहीं है। हमें अपनी मौलिकता या विशेषता को नहीं छोड़ना चाहिए, लेकिन हमें कट्टरपंथी भी नहीं बनना चाहिए।

हम जब तक ग्रहणशील होते हैं, उन्नति करते हैं। ग्रहणशीलता, किसी भी व्यक्ति को विद्वान, गुणी या दक्ष बना सकती है। भारत में गंगा पवित्र नदी के तौर पर सम्मान पाती है। ऐसा विश्वास किया जाता है कि अपने आखिरी वक्त में, जिसे गंगा नदी के जल की एक भी बूंद प्राप्त हो जाती है, उसकी आत्मा को मुक्ति मिल जाती है। यह महज भावनात्मक स्तर पर सच है क्योंकि यहां हम शरीर की मुक्ति की बात नहीं कर रहे हैं, बल्कि आत्मा की मुक्ति की बात कर रहे हैं। यह पूरी

तरह से अनुभूति पर निर्भर है इसलिए हम मुक्ति महसूस कर सकते हैं। गंगा पवित्रता का प्रतीक है। पवित्रता के पथ का अनुसरण कर हम अपने मन पर पड़े व्यर्थ के बोझ को हल्का कर सकते हैं। इसलिए अगर कोई गंगा के पवित्र जल को सही मायनों में ग्रहण करता है तो उसकी आत्मा स्वच्छंद हो जाएगी। जब तक सच्चे उद्देश्य का ज्ञान न हो और उसे प्राप्त करने के लिए जोश न हो, तब तक हम तथ्यों को नहीं समझ सकते हैं। इस ज्ञान के बिना ध्यान मग्न होना असंभव है। यहां बोझ का मतलब समाज द्वारा व्यर्थ में लगाया गया बंधन है।

गंगा में रहने वाले मेंढकों में यह ऊर्जा नहीं होती, इसलिए वे उन्मुक्त आत्मा नहीं बन पाते। सच्ची ऊर्जा का संचरण करना केवल उनके लिए संभव है जिनमें ग्रहणशीलता है। दूसरों द्वारा दिये जाने वाले उपयोगी और सकारात्मक विचारों को अपनाना ही ग्रहणशीलता है। इसके लिए आवश्यक है कि आपके दिमाग खुले हुए और कान खड़े हों।

हमारी मौलिकता हमारी ताकत है, लेकिन परिवर्तन प्रकृति का नियम है। सूर्य और चंद्रमा भी निरंतर परिवर्तन के दौर से गुजरते हैं। इस दुनिया में परिवर्तन ही शाश्वत है। हम एक फूल को देखकर उसका सौन्दर्य महसूस करते हैं, लेकिन 'यह सुंदर है।' इसे बोलने में हम जितना वक्त लेते हैं, उस छोटे से समय में ही वह फूल बदल जाता है। अगर यह तोड़ा जाता है तो मिनट-भर में ही यह बिखरकर नष्ट होने लगता है। यदि यह पौधे से लगा रहे तब भी इसका आकार, इसके रंग का घनत्व, इसकी खुशबू, इसकी संरचना - सभी कई तरह के परिवर्तन से गुजरते हैं।

हम चाहे परिवर्तन स्वीकार करें या नहीं, लेकिन यह अपरिहार्य है। परिवर्तन स्वीकार करने के लिए उच्च स्तर की मानसिक ऊर्जा की जरूरत होती है। सामान्य तौर पर लोग किसी नयी चीज, व्यक्ति या विचार के प्रति संदेह की स्थिति में रहते हैं, लेकिन जिनमें आत्मविश्वास है, वे इसे स्वीकार करते हैं। सही आत्मविश्वास तब तक संभव नहीं है जब तक श्रद्धा न हो। यहां श्रद्धा का अर्थ व्यापक है, श्रद्धा अर्थात् संपूर्ण ब्रह्मांड में श्रद्धा था। यह किसी विशेष धर्म या पूजा की विशिष्ट पद्धति से संबंधित नहीं है। श्रद्धा का मतलब है सत्य में श्रद्धा। जो किसी पूजा के लिए पद्धति विशेष का अनुसरण नहीं करते हैं, वे भी सत्य में श्रद्धा कर सकते हैं। इसलिए श्रद्धा के तार किसी ध र्म विशेष से नहीं जुड़ते हैं। जिनका सत्य में विश्वास है वे सकारात्मक और नवीन सोच को समझते हैं और उनमें यकीन भी करते हैं। इसलिए ऐसे लोगों

में ग्रहण-शीलता की संभावना ज्यादा होती है, वे आत्मविश्वासी हो सकते हैं। नये विचारों का मंथन करते हैं और उसका इस्तेमाल वे अपने व्यक्तित्व और संगठन की बेहतरी के लिए करते हैं। इस तरह से वे अपने आधारभूत ढांचे को मजबूत कर सकते हैं।

निरंतर नये-नये विचार लेकर आने वाला समाज तेजी से उन्नति करता है। एक समय था जब यूरोपीय देश संपूर्ण दुनिया पर राज करते थे। आजकल निरंतर नयी खोजों को लेकर सामने लाने में यू.एस.ए, यूरोपीय राष्ट्रों से काफी आगे है, इसलिए इसे 'सुपर पावर' या 'महाशक्ति' कहा जाता है। कुछ दशक पहले तत्कालीन यू.एस.एस.आर. अंतरिक्ष शोध और रक्षा मामलों में सिद्धहस्त था। अंतरिक्ष में विचरण करने वाला पहला रूसी अतंरिक्ष यात्री ही था, लेकिन यू.एस. एस.आर का विकास का आर्थिक पक्ष कमजोर बना रहा। वहां उसमें न खास शोध किये गये और न ही कोई नवीनता आयी। इसलिए इसके वित्तीय संस्थान दिनों-दिन कमजोर पड़ते गये। अपने -आपको अपग्रेड करने के लिए यहां की सरकार को कहना और साबित करना पड़ा कि वह इस दिशा में लगातार प्रयास कर रही है और आगे भी करने को तैयार है, लेकिन यह बाद की घटना है। तब तक सोवियत संघ के संस्थान इतने निष्क्रिय हो चुके थे कि वे परिवर्तन स्वीकार नहीं कर पाये और कई अलग-अलग देशों में विघटित हो गये। आजकल चीन दूसरों के द्वारा किये जा रहे शोध पर काफी मेहनत करता है और बाद में उसे अपनी व्यापारिक जरूरतों के अनुसार फिर से तैयार कर लेता है।

भारत एक प्राचीन राष्ट्र है। यह सांस्कृतिक तौर पर काफी संपन्न है। इसने कई उतार-चढ़ाव देखे हैं। इसके पास अकूत सांस्कृतिक धरोहर है। साहित्यिक अभिलेख और सांस्कृतिक धरोहर नित्य नवीन सोच रखने वाले दिमाग की ओर इशारा करते हैं। यह तर्क-वितर्क में माहिर भारतीयों की सोच का उच्चतम नमूना है, लेकिन परवर्ती मध्य युग से शुरू होकर शुरुआती उन्नीसवीं शताब्दी के दौरान इस तरह के शोध और नवीन विचारों पर भारतीयों की पकड़ कमजोर होती गयी। यह ऐसा समय था, जब लोग नैतिकता से गिर रहे थे। वे गंभीर विषयों पर सोचने की बजाय अपने-आप में लिप्त रहते थे। इस समय जमींदार प्राय: अपनी झूठी प्रतिष्ठा और विलासी जीवन-शैली को बचाए रखने में ही मशगूल रहते थे। वे शराब और दूसरी घटिया आदतों के शिकार हो गये। दरबारी कवि अपनी अनियंत्रित भौतिक इच्छाओं की पूर्ति में लग गये, लेकिन उन्नीसवीं सदी में ही राजा राममोहन राय ने भारतीय पुनर्जागरण का बिगुल

बजाया, उनमें नवीनता को धारण करने वाला दिमाग था। उन्होंने भारत की आधारभूत लय को पकड़ा। उन्होंने पश्चिम की अच्छी बातों को ग्रहण किया, यहां से भारतीय जागरण नित नयी ऊंचाई पर चढ़ने लगा।

बात चाहे बुद्ध की हो या कार्ल-मार्क्स की, वे उस स्थिति में इसलिए पहुंचे क्योंकि वे नियत बिंदु चार्ट के परे गये, अर्थात् वे कुछ नवीनता लेकर आये। यहां एक क्रांति हुई व कृष्ण अपने समय के महानतम क्रांतिकारी थे। उन्हें अपने समय और परंपराओं का पूरा ज्ञान था। उनकी गीता में निजी मेधा और पारंपरिक बुद्धिमता का अद्वितीय समन्वय है। अपने समय में वे भारतीय परंपराओं के महानतम संरक्षक होने के साथ महानतम सर्जक बनकर भी उभरे।

भगवान् कृष्ण के मन में अपने से बड़े और विद्वत् जनों के प्रति गहरा सम्मान था। वे एक विश्वासी मित्र; एक आज्ञाकारी पुत्र; एक समर्पित प्रेमी; एक आज्ञाकारी और तेज शिष्य; एक महान गुरु और उतने ही महान क्रांतिकारी थे। वे हर समय के लिए प्रासंगिक हैं।

वे समाज को दुरुस्त करने के लिए अप्रासंगिक परंपराओं को बदलने के लिए तैयार थे। वे समाज का परिचय नवीनता से कराना चाहते थे। ब्रजवासी शांतिपूर्ण जीवन व्यतीत कर रहे थे। ऐसे समाज के लिए वन संरक्षण बहुत आवश्यक था। यहां वन-संरक्षण के लिए गोवर्धन को इकोलॉजिकल संतुलन का संरक्षण बेहद आवश्यक था। (ब्रज का पहाड़ी इलाका गोवर्धन पहाड़ी श्रृंखला के चारों ओर फैला है।) इसलिए भगवान् कृष्ण ने ब्रजवासियों को इंद्र की बजाय गोवर्धन की पूजा के लिए प्रेरित किया। इंद्र की पूजा का विरोध उन्होंने सांकेतिक तौर पर किया। उनके द्वारा गोवर्धन की पूजा के लिए उठाया गया क्रांतिकारी कदम इकोलॉजिकल संतुलन के संरक्षण के लिए दिया गया एक महान संदेश था।

कृष्ण के द्वारा रुक्मिणी के साथ विवाह भी एक क्रांतिकारी कदम था। रुक्मिणी ने कृष्ण के महान कृत्यों के बारे में सुन रखा था। रुक्मिणी ने अपने मन के भीतर उनकी एक छवि बना ली और उसकी आराधना शुरू कर दी। रुक्मिणी का भाई रुक्मि उसकी शादी शिशुपाल से करवाना चाहता था। शिशुपाल अपने कुकृत्यों के लिए बदनाम था। रुक्मिणी ने अपनी रक्षा का संदेश कृष्ण को भिजवाकर विवाह करने का आग्रह किया। उस जमाने में लड़की को पिता/भाई/पति की संपत्ति समझा जाता था। यह पुरुष प्रधान समाज की देन थी। ऐसे में कृष्ण ने लड़की की भावनाओं का आदर कर उसे स्वतंत्रता

दी। अगर रुक्मि ने रुक्मिणी की शादी उसकी इच्छानुसार किसी अच्छे व्यक्ति से करने का निर्णय लिया होता तो कृष्ण उसका विरोध नहीं करते, लेकिन यहां मामला कुछ और ही था। रुक्मि अपने छिछले राजनीतिक फायदे के लिए अपनी बहन को बलि-वेदी पर बैठा रहा था। उस समय भारतीय उप महाद्वीप के सभी असमाजिक तत्त्वों से उसकी साँठ-गाँठ थी। महिलाओं का अपनी निजी संपत्ति की तरह इस्तेमाल करना जघन्य अपराध है। उन्होंने रुक्मि की इच्छा के खिलाफ रुक्मिणी को बचाया। उन्होंने रुक्मिणी से विवाह रचाकर उन्हें अपनी रानी बनाया।

एक बार राजा कामरूप ने भारत के विभिन्न हिस्सों से सोलह हजार महिलाओं को बंदी बना लिया। भगवान् कृष्ण ने राजा को पराजित कर सभी महिलाओं को वहां से सुरक्षित बाहर निकाला। उस समय की सामाजिक मान्यताओं और परंपराओं के अनुसार कोई भी उन महिलाओं को आश्रय नहीं दे सकता था। कृष्ण ने एक महत्त्वपूर्ण निर्णय लेते हुए सब को आश्रय दिया। सभी सोलह हजार महिलाएं द्वारका में कृष्ण के राजतंत्र में सुखपूर्वक रहने लगीं। यह उस समय का एक क्रांतिकारी कदम था।

महाभारत के युद्ध से पहले कृष्ण ने यह घोषणा कर दी कि वे किसी पक्ष से नहीं लड़ेंगे, लेकिन जब भीष्म, अर्जुन और उसके सारथी के ऊपर अस्त्र-शस्त्र की बरसात करने लगे तो भगवान् कृष्ण ने सत्य की जीत को सबसे महत्त्वपूर्ण मानकर काम करना शुरू किया। इस लक्ष्य की प्राप्ति के लिए अर्जुन की रक्षा आवश्यक थी। इसलिए वे हाथ में चक्र धारणकर भीष्म की ओर दौड़े। वयोवृद्ध भीष्म एक अच्छे व्यक्ति थे। उन्होंने कृष्ण का सम्मान किया और उनके समक्ष समर्पण कर दिया। कृष्ण तुरंत खुश हो गए और उन्होंने भीष्म को कोई नुकसान नहीं पहुंचाया। अपने संगठन की बेहतरी के लिए आवश्यक है कि हम समय के अनुसार अपने फलक में बदलाव लें, लेकिन परिवर्तन की राह असामाजिक और गलत नहीं होनी चाहिए।

# 9

# टीम भावना और प्रेरक नेतृत्व

**यस्य देवे परा भक्तिर्यथा देवे तथा गुरौ।**
**तस्यैव कथिता ह्यार्थाः प्रकाशन्तेः महात्मनाः॥**
**– श्वेताश्वतर उपनिषद्**

***वे लोग, जिन्हें ईश्वर में निर्विवादित और अटूट श्रद्धा होती है और जिनके गुरु उतनी ही श्रद्धा से उनका मार्ग प्रशस्त करते हैं, उन लोगों को ईश्वर की साक्षात् अनुभूति होती है।***

भगवान् कृष्ण एक महान गुरु, महान शिक्षक व महान नेता थे। उन्होंने अपनी टीम को प्रेरणा दी, उनका संदेश सार्वकालिक था। इसके अलावा वे अपने समय में लोकतंत्र की आवाज थे, उन्होंने लोगों की आवाज सुनी, उसका मतलब समझा और उसे ठोस आकार दिया। लोकतंत्र की अवधारणा नयी है। यह आधुनिक युग की देन है, लेकिन प्राचीन भारत के वैशाली गणराज्य में लोकतंत्र की परंपरा सदियों पहले भी बरकरार थी, अतः लोकतंत्र का अस्तित्व अचानक नहीं उभरा। इसके अस्तित्व में आने के पहले हमारे पूर्वजों ने इसके लिए सामूहिक तौर पर प्रयास किया। हमारे देश के चिंतक प्राचीन काल से ही लोगों की कल्पनाओं को खंगाल रहे थे। भारत को एक राष्ट्र बनाने के लिए तर्क-वितर्क में पारंगत भारतीयों की महत्त्वपूर्ण भूमिका रही है। हम आज जो भी हैं, अपने पूर्वजों के सामूहिक प्रयास की बदौलत ही हैं। इस संबंध में, मानव-जाति के इतिहास में कृष्ण की आवाज एक महत्त्वपूर्ण मोड़ है। भगवद्गीता लाखों-करोड़ों लोगों के लिए प्रेरणा का स्रोत है। कुरुक्षेत्र के युद्ध-मैदान में भगवान् के द्वारा गीता का संदेश दिया गया।

जब भी हम लोकतांत्रिक आवाज या सामूहिक भावना या ढेर सारे लोगों के साथ चलने और परस्पर प्रेरणा लेने की बात करते हैं तो हमें याद रखना चाहिए

कि यह सब कुछ गीता में पहले से मौजूद है। कृष्ण ने हमेशा दूसरों का ख्याल किया। एक नेता लोगों के कल्याण के लिए सोचता है, इसलिए वे लोगों के साथ लोगों के लिए थे। ऐसा कहा जाता है कि उनके माता-पिता एक साथ जेल में बंद थे, उनके जन्म के वक्त माता-पिता की जंजीरें और कारावास के दरवाजे स्वतः खुल गए थे। कृष्ण यहां मानव-जाति को समस्त बंधनों से मुक्त कराने के लिए अवतरित हुए थे। बचपन से ही वे टीम भावना से ओत-प्रोत थे। बचपन में वे अपने दोस्तों के साथ खेला करते थे। वे ग्वाल-बाल के टोली में आनंद लेते थे, लेकिन जरूरत के समय उनकी मदद भी करते थे। वे अकेले भी कंस और दूसरे राक्षसों का नाश कर सकते थे, लेकिन उन्होंने इसके लिए हमेशा बड़े भाई बलराम की मदद ली। अद्वितीय साहसी होने के बावजूद उन्होंने बलराम की बहादुरी की हमेशा प्रशंसा की। एक सच्चा नेता अपनी टीम के सदस्यों को लक्ष्य प्राप्त करने के लिए प्रेरित करता है और उसके अच्छे कारनामों की सराहना करता है। एक नेता अपने अनुयायियों को सच्चा पुरस्कार देता है।

एक अच्छे नेता को सही व्यक्ति को काम सौंपना चाहिए। कंस के मारे जाने के बाद उसके ससुर जरासंध ने कृष्ण और निर्दोष मथुरावासियों को सजा देने के लिए मथुरा पर कई बार आक्रमण किया। कृष्ण जरासंध की मंशा समझ गए। वे जानते थे कि जरासंध के खिलाफ युद्ध ठानना व्यर्थ है, इसलिए उन्होंने अपनी राजधानी द्वारिका बना ली, लेकिन जरासंध को सजा देना जरूरी था। युधिष्ठिर ने जब राजसूय यज्ञ का आयोजन किया तो कृष्ण ने वहां भीम और जरासंध के बीच युद्ध करवाया। उन्होंने जरासंध को मारने के लिए भीम को कई संकेत दिए। भीम ने उन संकेतों को अच्छी तरह समझा और जरासंध का वध किया। इस कार्य के लिए भीम उपयुक्त था। किसी भी दल के नेता को अपने दल के सदस्यों की व्यक्तिगत क्षमता का ज्ञान होना चाहिए, ताकि वह उन्हें उनके अनुसार कार्य-भार दे सके।

द्रौपदी की पुकार पर भगवान् उनकी लाज की रक्षा के लिए स्वयं उपस्थित हुए। शकुनि के कहने पर आयोजित जुए में युधिष्ठिर ने अपनी पूरी संपत्ति खो दी। संपत्ति की बात तो दूर है, यहां तक कि उसने अपने चारों भाइयों और सब की पत्नी द्रौपदी को भी खो दिया। दुर्योधन के कहने पर दुशासन ने द्रौपदी की साड़ी खींचनी शुरू की। इस तरह से दुशासन भरी सभा में द्रौपदी की लाज उतारना चाहता था। वहां द्रौपदी की मदद के लिए कोई नहीं था। संकट के समय में द्रौपदी ने कृष्ण से प्रार्थना की। वे वहां उपस्थित हो गए और उन्होंने द्रौपदी की लाज बचा ली। एक सच्चा नेता संकट के समय में आगे आकर अपने दल के लोगों की मदद करता है। पांडवों के विजय के रास्ते से भीष्म को हटाने के लिए उन्होंने शिखंडी की मदद ली। जब अर्जुन और भीष्म के बीच शिखंडी आया तो महान योद्धा भीष्म ने लड़ना छोड़ दिया। इसी बीच

अर्जुन ने भीष्म के ऊपर सैकडों बाण छोड़ दिये, परिणामस्वरूप भीष्म जमीन पर गिर पड़े। दल के नेता को पता होता है कि किसी विशेष कार्य के लिए कौन-सा व्यक्ति उपयुक्त होगा।

उन्होंने युधिष्ठिर को अश्वत्थामा की मृत्यु की खबर देने का कार्य दिया। द्रोणाचार्य के एकमात्र पुत्र का नाम अश्वत्थामा था। भीम को द्रोणाचार्य के सामने यह संदेश देने के लिए कहा गया। द्रोणाचार्य को जब यह खबर मिली तो वे इसकी पुष्टि के लिए युधिष्ठिर के पास आये। युधिष्ठिर ने कहा – "अश्वत्थामा मारा गया, अश्वत्थामा आदमी या हाथी।" तो कृष्ण ने शंख फूंक दिया। शंख ध्वनि के बीच द्रोणाचार्य ने 'या हाथी' नहीं सुना। उन्हें यकीन हो गया कि उनका बेटा अश्वत्थामा मारा गया, गहरे दुःख में डूबकर द्रोण ने अपने सारे अस्त्र-शस्त्र गिरा दिये। इसी बीच धृष्टधुम्न आया और उसने तलवार से द्रोण का सिर काट दिया, एक नेता दल में अपने साथियों को अलग-अलग जिम्मेदारियां सौंप सकता है, लेकिन तब भी उसे सावधान रहना होता है। ताकि उसका काम ढंग से किया जा सके। जब भी किसी व्यक्ति को दिशा निर्देश की जरूरत होती है तो दल के नेता को उसकी मदद के लिए आना पड़ता है। द्रोण युद्ध में अमानवीय या बुरी ताकतों की ओर लड़ रहे थे। द्रोण को रास्ते से हटाए बिना पांडवों की जीत संभव नहीं थी।

अगली सबसे बड़ी रुकावट कर्ण को लेकर थी। कर्ण के पास अपने चिर-प्रतिद्वन्द्वी अर्जुन को मारने के लिए एक जानलेवा हथियार था। इस हथियार की विध्वसंक क्षमता संदेह से परे थी। उसने पांडवों की तरफ से घटोत्कच के लड़ने पर सवाल किया। घटोत्कच भीम का पुत्र था। वह भीम की पत्नी हिडिम्बा की कोख से जन्मा था। हिडिम्बा जंगल में अपने बेटे घटोत्कच के साथ रहती थी। घटोत्कच एक शक्तिशाली योद्धा था। उसे कई जादुई कलाएं आती थीं। वह दुश्मनों की टोली को नेस्तनाबूद करने में सक्षम था, कोई उसे रोक नहीं सकता था। अंत में दुर्योधन ने कर्ण से जानलेवा हथियार द्वारा घटोत्कच पर वार करने का आग्रह किया। उसने अपने मित्र को खुश करने के लिए यह कर दिया। हथियार का इस्तेमाल कर उसने घटोत्कच को मार गिराया। इसके बाद कर्ण के पास ऐसा कोई हथियार नहीं था जिससे वह अर्जुन के साथ लड़ सके, इसलिए कर्ण और अर्जुन के बीच जब असली युद्ध शुरू हुआ तो अर्जुन ने उसे मार गिराया। कृष्ण के सक्षम नेतृत्व के बल पर ही पांडव विजय की राह पर आगे बढ़े। एक सच्चा नेता अपने साथियों के साथ काम कर आनंद उठाता है, उन्हें जिम्मेवारियां देता है, लेकिन स्वयं सावधान रहता है और संकट के समय में सामने आता है। प्रतिद्वन्द्वियों का न सिर्फ मुकाबला करता है बल्कि अपनी टीम को जीत के अमृत का भी स्वाद चखवाता है। इसलिए हमें टीम भावना और प्रेरक नेतृत्व को याद रखना चाहिए।

# 10

# एक्स-रे दृष्टि (पैनी दृष्टि) (अच्छे-बुरे की पहचान)

**ईश्वरः परमः कृष्णः सच्चिदानन्द विग्रहः।**
**अनादिरादिगोविन्दः सर्वकारणकारणम्॥**

**– ब्रह्म संहिता**

***कृष्ण स्वयंमेव ईश्वर हैं। वह परम ज्ञानी और परमानंद हैं। ईश्वर का कोई आदि और अन्त नहीं होता। वह ही समस्त कारणों का मूल है।***

एक सच्चे प्रबंधक के पास एक्स-रे दृष्टि होनी चाहिए। उसे अपने संगठन की बीमारियों का ज्ञान होना चाहिए। उसमें सहयोगियों के इरादे भांपने की क्षमता होनी चाहिए।

एक सच्चे मैनेजमेंट गुरु को अपने साथियों की खूबियों और खामियों की जानकारी होनी चाहिए। उसे अनाज को धोकर छांटने में अर्थात् उपयोगी और अनुपयोगी के बीच विभाजन रेखा की पूरी जानकारी होनी चाहिए। जिंदगी न तो फूलों की सेज है और न ही केवल कांटो से भरी है। कोई भी राष्ट्र या संगठन केवल नैतिक या अच्छे लोगों का सम्मिलन नहीं होता। इसमें अच्छे और बुरे दोनों तरह के लोग होते हैं। एक प्रबंधक के पास अच्छे कार्यकर्ता को प्रेरित करने की और बुरे को वहां से दूर हटाने की क्षमता होनी चाहिए। इसके लिए एक्स-रे सरीखी दृष्टि चाहिए। इसकी सहायता से वह संगठन में व्याप्त बुराइयों का पता लगा लेता है। जो सक्रिय जीवन व्यतीत करते हैं, उन्हें कई प्रकार के लोगों से निपटना पड़ता है।

यह जरूरी नहीं है कि अपने विरोधियों से हमेशा लड़ाई की जाए। अगर भविष्य में इसका कोई नतीजा नहीं निकलने वाला है और इससे हमारे किसी उद्देश्य की पूर्ति नहीं हो रही है तो हमें इस लड़ाई की अनदेखी करनी चाहिए,

लेकिन अगर इस लड़ाई की अपेक्षा से भविष्य में हमें कोई नुकसान होने की संभावना हो तो हमें इसके कारणों को दूर करना चाहिए।

भगवान् कृष्ण के पास जन्मजात एक्स-रे दृष्टि थी। जब वे दुधमुंहे बच्चे थे तो उनका सामना पूतना नामक राक्षसी से हुआ था। पूतना एक सुंदर स्त्री का रूप धारण कर कृष्ण को दूध पिलाने पहुंची। उसका इरादा कृष्ण को मारने का था। कृष्ण ने उसके राक्षसी स्पर्श को पहचान लिया। जब उसने बाल कृष्ण को दूध पिलाना शुरू किया तो कृष्ण ने उसे ऐसे चूसा कि उसके प्राण निकल गये। अगर उसकी जान नहीं ली जाती तो वह औरों को भी नुकसान पहुंचा सकती थी। अगर अयोग्य व्यक्ति को दरवाजा न दिखाया जाए अर्थात् बाहर न निकाला जाए, तो वह संगठन को नुकसान पहुंचा सकता है। अपने संगठन की बेहतरी के लिए एक अच्छा प्रबंधक इसी तरह आगे बढ़ता है। बचपन के दिनों में कृष्ण ने खेलों के दौरान ही बहुत प्रकार के खतरों का सामना किया, लेकिन उन्हें खतरों का पता जल्दी चल जाता था। एक सिद्धहस्त प्रबंधक भविष्य में आने वाले खतरों का पता आसानी से लगा लेता है और जल्दी ही उसे रास्ते से हटा देता है। इस पूरी प्रक्रिया में उसे हमेशा अपनी रक्षा करनी पड़ती है। अपनी रक्षा किये बिना किसी को अपना लक्ष्य प्राप्त नहीं होता है।

केवल भ्रद होना ही काफी नहीं है। निजी उत्थान और सामुदायिक कल्याण के लिए आपको अपनी भद्रता की रक्षा करनी होगी। ऐसा कई बार देखने को मिलता है कि तेज और गुणी होने के बावजूद जब व्यक्ति किसी संगठन में काम शुरू करता है तो वहां लंबे समय तक टिक नहीं पाता है या तो वह स्वयं संगठन छोड़कर चला जाता है या उच्च प्रबंधन उसे ऐसा करने के लिए बाध्य कर देता है। कुछ मामलों में लोग बेहतर कैरियर विकल्प पाने के लिए संगठन छोड़ते हैं, लेकिन अधिकांशतः मामलों में लोग परिस्थितियों के आगे मजबूर होते हैं।

अगर आप तीक्ष्ण बुद्धि और सक्षम हैं तो आप दोस्त और दुश्मन को पहचान सकते हैं। अनाज से चोकर अलग करने के लिए कोई गणितीय पैमाना नहीं होता, यह एक मनोवैज्ञानिक खेल है। दिमाग के इस खेल में व्यक्ति को सावधानी से आगे बढ़ना पड़ता है। आवेग में आकर हमें कोई निष्कर्ष नहीं निकालना चाहिए। किसी चीज की समझ कैसे विकसित हो, इसके बारे में पिछले अध्यायों में विस्तार से बताया जा चुका है।

कृष्ण जानते थे कि पांडव अच्छे लोग हैं। वे विश्वसनीय हैं और तत्कालीन भारत की सत्ता उन्हें सौंपी जा सकती है। वे जानते थे कि पांडवों की जिन्दगी में द्रौपदी सकारात्मक भूमिका अदा कर सकती है, इसलिए उन्होंने द्रौपदी को आगे बढ़ाया। उसके स्वयंवर से कर्ण की उम्मीदवारी रद्द करवायी। कर्ण, शकुनि और दुर्योधन जैसे दुर्जनों के संसर्ग में थे। अगर द्रौपदी कर्ण की

पत्नी हो जाती तो इससे उनकी भूमिका संक्षिप्त हो जाती। उन्होंने अपने समय की राजनीति और राज-काज में महत्त्वपूर्ण भूमिका अदा की। उन्होंने अपने-आपको पांडवों के पीछे खड़ी सबसे बड़ी ताकत के तौर पर सिद्ध किया। इसलिए कृष्ण का निर्णय वैध था।

उन्होंने संकट के समय में द्रौपदी की मदद की। रुक्मिणी को जब अपने स्वयंवर की खबर मिली तो उसने श्री कृष्ण से मदद मांगी। उन्होंने निर्णय लिया और रुक्मिणी को परेशानी से बाहर निकाला। उन्हें परिस्थिति की गंभीरता का आभास हो गया था। उन्हें पता था कि रुक्मिणी रूपवती है और उन्हें प्यार करती है। वह भोली-भाली और धार्मिक लड़की थी। ऐसी प्रेमिका की मदद की जानी चाहिए। रुक्मिणी का भाई रुक्मि दुष्ट प्रकृति का था। दुर्जन को सजा और सज्जन को पुरस्कार मिलना चाहिए। कृष्ण ने रुक्मि को युद्ध में पराजित कर दिया, लेकिन रुक्मिणी के कारण उसे जान बख्श दी। उन्होंने रुक्मिणी का हाथ थामा। उससे विवाह रचाकर उसे अपनी महारानी बनाया। रुक्मिणी का रूप-लावण्य इतना प्रखर था कि उनकी तुलना देवी लक्ष्मी से की जाती थी। भगवान् कृष्ण को भगवान् विष्णु का अवतार कहा जाता है। भगवान् विष्णु को हिंदुओं के सुंदरतम और सबसे शक्तिशाली देवता की संज्ञा दी गयी है। रुक्मिणी को देवी मां लक्ष्मी का अवतार कहा गया है। विष्णु की पत्नी लक्ष्मी थी। इस प्रकार कृष्ण और रुक्मिणी का प्रेम प्राकृतिक व शाश्वत था। कृष्ण ने इस प्रेम-बंधन को नवीनता दी।

वे दुर्योधन के मामा शकुनि की दुष्टता से पूरी तरह अवगत थे। वह दुर्योधन को पांडवों के साथ युद्ध करने के लिए उकसाता रहता था, लेकिन कृष्ण का विचार था कि युद्ध अंतिम विकल्प होना चाहिए। हमें अपने दुश्मनों से पहले संवाद स्थापित करना चाहिए। जब संवाद से बात नहीं बने तो कूटनीति का सहारा लेना चाहिए, अगर कूटनीति भी निष्फल हो जाए, तो एक मसौदा तैयार करना चाहिए। अगर सारे विकल्प असफल साबित हों तो आत्म-रक्षार्थ शस्त्र या हथियार उठाना चाहिए। द्रौपदी ने अपनी लाज लूटने की चेष्टा करने वाले दुशासन के खून से अपने बालों को धोने की प्रतिज्ञा ली थी। कृष्ण को ऐसी बहुत-सी शपथों की जानकारी थी। दोनों ही दल के लोग महाविध्वंसकारी लड़ाई लड़ने के लिए तैयार थे, इसलिए वे उनके बीच किसी डील पर समझौता कराने का प्रयास कर रहे थे। कूटनीति व मान्यताओं के खिलाफ दुर्योधन ने भगवान् कृष्ण को बंदी बनाने की कोशिश की, लेकिन भगवान् ने अपनी दैवी-शक्ति दिखाई और धृतराष्ट्र के दरबार से सुरक्षित वापस आ गए। शकुनि ने संपूर्ण कुरु वंश के खात्मे की प्रतिज्ञा की थी, क्योंकि उसकी बहन गांधारी की शादी हस्तिनापुर के अंधे राजकुमार धृतराष्ट्र से कर दी गयी थी। शकुनि

के पिता और गांधार के राजा सैन्य शक्ति में इतने सबल नहीं थे कि भीष्म के प्रस्ताव को ठुकरा पाते। गांधारी के विवाह के वर्षों बाद अपनी मृत्यु के वक्त गांधार के राजा ने बेटे शकुनि के समक्ष अपनी बाध्यता का खुलासा किया। उन्होंने शकुनि को कुरु वंश का नाश करने के लिए प्रेरित किया। कृष्ण को इसकी जानकारी थी, इसलिए वे उन सब की रक्षा करना चाहते थे, लेकिन जब कोई विकल्प शेष नहीं रहा तो उन्होंने बुरी शक्तियों के खिलाफ युद्ध शुरू किया। यह अपने समय का अंतिम युद्ध था। इस युद्ध के बाद परिदृश्य से दुर्जन गायब हो गये और इसके बाद सदियों तक भारतीय उपमहाद्वीप में शांति बरकरार रही।

अनाज से चोकर अलग करने के लिए अर्थात् अच्छे-बुरे के अंतर को समझने के लिए निम्नांकित गुण होने चाहिएं :

- तेज दिमाग
- व्यापक अनुभव
- बेदाग ग्रहणशीलता
- विभिन्न क्षेत्रों का ज्ञान
- कठिन परिश्रम
- सक्रिय जीवन
- सम्मोहक व्यक्तित्व
- अच्छा नेटवर्क
- जीवन के विभिन्न क्षेत्रों से संबद्ध लोगों से मित्रता
- विश्वासी अनुयायियों का सक्षम समूह
- अच्छाई का बढ़ावा
- बुराई का नाश
- संगठन के कल्याण के लिए लक्ष्य का निर्धारण
- भावनाओं को सही दिशा देना
- अपने क्षेत्र में माहिर
- आत्मविश्वास
- रिस्क के प्रति निर्भीक

भगवान् कृष्ण के पास ऊपर बताये गए सभी गुण थे, साथ ही वे दैव-गुणों के भी धारक थे।

# 11

# संक्षेप में कहना बुद्धिमत्ता है

**उत्क्रामन्तं स्थितं वापि भुंजानं वा गुणान्वितम्।**
**विमूढा नानुपश्यन्ति पश्यन्ति ज्ञानचक्षुषः।।**

**– गीता**

***अज्ञानी लोग इस शरीर की रूपान्तरण प्रक्रिया को और उस मार्ग को समझ नहीं पाते हैं जिसमें यह शरीर अति भोग व आसक्ति में उलझा रहता है, किंतु जिनके नेत्र ज्ञान से आलोकित हो जाते हैं वे सरलता से सब कुछ देख सकते हैं।***

अंग्रेजी नाटककार विलियम शेक्सपीयर ने जब कहा था – "संक्षेप में कहना बुद्धिमत्ता है" तो उन्हें यह नहीं पता था कि सदियों पहले कितने ही चिंतकों ने इसे व्यवहार में कर दिखाया है और कितने ही आगे की सदियों में इसका अभ्यास करेंगे। दरअसल, एक कवि की कल्पना सदी की नब्ज पहचानती है। वह शाश्वत सत्य को अपनी आवाज देती है।

मानव जीवन में कई प्रकार के अगर–मगर लगे रहते हैं। हमें टेढ़े–मेढ़े रास्ते से गुजरना होता है। एक राह को पकड़कर चलना सफलता के लिए आवश्यक है। जीवन के हर क्षेत्र में भागम–भाग मची है। उनमें से कुछ तो समाज के द्वारा पैदा की गयी हैं और कुछ हमारे पूर्वजों के द्वारा लादी गयी हैं। कुछ ऐसी बेमतलब की चीजें भी हैं। जो हम व्यक्तिगत स्तर पर ओढ़ लेते हैं। संक्षिप्त होना मुश्किल काम है। यहां संक्षिप्त का मतलब न तो 'शार्टकट है और न ही कड़ी मेहनत से पलायन।' संक्षिप्तता का मतलब है जरूरी चीजों को ग्रहण करना और गैरजरूरी चीजों को नकारना।

कभी–कभी जरूरत से ज्यादा बोलना या मुंहफट होना भी आपके लिए कई प्रकार की समस्याएं खड़ी कर सकता है। इस तरह से बोलने पर भारी कीमत चुकानी

पड़ती है। संयोगवश, शिशुपाल के पास बाल-काल में चार हाथ थे। (ऐसा ग्रंथों में लिखा गया है। यह महज एक सच बताने के लिए और मानव समुदाय को निर्देश देने के लिए कहा गया है।) यह भविष्यवाणी की गयी थी कि उसके दो हाथ जमीन पर गिर पड़ेंगे और एक सामान्य बालक बन जाएगा, लेकिन साथ ही यह भी कहा गया था कि जिसकी गोद में उसके दोनों हाथ गिरेंगे, शिशुपाल उसी के द्वारा मारा जाएगा। भगवान् कृष्ण का शिशुपाल के साथ पारिवारिक रिश्ता था।

एक बार वे शिशुपाल के घर गए। उन्होंने बाल शिशुपाल को गोद में लिया, गोद में लेते ही उसके अतिरिक्त दोनों हाथ गिर पड़े। शिशुपाल की मां ने कृष्ण से अनुरोध किया कि वे उसे नहीं मारेंगे। कृष्ण ने शिशुपाल की मां को आश्वस्त किया कि वे उसकी एक सौ गलती माफ कर देंगे एक सौ गलतियां करने तक वह उसका वध नहीं करेंगे।

ज्यों-ज्यों समय बीत रहा था, शिशुपाल की वैमनस्यता कृष्ण के साथ बढ़ती जा रही थी। वह अपनी भावनाएं छिपा नहीं पाता था। वह हर अवसर पर सर्वशक्तिमान ईश्वर को अपमानित करने के लिए तैयार रहता था। महाभारत युद्ध के काफी पहले जब युधिष्ठिर नवनिर्मित राज्य इंद्रप्रस्थ के राजा बने तो उन्होंने राजसूय यज्ञ का आयोजन किया। उसमें भारतीय उपमहाद्वीप के विभिन्न हिस्सों से राजाओं को आमंत्रित किया गया था। अतिथियों में सर्वप्रमुख भगवान् कृष्ण थे। शिशुपाल भी निमंत्रित था। कुरु परिवार के सर्वाधिक आदरणीय भीष्म ने घोषणा की कि सबसे पहले भगवान् कृष्ण पूजे जाएंगे, ऐसे अवसर पर सर्वाधिक आदरणीय अतिथि के पूजे जाने की परंपरा वर्षों पुरानी थी। पांडवों ने भीष्म के निर्देश का तुरंत पालन किया। शिशुपाल के अतिरिक्त सब ने इस निर्णय को स्वीकार किया। शिशुपाल ने ईश्वर के साथ अभद्रता शुरू कर दी। प्रारंभ में ईश्वर मुस्कुराए, फिर उन्होंने शिशुपाल को सचेत किया कि वे उसे सौ बुरे शब्दों के लिए तो माफ कर देंगे, लेकिन अगर वह सीमा का उल्लंघन करेगा तो उसे उसका फल भुगतना होगा। शिशुपाल ने उनकी एक न सुनी, उसकी गालियों का दौर चालू था। जब उसने सौवां अपशब्द कहा तो कृष्ण ने अपना वादा दुहराया, लेकिन वह तो जैसे अपने अंत के लिए तैयार खड़ा था। ज्यों ही उसने एक सौ पांचवां अपशब्द कहा, कृष्ण ने अपना सुदर्शन चक्र उस पर फेंका, इसके स्पर्श मात्र से उसका सर, धड़ से अलग होकर जमीन से जा टकराया। इस पूरी प्रक्रिया में कृष्ण ने अपनी संक्षिप्तता बरकरार रखी।

भगवद्गीता में भारतीय दर्शन का निचोड़ देखने को मिलता है। इसमें अप्रत्यक्ष रूप से उपनिषद का ज्ञान व्यक्त किया गया है। इस किताब के एक-एक दोहे की

व्याख्या एक किताब में की जा सकती है, लेकिन ईश्वर ने महज सात सौ दोहों में ही कर्म, भक्ति और ज्ञान योग का सारगर्भित संदेश दे दिया है। इन श्लोकों की रचना इतनी सुंदर है – कि इसे एक आम आदमी भी गा सकता है। युद्ध के ठीक पहले अर्जुन के दिमाग में सैकड़ों सवाल थे। जब तक तात्विक ज्ञान न हो जाय। मनुष्य के दिमाग में सवाल आते-जाते रहते हैं, लेकिन जब यह ज्ञान प्राप्त हो जाता है तो मनुष्य कर्म-पथ पर निकल पड़ता है। जब तक अर्जुन को शाश्वत सत्य का ज्ञान नहीं था, वह कर्म से पलायन करना चाहता था, लेकिन जब भगवान् के द्वारा उसने यह ज्ञान प्राप्त किया तो वह कर्म-पथ पर तेजी से अग्रसर हो गया। ईश्वर ने न सिर्फ अर्जुन को शाश्वत सत्य का अहसास कराया, बल्कि युद्ध के नतीजों के बारे में संकेत भी दे दिया। यह पूरी प्रक्रिया संक्षेप में की गयी।

पांचाल के राजा की पुत्री द्रौपदी ने जब स्वयंवर में कर्ण की उम्मीदवारी अस्वीकार की तो किसी को इसका आशय समझ में नहीं आया। कृष्ण ने बिना एक भी शब्द बोले कर्ण की उम्मीदवारी रद्द करने के लिए द्रौपदी को संकेत दे दिया। राजाओं और राजकुमारों की सभा ने पांचाली से कर्ण की उम्मीदवारी निरस्त किये जाने का कारण जानना चाहा। पांचाली ने इसका समुचित उत्तर दिया, लेकिन कुछ दुर्जन इस उत्तर से संतुष्ट नहीं थे। वे इस पूरी प्रक्रिया को दूसरी दिशा देने का इरादा रखते थे। इससे स्वयंवर अपने लक्ष्य से भटक सकता था। तब कृष्ण ने मोर्चा संभालते हुए कहा – "अस्वीकृति की वजह चाहे जो भी हो, लेकिन एक लड़की को पति चुनने या उसे अस्वीकार करने का पूरा हक है। अगर किसी लड़की को इस अधिकार से वंचित किया जाता है तो वह दिन अपने देश के लिए काला दिन होगा।" भगवान् कृष्ण का यह संक्षिप्त व्यक्तव्य न सिर्फ तात्कालिक परिस्थितियों पर नियंत्रण करने वाला था बल्कि आने वाली सदियों के लिए भी यह मार्गदर्शक बना।

हर मसले पर एक प्रबंधक/बॉस को लंबा-चौड़ा स्पष्टीकरण देने की जरूरत नहीं होनी चाहिए। लोगों को उसकी अखंड कार्य-शैली में विश्वास होना चाहिए। लोगों को यह यकीन होना चाहिए कि वह जो कुछ भी करता है, संगठन की भलाई के लिए करता है। महाभारत युद्ध के दौरान द्रोणाचार्य ने पांडवों को मुश्किल में डाल दिया था। वे कौरवों को विजय दिलाने के लिए गैर-परंपरागत तरीकों का इस्तेमाल कर रहे थे। भगवान् कृष्ण ने रणक्षेत्र में द्रोणाचार्य को उखाड़ फेंकने के लिए महज एक वाक्य का प्रयोग किया। अर्जुन के पुत्र अभिमन्यु की हत्या में द्रोणाचार्य शामिल थे। युद्ध के लिए यह नियम पहले तय कर लिया गया

था कि एक बहादुर व्यक्ति से केवल एक ही व्यक्ति लड़ेगा। किसी भी व्यक्ति के चारों ओर योद्धाओं का समूह नहीं होगा, लेकिन अभिमन्यु को लड़ाकों ने चारों ओर से घेरकर नृशंस तौर पर मार डाला।

भगवान् कृष्ण ने युधिष्ठिर पर एक वाक्य बोलने का दबाव डाला। यह था – अश्वत्थामा मारा गया, आदमी या हाथी (अश्वत्थामा हतो नरो वा कुंजरो) भीम ने यह संदेश द्रोणाचार्य के सम्मुख दिया। युद्ध के मैदान से द्रोणाचार्य को हटाने के लिए यह एक वाक्य काफी था। युधिष्ठिर ने वाक्य का अंतिम हिस्सा (या हाथी) जब बोला तो कृष्ण ने शंख फूंक दिया। द्रोण ने केवल इतना सुना – अश्वत्थामा मारा गया, आदमी। यह सुनते ही द्रोण बुरी तरह निराश हो गया। उसने अस्त्र-शस्त्र जमीन पर फेंक दिए। इसी बीच धृष्टद्युम्न वहां पहुंचा और उसने द्रोणाचार्य का सिर काट दिया। यह महाभारत के युद्ध में निर्णायक मोड़ बना। यह लक्ष्य महज एक वाक्य में प्राप्त कर लिया गया, इसीलिए संक्षेप में कहना बुद्धिमत्ता है।

अधिकांशतः कृष्ण की मुस्कान से ही अभीष्ट फल मिल जाता था। वाक्य की बात तो बहुत दूर है, उनकी बांसुरी में वह जादू था कि उनका स्वर सुनकर सैकड़ों सुंदरियां उनकी ओर आकर्षित हो जाती थीं।

कालयवन का आतंक संपूर्ण भारतीय उपमहाद्वीप में फैला था। एक बार कालयवन ने युद्ध करने के लिए उनका पीछा किया। कृष्ण एक गुफा में घुस गए, जहां एक व्यक्ति गहरे ध्यान में डूबा था। भगवान् कृष्ण ने उसे अपने पीले वस्त्र से ढक दिया और स्वयं जाकर छिप गए। कृष्ण का पीछा करते हुए कालयवन भी गुफा के अंदर आ गया, उसने कृष्ण के द्वारा उपयोग किये जाने वाले पीले वस्त्र के नीचे एक आदमी को सोता हुआ पाया। उसे लगा कि कृष्ण थककर सो रहे हैं। उसने गहरी तंद्रा में डूबे व्यक्ति को अपने पैरों से धक्का दिया, व्यक्ति जाग गया। उस व्यक्ति को यह वरदान था कि जो भी उसे जगाएगा वह जलकर राख हो जाएगा। यही हुआ और कालयवन देखते-ही-देखते राख के ढेर में बदल गया। कालयवन की मृत्यु के बाद भगवान् मुस्कुराते हुए वहां उपस्थित हुए। उन्होंने सोते हुए आदमी को वरदान दिया। इस प्रकार उन्होंने बिना लड़े दुश्मन का नाश कर दिया, इसलिए बुद्धिमता ही आत्म संक्षिप्तता है।

लेकिन संक्षिप्तता इतनी आसानी से नहीं प्राप्त होती। इसके लिए विचारों में स्पष्टता और कर्म में अनुशासन की जरूरत होती है। विचार और कार्य के बीच समुचित तालमेल आवश्यक है। किसी निर्णय पर पहुंचने के लिए स्पष्ट ज्ञान की जरूरत होती है। यह सब कुछ कृष्ण के व्यक्तित्व में मौजूद है।

# 12

# दूसरे के काम में दखल न दें

**स्वभावजेन कौन्तेय निबद्धः स्वनेन कर्मणा।**
**कर्तुं नेच्छसि यन्मोहात्करिष्यस्यवशोऽपि तत्॥**

**- गीता**

***तुम केवल कुछ समय के लिए निष्क्रियता के प्रभाव में रहने के कारण मेरे निर्देशों को अस्वीकार कर रहे हो, किंतु तुम अपने स्वभाव की बाह्यता के अंतर्गत भी ऐसा ही करोगे।***

एक कहावत है 'डोन्ट पुट योर फीट इंटो अनदर इंडियन्स मोकैजि' अर्थात् दूसरे रेड इंडियन के जूते में अपना पैर न डालें। यह उत्तरी अमेरिका महाद्वीप में प्रचलित एक पुरानी कहावत है। यहां भारतीय अर्थात् इंडियन से अभिप्राय उत्तरी अमेरिका महाद्वीप में रहने वाले लोगों से है। जब क्रिस्टोफर कोलंबस ने भारतीय उपमहाद्वीप की खोज भी नहीं की थी। 'मोकेजिन' रेड इंडियन के द्वारा इस्तेमाल किये जाने वाले जूते का नाम है। दूसरे के जूते में पैर रखने का मतलब है दूसरे के लिए जगह नहीं छोड़ना। दूसरे के मामलों में दखलंदाजी अनापेक्षित है। एक अनामंत्रित पर्यवेक्षक ही दूसरे इंडियन के जूते में पैर रखने वाला कहा जाता है।

ऐसे वक्तव्य हर समय के लिए प्रासंगिक हैं, लेकिन इन चीजों से कोई वर्ग-विभेद इत्यादि का संकेत नहीं निकालना चाहिए। हम अपने बच्चों को अक्सर निर्देश देते हैं- "अपने काम से मतलब रखो।" इसे हम दूसरे तरह से भी कह सकते हैं, हम कह सकते हैं- "अपनी ऊर्जा अपनी समस्याओं के समाधान के लिए बचाकर रखो।"

किसी एक घटना की बदौलत कोई मुहावरा या कहावत तैयार नहीं होता। वर्षों से मानव जाति को अनुभव के तहत जो ज्ञान हासिल होता है, उसी के आधार

पर लोकोक्तियां बनायी जाती हैं। जब हम कृष्ण के जीवन और व्यक्तित्व पर एक सरसरी निगाह डालते हैं, तो हमें ऐसा लगता है कि भगवान् कृष्ण ने बहुत सारे मामलों में दखलंदाजी की, लेकिन जब हम उस पर गहन दृष्टि डालते हैं तो हमारा विचार कुछ और ही होता है। भगवान् कृष्ण का व्यक्तित्व इतना विशाल और इतना गहन है कि जल्दबाजी में उसे देखकर कोई निर्णय नहीं लिया जा सकता। उनकी आंखें वर्तमान पर टिकी थीं, उनकी दृष्टि भविष्य की ओर जाती थी और उनके स्मरण में अतीत का आंकड़ा मौजूद था। कई बुरी ताकतों ने भय-मनोविज्ञान के वशीभूत होकर उन्हें नुकसान पहुंचाने की कोशिश की। एक भविष्यवाणी के आधार पर कंस ने अलग-अलग राक्षसों की मदद से कृष्ण को नुकसान पहुंचाने की कोशिश की, भविष्यवाणी इस प्रकार थी – "देवकी और वासुदेव का आठवां पुत्र भगवान् विष्णु का अवतार होगा। वही कंस को मारेगा।" कंस की नींद हराम करने के लिए यह भविष्यवाणी काफी थी। उसने कई दुर्घर्ष दैत्यों को कृष्ण को मारने के लिए भेजा। इन कृत्यों में कृष्ण को जबरन एक हिस्सा बनना पड़ा। इन शक्तियों से लड़ाई करने के अलावा कोई विकल्प शेष नहीं रह गया था। वे महाभारत के युद्ध में भी किसी एक ओर से खड़े नहीं थे। दुर्योधन और अर्जुन दोनों ने ही द्वारका आकर उनसे युद्ध में हिस्सा लेने का अनुरोध किया। जब दोनों दलों के बीच एक फॉर्मूला स्वीकृत हो गया तो युद्ध में कृष्ण अर्जुन के सारथी बने और उनकी यादव सेना ने दुर्योधन की ओर से लड़ाई लड़ी। इसलिए इतने बड़े और निर्णायक युद्ध में भी उन्होंने दूसरे के काम में हस्तक्षेप करने की कोशिश नहीं की।

इस संदर्भ में यह याद रखना आवश्यक हो जाता है कि हमें दूसरों के मामले में दखलंदाजी नहीं करनी चाहिए, लेकिन अगर कोई मसला सामुदायिक जीवन से जुड़ा है तो हम उससे अपने आपको अलग नहीं कर सकते हैं। सामुदायिक जीवन से जुड़ी चीजों का प्रभाव व्यक्तिगत जीवन पर भी पड़ता है। आखिरकार, हर व्यक्ति किसी-न-किसी समुदाय का हिस्सा अवश्य होता है। कृष्ण ब्रज की लड़कियों से प्यार करते थे, लेकिन इससे लड़कियों के पारिवारिक जीवन पर कोई प्रभाव नहीं था। उनकी उपस्थिति में ब्रज की गोपियों का जीवन समृद्ध हुआ। ब्रजवासी उनके संपूर्ण अस्तित्व से प्यार करते थे। कृष्ण उनके लिए जीवन की सांस की तरह थे, जो उनका पूरा ख्याल रखते थे। कृष्ण ने विभिन्न प्रकार की आपदाओं से उनकी रक्षा की। उन्होंने पांडवों के वैवाहिक जीवन में किसी प्रकार की दख़ल-अंदाज़ी नहीं की, लेकिन जब पांचों पांडवों में से कोई भी द्रौपदी की लाज बचाने में सक्षम नहीं था तो कृष्ण ने उपस्थित होकर द्रौपदी की मदद की। उन्हें अपने माता-पिता के बंदी होने

की पूरी जानकारी थी, लेकिन कंस की अनुमति लिये बिना वे वहां नहीं गये। कंस ने भगवान् कृष्ण को मारने के ख्याल से उन्हें आमंत्रित किया। अगर कृष्ण ने शुरुआत में ही कंस को मार दिया होता तो वे उसके दूसरे दुर्जन सहयोगियों का नाश नहीं कर पाते। कंस से समुचित निमंत्रण प्राप्त करने से पहले वे उसके सभी दुर्जन सहयोगियों को मार चुके थे। कंस को मारने के बाद वे अपने माता-पिता से मिले।

जब कृष्ण राधा के साथ होते थे तो वहां दूसरी गोपियां नहीं जाती थीं। कृष्ण के प्रति ललिता का प्यार भी उतना ही गहरा था, लेकिन उसने अपनी भावनाओं को छिपाकर राधा को आगे बढ़ने के लिए प्रोत्साहित किया। प्रेम के इतिहास में ललिता का यह त्याग अनूठा है। राधा-कृष्ण मिलन में वह कभी बाधा नहीं बनी।

परिस्थितिवश, कृष्ण की कई रानियां थीं। कृष्ण के जमाने में बहुविवाह की प्रथा प्रचलित थी। यह अपराध नहीं था, लेकिन वे अपनी किसी रानी के साथ होते थे तो दूसरी रानियां उन्हें परेशान नहीं करती थीं। सभी गैर-दखलंदाजी की परंपरा का पालन करते थे।

भगवान् कृष्ण के बड़े भाई बलराम को जल्द गुस्सा आ जाता था। वे अपने बड़े भाई बलराम का बहुत आदर करते थे। कई ऐसे अवसर आए जब उन्होंने बलराम पर अपना समर्थन करने के लिए दबाव बनाया। जब उन्होंने अर्जुन के द्वारा सुभद्रा के अपहरण का समर्थन किया तो बलराम नाराज हो गये। उन्होंने कहा कि सुभद्रा अर्जुन के प्रति गहरे प्यार में डूबी है। यह कहकर उन्होंने बलराम को शांत किया। उन्होंने यह भी बताया कि सुभद्रा की मर्जी से ही अर्जुन ने उसका अपहरण किया है। इसके साथ ही उन्होंने बलराम को ऐसे रिश्तों का महत्त्व भी समझाया, लेकिन उन्होंने बलराम की व्यक्तिगत जिंदगी मे कोई दख़ल-अंदाज़ी नहीं की। महाभारत युद्ध के पहले दोनों ही दल के लोगों ने बलराम से संपर्क कर अपनी ओर से लड़ने के लिए कहा, लेकिन उन्होंने किसी भी तरफ से लड़ने से इंकार कर दिया। इस अवसर पर कृष्ण ने उन पर किसी तरह का दबाव नहीं डाला। कृष्ण ने बलराम की निष्पक्षता का सम्मान किया। दूसरी ओर अगर बलराम युद्ध में हिस्सा लेते तो कृष्ण को कई प्रकार की दिक्कतें हो सकती थीं। उन्होंने सुभद्रा के अपहरण का समर्थन किया क्योंकि यह उसके सुखमय जीवन का सवाल था। उन्होंने बलराम के किसी ओर से नहीं लड़ने का भी समर्थन किया क्योंकि यह व्यक्तिगत स्वतंत्रता का मसला था। युद्ध में बलराम की अनुपस्थिति से पांडवों की विजय का मार्ग प्रशस्त हुआ क्योंकि कृष्ण युद्ध और पांडवों के कल्याण पर ध्यान केन्द्रित कर पाये।

दूसरों पर जबरन अपना विचार थोपना दखल-अंदाजी है, लेकिन अगर मानव-जाति के कल्याण के लिए दबाव डालकर भी लोगों को कर्म की ओर उन्मुख करना पड़े तो यह दखल-अंदाजी नहीं है।

पांडवों ने जब दुर्योधन के द्वारा जुआ खेलने का प्रस्ताव स्वीकार किया तो कृष्ण ने दखल-अंदाजी नहीं की, लेकिन उस खेल में जब युधिष्ठिर पत्नी द्रौपदी को ही गंवा बैठे तो कृष्ण को दखल-अंदाजी करनी पड़ी। वजह स्पष्ट थी कि कौरव द्रौपदी की इज्जत लूटना चाहते थे।

कृष्ण मानवता के कल्याण के लिए दखल-अंदाजी करते थे। वे कमजोरों की रक्षा के लिए आगे आते थे। उन्होंने सुदामा की व्यक्तिगत जिंदगी में कोई दखल-अंदाजी नहीं की, लेकिन जब सुदामा उनसे मदद मांगने आए तब उन्होंने तन-मन-धन से उनकी मदद की। धनवान बनने के बाद भी सुदामा ने आत्म-नियंत्रण नहीं छोड़ा। वे अपने गुजारे के लिए पांच घरों में अब भी भिक्षा मांगते थे। यह सुदामा का व्यक्तिगत निर्णय था। कृष्ण ने उसमें कोई दखलंदाजी नहीं की।

अगर किसी निर्णय से संगठन की सेहत पर असर पड़ता है तो प्रबंधक को दखल-अंदाजी करनी चाहिए, लेकिन स्टाफ के निजी मसलों पर उसे चुप रहना चाहिए। फिर, अगर निजी रिश्ते से संगठन पर कोई बुरा प्रभाव पड़ता दिखे तो बॉस को मामला अपने हाथ में ले लेना चाहिए। गैर-दखल-अंदाजी या निरपेक्ष भाव कभी भी जिम्मेदारी से पलायन के तौर पर नहीं देखा जाना चाहिए। इसका केवल इतना ही मतलब है कि आप अपनी रुचि-अरुचि दूसरों पर न थोपें। एक की पंसद-नापसंद दूसरे पर नहीं थोपी जानी चाहिए।

निरपेक्षता से हमारा तात्पर्य गुटनिरपेक्षता भी नहीं है। इस दुनिया में गुटनिरपेक्षता संभव नहीं है। हमें अपना दल बनाना पड़ता है, लेकिन यह षड्यंत्रकारियों का गैंग नहीं होना चाहिए। भगवान् कृष्ण ने समूह या टीम बनाई, लेकिन उन्होंने षड्यंत्रकारियों के गैंग को भंग किया। जरासंध, कंस, शिशुपाल, कल्यावण, दुर्योधन आदि षड्यंत्रकारी थे। वे आम आदमी के बीच आंतक फैला रहे थे। भारतीय उपमहाद्वीप में जीवन दयनीय हो गया था। अतः भगवान् कृष्ण ने आगे बढ़कर दुर्जनों के गठबंधन को तोड़ा।

# 13

# बेहतर परिणाम या जल्द परिणाम

**सुखदु:खे समे कृत्वा लाभालाभौ जयाजयौ।**
**ततो युद्धय युज्यस्व नैवं पापमवाप्स्यसि।।**

**– गीता**

***विजय या पराजय तथा हानि या प्राप्ति पर लोभजनक विचार किए बिना एक स्वाभाविक युद्ध लड़ो। लक्ष्य को निर्धारित कर सही माध्यम से की जाने वाली कार्यवाही से तुम्हें कोई अपराधबोध नहीं होगा।***

महान आत्मा जब किसी कार्य को संपादित करती है तो उससे किसी निजी लाभ की उम्मीद नहीं रखती है। महान आत्मा अपने सारे कौशल और संसाधनों का उपयोग समाज की बेहतरी के लिए करती है। उसका जीवन दूसरों के लिए होता है। निजी संदर्भ में उसका काम स्वार्थ रहित होता है, लेकिन उनके कार्यों से समाज को अच्छे फल अवश्य प्राप्त होते हैं।

'बेहतर परिणाम या जल्द परिणाम' विषय पर काफी बहस हो चुकी है। जल्द परिणाम प्राप्त करना बुरा नहीं है बशर्ते यह आपके दीर्घकालिक अस्तित्व पर कोई बुरा प्रभाव न डाल रहा हो, लेकिन अगर जल्दी प्राप्त होने वाला कोई भी परिणाम अनैतिकता से संबद्ध है तो उसे रोका जाना चाहिए। नैतिक-अनैतिक की गहराई में जाने से पहले यह बताना आवश्यक है कि कुछ निवेशों की प्रकृति शीघ्र वापसी की होती है, जबकि कुछ दूसरे बेहतर परिणाम वाले होते हैं। यह व्यवसाय या उत्पाद की प्रकृति पर निर्भर करता है।

भगवान् कृष्ण के कृत्यों की जब चर्चा होती है तो कर्म-फल या परिणाम का एक अलग ही पहलू देखने को मिलता है। उनके कार्यों से पीड़ित

मानव-समुदाय को तुरंत राहत मिली थी। उनका जीवन और संदेश हर काल के लिए प्रासंगिक है। हर जाति और संप्रदाय के लिए गीता एक प्रेरणादायी पुस्तक है। उन्होंने महाभारत के युद्ध में एक सारथी की तरह हिस्सा लिया, लेकिन पांडवों की विजय में उनकी महत्त्वपूर्ण भूमिका रही।

कृष्ण ने समाज में सच्चाई और मूल्यों को पुनः स्थापित किया। कृष्ण के कार्यों में गहरा संदेश छिपा था। भगवान् अपने भक्तों के मार्गदर्शक होते हैं। उन्होंने गीता के श्लोकों में भी इसकी घोषणा की है – "मैं उन सबका ख्याल रखता हूं जो अनन्य भाव से मेरी भक्ति करते हैं।" कृष्ण ने पांडवों का पूरा ध्यान रखा। उन्होंने संपूर्ण भारतीय महाद्वीप में धर्म का राज स्थापित किया।

मानव-जाति के इतिहास में भगवान् कृष्ण का स्थान अद्वितीय है। हालांकि उन्होंने मानव-सभ्यता के लिए छोटी अवधि या लंबी अवधि के लाभ के संबंध में हो सकता है नहीं सोचा हो, लेकिन हिंदू धर्म-ग्रंथों में कहा गया है कि दुर्जनों का नाश कर निर्दोषों को राहत देने के लिए भगवान् कृष्ण का जन्म हुआ। सच्चाई यही है कि भगवान् कृष्ण ने जीवन पर्यन्त यही किया भी। जैसा कि मैंने पहले कहा है कि भगवान् कृष्ण अगर चाहते तो कंस को शुरुआत में ही मारकर अपने माता-पिता को मुक्त करा सकते थे, लेकिन उन्होंने ऐसा नहीं किया। उन्हें अपने माता-पिता की पीड़ा का अहसास था। अगर शुरुआत में ही कंस को मार दिया जाता तो इससे समस्या का समाधान नहीं निकल पाता। दूसरे इलाकों में अन्य दानवों का वर्चस्व था। वे वहां समस्या पैदा कर सकते थे। इसलिए कृष्ण ने कंस को मारने के पहले उसके सभी सहयोगियों को मार डाला और समस्या को जड़ से खत्म कर वे अपने माता-पिता से मिले।

एक महान व्यक्ति जब अपनी प्राथमिकता तय करता है तो उसकी निजी जरूरतें बैक सीट पर होती हैं और सामाजिक जरूरतें या सामुदायिक हिताहित फ्रंट सीट पर होता है।

एक प्रबंधक छोटी अवधि के फायदे को दिमाग में रखता है, लेकिन संगठन के लिए लंबी अवधि के लाभ पर वह अपना ध्यान केन्द्रित करता है। वह बेमतलब की चीजों पर अपनी ऊर्जा नहीं खर्च करता है।

कई बार ऐसा हुआ जब कृष्ण महत्त्वपूर्ण (सामाजिक हित के संदर्भ में) कारणों से समझौता करने के लिए तैयार थे। उन्हें भीम और द्रौपदी की प्रतिज्ञा की जानकारी थी, लेकिन व्यक्तिगत पसंद-नापसंद को उन्होंने विश्व-शांति के रास्ते में नहीं आने दिया। जुए जैसे बुरे खेल में जब दुर्योधन ने दुशासन को

आज्ञा दी कि वह द्रौपदी को जबरदस्ती दरबार में लाए और नग्न अवस्था में उसकी जांघों पर बैठा दे तो कृष्ण ने द्रौपदी की रक्षा की। इससे आहत भीम ने प्रतिज्ञा की कि वह दुर्योधन की जंघा को तोड़ेगा और दुशासन का हृदय चीरकर उसका खून पिएगा। द्रौपदी ने दुशासन के खून से अपने बालों को ध ोकर चोटी करने की प्रतिज्ञा की। अगर पांडवों और कौरवों के बीच शांति समझौता हो गया होता तो उनकी प्रतिज्ञाएं पूरी नहीं हो पातीं। कृष्ण को भी इसकी जानकारी थी, फिर भी उन्होंने कौरवों के साथ शांति संवाद से शुरुआत की। विश्व शांति से ज्यादा जरूरी कुछ भी नहीं है। इसलिए वे भीम और द्रौपदी की प्रतिज्ञा को अनदेखी कर, शांति पथ पर अग्रसर हो गए। जब कौरवों ने शांति–प्रक्रिया को इंकार कर दिया तो महाभारत का युद्ध हुआ। कृष्ण ने शीघ्र प्राप्त होने वाले फायदे को मानवता के लिए होने वाले दीर्घकालिक फायदे के आगे नजरअंदाज किया।

एक महान नेता की नजर देश/संगठन के मुख्य लक्ष्य पर होती है। अगर छोटी अवधि के फायदे से संगठन का भविष्य खतरे में पड़ता है तो वह जल्द प्राप्त होने वाले का त्याग करता है, लेकिन अगर जल्द प्राप्त होने वाला फायदा बेहतर परिणाम के साथ सामने आता है तो उसका स्वागत किया जाना चाहिए। कभी–कभी शीघ्र प्राप्त होने वाला परिणाम आवश्यक होता है, इसलिए बेहतर परिणाम की अपेक्षा बिना सोचे–समझे शीघ्र प्राप्त होने वाले परिणाम की अनदेखी नहीं करनी चाहिए। कृष्ण ने दूसरे राक्षसों को स्वतंत्रतापूर्वक घूमते हुए छोड़कर अचानक कंस को नहीं मारा। वे अपने मुख्य लक्ष्य को प्राप्त करने के लिए छोटे–छोटे टारगेट को नजरंदाज नहीं कर रहे थे।

अधिकांशतः शीघ्र मिलने वाले परिणाम संगठन को बेहतर परिणाम के लिए तैयार करते हैं। इसलिए शीघ्र प्राप्त होने वाले परिणाम हमेशा बेहतर परिणाम के खिलाफ नहीं होते हैं, ज्यादातर ये परस्पर पूरक होते हैं।

# 14

# संसाधनों का संरक्षण और उनका इस्तेमाल

*इहैकस्थं जगत्कृस्नं पश्याद्य सचराचरम्।*
*मम देहे गुडाकेश यच्चान्यद्द्रष्टुमिच्छसि॥*

*– गीता*

***हे अर्जुन! तुम मेरे ब्रह्म रूप में समस्त सजीव और निर्जीव चीजों का अवलोकन कर सकते हो। इनके अलावा तुम उन अन्य चीजों को भी देख सकते हो, जिनकी कामना करते हो।***

भगवान् कृष्ण का संपूर्ण जीवन संसाधनों के संरक्षण और उनके इस्तेमाल के बीच के संतुलन का जगमगाता उदाहरण है। उन्होंने जल और दूसरे संसाध नों को स्वच्छ बनाने का प्रयत्न किया। वे अपने समय में मुख्य शहरों को स्थापित करने वाले पुरोधाओं में शामिल थे, लेकिन उन्होंने हमेशा मानव-समाज के सर्वोच्च देखा।

दोनों के बीच संतुलन आवश्यक है। हमें वृक्षारोपण करने की जरूरत है, साथ ही इमारतों के निर्माण के लिए लकड़ियों की भी जरूरत है। दरअसल, पिछले दो-तीन दशकों में हमने अपने संसाधनों का इस्तेमाल तो खूब किया, लेकिन उसके संरक्षण के लिए हमने कोई उपाय नहीं किया। संसाधनों का संरक्षण किये बिना लगातार इस्तेमाल विध्वंसकारी है। हालांकि, आधुनिक समय में संरक्षण के प्रति जागरुकता आयी है, यह अपेक्षाकृत नयी घटना है। भारतीय चिंतन में संरक्षण सदैव शामिल रहा है। यह हमारी जीवन-शैली का अभिन्न अंग है। भगवती मां की पूजा की सबसे प्रमुख पुस्तक दुर्गा सप्तशती के कवच में कहा गया है "जब

तक धरती पर जंगल, पहाड़ और बगीचे मौजूद हैं, मानव-समुदाय की पीढ़ियां सुरक्षित हैं और धरती की प्रजनन क्षमता भी अक्षुण्ण है।" हमारे पूर्वज इस दिशा में आगे बढ़ रहे थे। यहां तक कि भारत पर जब अरब आक्रमणकारियों ने हमला किया तब संसाधनों के संरक्षण पर समुचित ध्यान देने का प्रचलन था। जब यहां ब्रिटिश - राज कायम हुआ तो संसाधनों के सरंक्षण को कोई महत्त्व नहीं दिया गया। उन्होंने भारतीय संसाधनों का जमकर इस्तेमाल किया। इससे हमें जो सार्वकालिक नुकसान हुआ, उसके बदले में उन्होंने हमें कुछ आधुनिक संस्थाएं दीं। ब्रिटिशों ने यह जन-कल्याण के ख्याल से नहीं बल्कि अपने प्रशासन को चलाने के उद्देश्य से किया। कृष्ण ने संसाधनों के संरक्षण का भरसक प्रयास किया और इस संबंध में संपूर्ण मानव-जाति के कल्याण के लिए संदेश भी दिया।

भगवान् कृष्ण के बचपन के दिनों में मथुरावासी सैकड़ों समस्याओं से घिरे थे। यमुना में विषैले सांपों का डेरा था। उन सब में सबसे ज्यादा परेशान करने वाला कालिया था। यमुना का संपूर्ण जल दूषित हो गया था। कई जानवर इसका पानी पीकर मर चुके थे। यहां तक कि इसका पानी पीने से कई आदमी और औरत भी अपनी जान गंवा चुके थे। इस इलाके में इन सांपों का आतंक फैल गया था। नदी के किनारे बसे लोगों के लिए नदी और पेड़-पौधे जीवन-रेखा की तरह होते हैं। लोगों की पीड़ा की खबर कृष्ण तक पहुंची। वे अपने कुछ दोस्तों के साथ यमुना नदी के किनारे पहुंचे। लड़कों ने गेंद खेलना शुरू किया, खेल के दौरान कृष्ण ने गेंद को नदी में ठीक उस जगह फेंका, जहां कालिया सांप अपने परिवार के साथ रहता था। विपक्षी दल के लड़कों ने गेंद वापस करने के लिए जिद्द की। कृष्ण के पास गेंद वापस करने के अलावा कोई विकल्प नहीं था। अत: वे नदी में कूद गए और कालिया से युद्ध करने लगे। उन सबने कृष्ण की शक्ति को स्वीकार किया। कालिया और दूसरे सांपों ने उस जगह को छोड़ने का निर्णय लिया। वे नदी के रास्ते से होकर महासागर में भाग गए। भारत की यह नदी गंगा से जुड़ी है। गंगा नदी बंगाल की खाड़ी में गिरती है जो महासागर से जुड़ी हुई है। इस घटना के बाद से यमुना नदी का जल स्वच्छ हो गया। आजकल यमुना भारत की सर्वाधिक प्रदूषित नदियों में से एक है। औद्योगिक प्रदूषक इसमें फेंके जाते हैं। इसमें कितने ही प्रकार के अवशेष और बेकार सामग्रियों को बहाया जाता है। इसका पानी विषैला हो चुका है। हमें कृष्ण के जीवन से अपनी नदियों को स्वच्छ रखने की प्रेरणा लेनी चाहिए। हमें पर्यावरण अनुकूल अर्थव्यवस्था की जरूरत है।

वर्षा और प्रकृति से दूसरे फायदों को प्राप्त करने के लिए लोग स्वर्ग में रहने वाले इन्द्र की पूजा किया करते थे। कृष्ण ने यादव भाइयों को गोवर्धन की पूजा की ओर उन्मुख किया। गोवर्धन उस इलाके के समीप की पहाड़ियों की शृंखला का नाम था। वहां रहने वाले समुदाय के लिए गोवर्धन का संरक्षण बेहद जरूरी था। उनकी अर्थ-व्यवस्था वहां के जंगलों, आसपास के हरे-भरे पेड़-पौधों और पहाड़ियों पर निर्भर करती थी। वर्षा भी संतुलित पारिस्थिति की पर निर्भर करती है। उन्होंने इस इलाके के लोगों को महान संदेश दिया। लोगों ने कृष्ण का सुझाव माना, लेकिन इसके लिए उन्हें इन्द्र का कोप भाजन बनना पड़ा। कृष्ण ने उन्हें अकाल से बचाया। इससे आने वाली पीढ़ियों को भी संदेश मिला। कृष्ण के सभी काम प्रकृति और वन-जीवन संरक्षण से संबंधित थे। वे गायों के बहुत बड़े संरक्षक थे। गाय कृषि और गैर-कृषि दोनों ही समुदायों के लिए काफी महत्त्वपूर्ण है। उन्हें मयूरों से काफी प्यार था।

संरक्षण बड़ी चीज है, लेकिन इस संबंध में किसी भी प्रकार की कट्टर पंथी प्रवृत्ति या बिना वजह का शोर-शराबा, फलदायी नहीं होता है। संरक्षण से विकास की गति मे किसी प्रकार की रुकावट नहीं आनी चाहिए। मानव जाति के अस्तित्व के लिए संरक्षण आवश्यक है। इसी प्रकार विकास के बिना भी जिन्दा रहना मनुष्य-जाति के लिए मुश्किल है। पांडवों को जब खाण्डवप्रस्थ (आधुनिक दिल्ली का इलाका) दिया गया तो वह बंजर जमीन थी, लेकिन उनके पास उसे राजधानी बनाने के अलावा कोई विकल्प था ही नहीं। जब विकास के लिए कोई बंजर जमीन किसी को दी जाती है तो उस पर आपत्ति तब तक नहीं उठनी चाहिए जब तक कि वह आसपास के इलाके वालों के लिए किसी तरह की समस्या न खड़ी कर दे। पांडवों ने खाण्डवप्रस्थ में एक सुंदर राजधानी का निर्माण किया। इसे इन्द्रप्रस्थ नाम दिया गया। जब तक इन्द्रप्रस्थ तैयार नहीं हुआ था, यह इलाका रहने के लायक नहीं था और कंटीली झाड़ियों से भरा पड़ा था। कुछ आपराधिक प्रवृत्ति वाले आदिवासी उस इलाके में रहते थे। वे यात्रियों और भ्रमणकारियों को धमकाते रहते थे। उन्हें सुधारना आवश्यक था। उन्होंने उत्तर से दक्षिण और दक्षिण से उत्तर की ओर जाने वाली सभी सप्लाई लाइनों को काट दिया था। दोनों तरफ के लोगों को अलग-अलग रास्ते से होकर गुजरना पड़ता था। पांडवों ने कृष्ण की मदद से यहां कई प्रकार के बदलाव किए। उन्होंने झाड़ियों को जला दिया, साथ ही आदिवासियों की परंपरा, संस्कृति और जीवन-शैली पर किसी भी तरह का

आघात किये बिना उन्हें सुधारकर विकास कार्यों में लगाया। बंजर जमीन को साफ करने के बाद उन्होंने वहां बगीचे, छायादार वृक्ष इत्यादि लगवाए। इंद्रप्रस्थ एक स्वच्छ और पर्यावरण अनुकूल शहर बन गया। संरक्षण, मानव-समाज के लिए अच्छा है लेकिन, कभी-कभी विकास कार्यों के लिए संसाधनों का न्यायोचित उपयोग भी आवश्यक हो जाता है। हमें संसाधनों का उपयोग सोच-समझकर करना चाहिए और उतनी ही ऊर्जा से नये संसाधनों का निर्माण भी करना चाहिए। जब तक संसाधनों का समुचित इस्तेमाल नहीं होगा तब तक विकास को गति नहीं मिलेगी, लेकिन संसाधनों का जरूरत से ज्यादा दोहन विध्वंसकारी होता है।

भगवान् कृष्ण ने इंद्र की पूजा का विरोध किया। इसकी जगह उन्होंने गोवर्धन पूजा का सुझाव दिया। उन्होंने पांडवों को खाण्डवप्रस्थ की झाड़ियों को जलाने की प्रेरणा दी, लेकिन उसकी जगह वहां राजधानी बनाने का भी निर्देश दिया। संसाधनों का संरक्षण करने की जरूरत है क्योंकि ये संपूर्ण मानव-समाज के लिए हैं। निजी जरूरतों को पूरा करना आवश्यक है, पर व्यक्तिगत लालच को बढ़ावा नहीं मिलना चाहिए। भगवान् कृष्ण ने कालिया के लालच को नियंत्रित किया और आसपास के लोगों के जान-माल की रक्षा की।

अतः भगवान् कृष्ण का जीवन संसाधनों के संरक्षण और दोहन के बीच के संतुलन का जीता-जागता उदाहरण है।

# भाग 3
# भगवान कृष्ण और व्यक्तिगत स्तर पर प्रबंधन

# 15

# प्रेम व रासलीला

**आत्मा तु राधिका तस्य तयैव रमणादसौ।**
**आत्माराम तया प्राज्ञैः प्रोच्यते गूढवेदिभिः॥**

**– स्कन्दपुराण**

***भगवान कृष्ण ईश्वर हैं। राधा उनकी आत्मा है। भगवान कृष्ण राधा का सान्निध्य पाकर आनन्दित होते हैं। अतएव, जो इस तथ्य को समझते हैं, वे उन्हें 'आत्माराम' (शाश्वत् भगवान आत्मा) पुकारते हैं।***

'रोमांटिसिज्म' अंग्रेजी कविता का एक आंदोलन था। यह विलियम वर्ड्सवर्थ और एस.टी. कोलरिज के द्वारा शुरू किया गया था। उन्होंने संयुक्त रूप से 'लिरिकल बैलेड्स' का परिचय लिखा। यह परिचय 'मेनिफेस्टो ऑफ रोमांटिसिज्म' के नाम से जाना जाता है। इस अध्याय में हमें रोमांटिसिज्म की झलक मिलती है।

जब एक आम आदमी रोमांटिसिज्म की बात करता है तो उसे ऐसे किसी साहित्यिक आंदोलन की जानकारी नहीं होती है। आम आदमी के लिए रोमांटिसिज्म का एक अलग ही अर्थ है। वे इससे ऐसी भावना को जोड़ते हैं, जिसके तहत एक व्यक्ति विपरीत सेक्स के प्रति प्यार में रुचि रखता है। उसके पास विपरीत सेक्स और प्रकृति को प्यार करने वाला दिल होता है। वे अपना खाली समय किसी गंभीर काम को करने में नहीं खर्च करते हैं। कुछ लोग ऐसे होते हैं जो 'रोमांस' का सही अर्थ समझने में सक्षम नहीं होते हैं, लेकिन उनके पास भी इस शब्द के बारे में विचार और ख्याल होते हैं।

लेकिन प्रेम को परिभाषित नहीं किया जा सकता है। भक्ति की अवधारणा पर लिखी गयी प्रसिद्ध पुस्तक 'नारद भक्ति सूत्र' में कहा गया है – ''प्रेम का

वर्णन नहीं किया जा सकता है। इसे शब्दों के द्वारा व्यक्त नहीं किया जा सकता है।'' इसमें कहा गया है - ''अनिर्वचनीय प्रेम स्वरूपम्'' यहां हम ईश्वर के प्रति प्रेम की बातें करते हैं। हम यहां साधारण प्रेम की बात नहीं कर रहे हैं। खासकर भक्ति सूत्र में वर्णित प्रेम साधारण नहीं है। भगवान् कृष्ण का प्रेम पवित्र था, यह शारीरिक नहीं था। शारीरिक प्रेम सीमाओं में बंधा होता है। कृष्ण लाखों लोगों के प्रेम में डूबे थे। बचपन के दिनों में वे ब्रज में थे तो उन्होंने वहां के कण-कण से प्यार किया। गोपियां , मवेशियों, बांसुरी, संगीत, मधुवन (बगीचा जहां राधा, कृष्ण मिला करते थे) की बात ही क्या, जब वे वहां के कण-कण के प्रति गहरा प्रेम-भाव रखते थे। संपूर्ण परिवेश के प्रति इतने गहरे प्रेम में कोई शारीरिक आवेग नहीं हो सकता है। यह हृदय से संबंधित है, यह भौतिक तृष्णा से संचालित नहीं हो सकता है।

रोमांस सतही होता है। इसमें भावनात्मक और शारीरिक दोनों ही प्यार शामिल होते हैं, लेकिन प्रेम का कोई कारण नहीं होता है। जहां कारण है वहां प्रेम नहीं पनप सकता है, लेकिन कार्य और कारण दिमाग में पैदा होते हैं। दिल उन्हें कभी स्वीकार नहीं करता है। अगर शारीरिक आकर्षण या सेक्स इच्छाओं की पूर्ति के लिए कोई प्यार करता है तो इसे उस व्यक्ति के प्रति प्रेम नहीं कहा जा सकता है, ज्यादा-से-ज्यादा इसे विशेष कारण से हुआ प्रेम कह सकते हैं। समय के साथ शारीरिक सुंदरता घटती जाती है। शारीरिक सुंदरता प्रेम का एक माध्यम हो सकती है, लेकिन अंत नहीं हो सकती। एक-दूसरे के हृदय को समझना या महसूस करना ही प्रेम है। जब 'मैं' प्रेमी के अंदर विलय हो जाता है तो यह 'प्रेम' है।

अगर हम वृहत्तर आयाम में देखें तो भगवान् कृष्ण को व्यक्ति की तरह नहीं माना जा सकता है। उनका व्यक्तित्व इतना विशाल और इतना गहरा था कि वे सर्वोच्च आत्मा के प्रतिनिधि बन गए।

हम अक्सर राधा और ब्रज की दूसरी लड़कियों के प्रति कृष्ण के प्रेम की चर्चा करते हैं, लेकिन उस समय हम एक महत्त्वपूर्ण बात भूल जाते हैं। कृष्ण से संबंधित जितने भी साहित्य उपलब्ध हैं - उनमें स्पष्ट कहा गया है कि कृष्ण ने ग्यारह साल की उम्र में ही ब्रज को हमेशा के लिए छोड़ दिया था। राधा या दूसरी गोपियों के लिए कृष्ण का प्रेम अवश्य ही इससे पहले पनपा होगा। साधारण परिस्थितियों में, एक आठ या दस साल के लड़के को विपरीत सेक्स के प्रति शारीरिक झुकाव का मतलब नहीं पता होता है। पहली बार चार या पांच साल की उम्र में कृष्ण राधा से मिले थे और पहली नजर में ही उनमें प्यार हो गया। उस उम्र में रोमांस या शारीरिक प्रेम के बारे में हम सोच भी नहीं सकते

हैं।

बारह वर्ष की उम्र में कृष्ण ब्रज छोड़कर मथुरा में जा बसे। उन्हें महसूस हुआ कि गोपियां उनके विरह से पीड़ित हैं। उन्होंने अपने मित्र उद्धव को गोपियों को समझाने के लिए भेजा। उन्होंने गोपियों को सामान्य जीवन जीने की सलाह देते हुए कृष्ण को भूल जाने के लिए कहा। उन्होंने गोपियों से कहा, ''जीवन छोटा है। समय पंख लगाकर उड़ रहा है। कृष्ण के विरह में जलते रहने का कोई फायदा नहीं है। एक दिन शरीर नष्ट हो जाएगा।'' उन्होंने गोपियों से निराकार ईश्वर पर ध्यान केन्द्रित करने के लिए कहा। उद्धव की नादानी पर गोपियों ने मुस्कुरा दिया। उन्होंने पलटकर जवाब दिया – ''हमारे पास एक से ज्यादा हृदय नहीं हैं। एक ही हृदय है जो कृष्ण के साथ चला गया। यहां दूसरों के लिए कोई जगह नहीं है।'' इसे प्रेम कहते हैं।

कृष्ण के जीवन का एक एपिसोड, अत्यंत महत्त्वपूर्ण है। यह तर्क-वितर्क के लिए खुला है। यह नदी में गोपियों के स्नान करते हुए उनके वस्त्र चुराने पर आधारित है। प्राचीन काल में भारतीय समाज ज्यादा खुला और आजाद था। स्त्रियां सिर पर पल्लू नहीं रखती थीं, लेकिन इस्लामी घुसपैठ के बाद यह प्रथा चल पड़ी। आक्रमणकारियों ने सुंदर स्त्रियों की इज्जत से खिलवाड़ करना शुरू कर दिया। अपनी रक्षा करने के लिए हिन्दू स्त्रियों ने मुस्लिम महिलाओं द्वारा पहने जाने वाले बुरके की तर्ज पर घूंघट करना शुरू कर दिया। प्राचीन भारत में स्त्रियां नहाते वक्त पूरी तरह से नग्न होती थीं, लेकिन उनके नहाने की जगह जन-जीवन से काफी दूर किसी शांत जगह पर होती थी। उस समय, आज की तरह आधुनिक स्नानागार नहीं होते थे। समाज के पुरुष वर्ग स्त्रियों की निजता का सम्मान करते थे। स्त्रियों के द्वारा इस प्रकार स्नान करने का एक कारण और भी हो सकता है। उस समय सूतों की कताई एक बड़ा व्यवसाय नहीं था। किसी तरह की टेक्सटाइल मिल नहीं थी। महिलाएं एक ही वस्त्र दो या तीन दिन तक पहनती होंगी। अपने वस्त्रों को वे प्रतिदिन नहीं धोती होंगी व नदी के किनारे वस्त्र रखकर तैरने या नहाने जाती होंगी।

लेकिन कृष्ण के काल में समाज संक्रमण के दौर से गुजर रहा था। दुर्जन-दैत्य शहरों, गांवों और सुनसान जगहों पर स्वतंत्र होकर घूमा करते थे। इसलिए महिलाओं को इस प्रकार के अभ्यास से रोकना जरूरी हो गया था। एक दिन कुछ गोपियां, यमुना के निर्जन इलाके में स्नान कर रही थीं। नदी के उस किनारे कई छायादार वृक्ष थे। वहां अच्छी हवा बहती थी, अतः थकी-हारी महिलाओं को सुखद आराम मिलता था। वे बहुत साधारण और भोली-भाली दिखने वाली लड़कियां थीं। उनकी उम्र, कृष्ण की उम्र के बराबर ही रही

होगी। जब वे तैर रही थीं या जल-क्रीड़ा में पूरी तरह से मग्न थीं, तो कृष्ण चुपके से आकर उनके वस्त्र चुरा ले गये। कुछ समय बाद जब उन्होंने अपने कपड़ों की ओर देखा तो वे वहां से नदारद थे। संकट के समय वे कृष्ण को याद करती थीं। इस बार भी उन्होंने ऐसा ही किया, कृष्ण वहां प्रकट हो गए। उन्होंने (गोपियों ने) अपना शरीर जल के अंदर कंधे तक ढक लिया और कृष्ण से वस्त्र वापस देने का अनुरोध किया, काफी अनुरोध करने के बाद कृष्ण ने उनके वस्त्र तो वापस कर दिए, लेकिन यह वादा भी लिया कि वे आगे से इस तरह नग्न होकर स्नान न करेंगी। गोपियों ने कृष्ण को आश्वस्त कर दिया। गोपियां और कृष्ण हम उम्र थे। एक लड़का नटखट हो सकता था। यहां रोमांस का तत्त्व मौजूद हो सकता है। आध्यात्मिक गुरु इस संबंध में कुछ ऐसे विचार व्यक्त करते हैं- "भगवान् कृष्ण परमात्मा थे। वे अपने भक्तों की हर झिझक को हटाना चाहते थे। ईश्वर की आंखों में पुरुष और स्त्री में कोई भेद नहीं है। स्वर्गिक संसार लिंग-भेद से ऊपर उठा हुआ है।"

कृष्ण शाश्वत प्रेम का जीता-जागता उदाहरण थे। उन्होंने प्रेम को आगे बढ़ाया। उन्होंने उन लड़कियों से ब्याह रचाया जो उनके गहरे प्रेम में डूबी थीं। उचित उम्र प्राप्त होने के बाद उन्होंने आठ लड़कियों से शादी की। उस वक्त बहु विवाह प्रथा प्रचलित थी, यह अपराध नहीं था। कृष्ण ने अलग-अलग परिस्थितियों में अलग-अलग लड़कियों से ब्याह रचाया, लेकिन पूर्व विवाहित रानियों से मशविरा लेना वे नहीं भूले। उन्होंने सोलह हजार स्त्रियों को बंदीगृह से मुक्त कराकर आश्रय दिया। उनके आश्रय में सभी ने इज्जत की जिंदगी गुजारी। इनमें से किसी से उनके शारीरिक संबंध नहीं थे।

प्रेम को समर्पण की जरूरत होती है। यह हृदय की पवित्रता की मांग करता है। एक नैतिक व्यक्ति प्रेम करता है, लेकिन रोमांस और सतही प्रवृत्तियों को बढ़ावा नहीं देता है। अगर रोमांटिसिज्म सुंदर चीजों और प्रकृति प्रेम तक सीमित है तो रोमांटिक होने में कोई बुराई नहीं है, लेकिन अगर रोमांटिक प्रवृत्ति, भौतिक या शारीरिक भूख है तो उसे बढ़ावा नहीं देना चाहिए। कृष्ण ने एक स्त्री (द्रौपदी) की इज्जत लूटने की कोशिश करने वाले दुर्योधन के प्रयास को नाकामयाब कर दिया।

अतः कृष्ण पवित्र प्रेम के प्रतीक थे। उनका प्यार पलूटोनिक और सेक्स की सीमाओं से परे था। उनका प्रेम शाश्वत था और उसमें अस्तित्व के प्रति विश्वास और आदर था।

# 16

## मौका बार-बार नहीं मिलता

**सर्व गुह्यतमं भूयः शृणु मे परमं वचः।**
**इष्टोऽसि मे दृढमिति ततो वक्ष्यामि ते हितम्।।**

**-गीता**

***तुम मुझे अतिप्रिय हो, इसलिए मैं तुमसे अपने परम और पावन ज्ञान कहता हूं। अपने कल्याण के लिए मेरे कथनों को सुनो।***

'मौका बार-बार नहीं मिलने वाला है।' यह ऐसा प्रेरक कथन है जिससे व्यक्ति को लक्ष्य प्राप्त करने के लिए कठिन मेहनत करने की प्रेरणा मिलती है। दरअसल, मानव जीवन बहुत छोटा होता है, लेकिन हमें ऐसे बहुत उदाहरण देखने को मिलते हैं जिनमें महान व्यक्तियों ने इस छोटी-सी जिन्दगी में ही असाधारण कामयाबी हासिल की है। यह जिन्दगी के संबंध में आपके नजरिए पर निर्भर करता है साथ ही, आप किस तरह से अपने संसाधनों और समय का उपयोग करते हैं यह उस पर भी निर्भर करता है। आपके पास जो कुछ भी है उसका समुचित उपयोग करने के लिए उच्च स्तर की प्रबंधन क्षमता होनी चाहिए। अगर आप अपने संसाधनों और अपनी क्षमता का समुचित उपयोग करेंगे तो आप असंभव-सी लगने वाली चीजें भी प्राप्त कर सकते हैं। आपके पास जितनी चीजें हैं, उससे आप उन चीजों को भी प्राप्त कर सकते हैं, जो आपके पास नहीं हैं।

यीशु के पास देने की दृष्टि थी, उन्होंने रास्ता दिखाया और उस जगह पहुंचे जो भीड़ से दूर थी। गांधी के पास भारत को स्वतंत्र राष्ट्र बनाने की प्रतिबद्धता, अखंडता, अहिंसा और दृष्टि थी, फलतः भारत स्वतंत्र राष्ट्र बना और गांधी को भारत का राष्ट्रपिता कहा गया। बुद्ध एक छोटे से साम्राज्य के

साधारण राजकुमार थे, लेकिन अपनी कोशिशों के बल पर वे लाखों लोगों के मार्गदर्शक बने। सिद्धार्थ से लेकर बुद्ध बनने तक उनके अंदर अंतरात्मा की पुकार पर काम करने की ऊर्जा थी। वे समझ चुके थे – 'मनुष्य के जीवन में दुःख क्यों है?' जो कहते हैं – "मैं इसे कल करूंगा।", वे कभी लक्ष्य तक नहीं पहुंचते हैं। भाग्य उनका साथ नहीं देता है और जो कहते हैं – "मैं इसे करूंगा, और उसे करने से पहले आराम नहीं करते, वे सफलता का स्वाद चखते हैं।"

जीवन बहुत कीमती है। आपके पास केवल एक मौका है। यहां 'मौका' महज सफलता प्राप्त करने तक सीमित नहीं है। हमारे पास करने के लिए कई काम हैं। सुख और आराम को नजरंदाज नहीं किया जा सकता है। लंबे समय तक कायम रहने वाले आनंद के बिना जीवन का कोई मतलब नहीं है। इसलिए हमें कड़ी मेहनत कर सफलता प्राप्त करना चाहिए और अपनी जीवन-शैली ऐसी बनानी चाहिए कि हम स्वस्थ जीवन का आनंद उठा सकें।

अपने आपको और दूसरों को समझने के लिए हमारे अंदर संवेदना होनी चाहिए। आपको अपने साथ-साथ दूसरों के सुख-दुःख को भी समझना होगा। हमें सब के बीच सुख बांटने की और दुःख को खत्म करने की कोशिश करनी चाहिए। एक व्यक्ति का सामुदायिक जीवन होना अत्यंत आवश्यक है। यह न तो किसी शोध से साबित होता है और न ही किसी दार्शनिक कृति में उल्लिखित है, पर चरम सुख का आनंद उठाने के लिए यह आवश्यक है।

## एक साधारण मंत्र

सुखमय जीवन जीने के लिए
हमें ऊंचा उठना पड़ता है।
जब हम बांटते हैं, ऊंचे होते हैं।
जब हम सोचते हैं, ऊंचे होते हैं।
जब हम साहस करते हैं, ऊंचे होते हैं।
जब हम सचेत होते हैं तो
यह हर जगह होता है।

हमारे पास जो है उसका उपयोग करने की जागरुकता जब हमारे अंदर होती है तो हम आगे बढ़ते हैं, उन्नति करते हैं। यह जागरुकता व्यक्ति को जिम्मेदार बनाती है। मैं आपको गंभीर बनने के लिए उत्साहित नहीं करूंगा। गंभीरता व्यक्ति के विनोदी स्वभाव को नष्ट कर देती है। मैं गंभीरता की जगह समर्पण का इस्तेमाल करूंगा। मैं व्यर्थ के अभ्यास की जगह जिम्मेदारी युक्त

कोशिशों का सुझाव दूंगा। जिन्होंने अपने जीवन में इस परिकल्पना का उपयोग और कार्यान्वयन किया है, वे चरमोत्कर्ष पर पहुंचे हैं।

कृष्ण ने अपने सभी कार्यों का संपादन संपूर्ण समर्पण के साथ किया। उन्हें अपनी सारी जिम्मेदारियों का निर्वहन उसी जिंदगी में करना था। एक तरफ उनके पास समर्पित मित्रों की मंडली थी तो दूसरी ओर उनके खिलाफ दुर्जनों का गैंग था। अपनी जिंदगी में आप इनमें से किसी की अनदेखी नहीं कर सकते हैं। आप जीवन की कठोर सच्चाई और समस्याओं से पीछा नहीं छुड़ा सकते, लेकिन अगर संसार की सुंदरता की अनदेखी की जाय तो जीवन अर्थहीन है।

एक लड़का पैदा होता है। वह केवल तीन वर्ष तक जिन्दगी जीता है। यह आश्चर्यजनक लगता है, लेकिन जब आप अपनी आंखें जीवन-कर्म पर केंद्रित करेंगे तो आपको इस वाक्य का मतलब समझ में आएगा। तीन साल के बाद बच्चा स्कूल जाने लगता है। स्कूलों में आपको वह जिन्दगी नसीब नहीं होती है, जिसकी आपको जरूरत है या जिसके लिए आप बने हैं। वहां प्रतियोगिता का माहौल होता है। स्कूलों में हर संभव प्रयास किया जाता है जिससे विद्यार्थी महज एक प्रतियोगी संयंत्र बन जाता है। इसके बाद वह एक जिम्मेवार नागरिक बनता है। उसके ऊपर परिवार और करियर का बोझ होता है। इसके अलावा व्यक्ति अपनी वासनाओं और महत्त्वाकांक्षाओं का शिकार होता है। इस ताने-बाने में असली जिंदगी गुम हो जाती है।

इसलिए आपके पास केवल एक मौका है और इसी जिन्दगी में आपको सब कुछ प्रबंध करना है। प्रबंधन समाधान है और उन्नति भी है। किसी चीज की उपेक्षा प्रबंधन नहीं है। कृष्ण ने किसी समस्या से आंखें नहीं चुरायीं; उन्होंने किसी के प्रेम की उपेक्षा नहीं की; उन्होंने आंसुओं की अनदेखी नहीं की; उन्होंने दुर्जनों को स्वतंत्रतापूर्वक इधर-उधर घूमने की इज़ाजत कभी नहीं दी। इन सबके बीच, वे बांसुरी भी बजाया करते थे। वे ब्रज की गोपियों के साथ नृत्य करते थे। अक्सर, वे अपनी सुंदर रानियों के बालों में कंघी करते थे।

कंस ने जब कृष्ण को मथुरा आने का निमंत्रण दिया तो वे जानते थे कि उनके बीच युद्ध अवश्यंभावी है, लेकिन उन्होंने कुब्जा की अपेक्षा नहीं की। कुब्जा कंस के दरबार की एक दाई थी, महल में चंदन का लेप देना उसका काम था। उसका कूबड़ निकला हुआ था। अपनी शारीरिक विद्रूपता के कारण उसे किसी भी कोने से प्यार नहीं मिलता था। उसके मन में कृष्ण के लिए गहरा प्यार और आदर था। उसकी एकमात्र इच्छा थी कि वह भगवान् के ललाट पर चंदन का लेप लगाए, कृष्ण इच्छा को समझ गए। वे कुब्जा के पास गए। उन्होंने अत्यंत

कोमलता से उसके कूबड़ को स्पर्श किया। वह भगवान् के इस प्यार के स्पर्श से इतनी खुश हुई कि उसका कूबड़ कुछ ही क्षणों में उसके शरीर से गायब हो गया। वह एक सुंदर स्त्री बन गयी। कृष्ण ने उसके चंदन-लेप को स्वीकार किया। सच्ची सफलता वह है जो दूसरों के साथ प्राप्त की जाए। अगर हम सार्थक जीवन व्यतीत करने में दूसरों की मदद करते हैं, तो हमारा अपना जीवन भी सार्थक हो जाता है अगर हम अपनी किसी भी जिम्मेदारी की उपेक्षा करते हैं। तो हम जीवन में खुश नहीं रह सकते। हम अपने बच्चों, पति/पत्नी, माता-पिता, बड़े-बुजुर्ग, समुदाय राष्ट्र और संसार के प्रति जिम्मेदार हैं। जीवन की अखंडता इतनी अद्भुत है कि अगर भारत में गुलाब दल तोड़ा जाए तो सुदूर ध्रुवों की जमीन के टुकड़ों में हलचल हो जाती है। हालांकि इसकी गंभीरता या तीव्रता दृष्टिगत नहीं होती, लेकिन इसका प्रभाव होता ही है।

भगवान् कृष्ण एक प्यारे शिशु; एक समर्पित प्रेमी; एक आज्ञाकारी पुत्र; एक अनुशासित विद्यार्थी; एक शक्तिशाली योद्धा; एक महान गुरु; एक जिम्मेदार पति; एक विश्वासी मित्र; एक सच्चे सुधारक; एक निर्भीक क्रांतिकारी; एक सुदूर सुपरमैन; एक महान पिता और इन सबसे ऊपर वे परमात्मा थे। इनके प्यार में इतनी गहराई थी कि जब दशकों बाद वे कुरुक्षेत्र में राधा से मिलते हैं और राधा के साथ की दूसरी स्त्रियां राधा से सवाल करती हैं कि "क्या ये वही कृष्ण हैं या बदल गये हैं?" राधा ने छूटते ही जवाब दिया – "हालांकि इनका शरीर बढ़ गया है, लेकिन यह वही कृष्ण है। अब भी, यह मेरा कृष्ण है। .....राधा का कृष्ण।" संपूर्ण कुरुक्षेत्र 'राधा-कृष्ण' 'राधा-कृष्ण' .....की ध्वनि से गूंज उठा।

इतनी ही गंभीरता से उन्होंने दैत्यों से लड़ाई की। वे गुरु संदीपनी के आश्रम में गए और उतने ही समर्पण से वहां विद्यार्जन किया। इसी कौशल और अनुभव से उन्होंने महाभारत के युद्ध में अर्जुन और पांडवों का मार्गदर्शन किया। उनका समर्पण; उनकी प्रकृति; उनकी मेहनत ने उन्हें भारत के घर-घर में लिया जाने वाला नाम दिया।

समर्पण में जीवन सार्थक बनता है। अखंडता से यह प्रेरणादायी बनता है। धार्मिकता से यह स्वर्गिक हो जाता है। सयत्न प्रयास से यह सफल होता है। जागरुकता से यह उत्सव बनता है। यह सब तभी संभव है जब हमें यह विश्वास हो कि हमारे पास सिर्फ एक मौका है।

आओ हम जीवन को उत्सव की तरह मनाएं, जैसा हमारे ईश्वर कृष्ण ने किया, चूंकि उन्होंने किया इसलिए हम भी कर सकते हैं।

# 17

# आंतरिक और बाह्य दुनिया के बीच संतुलन

**अन्यायश्चिन्तयन्तो मां ये जनाः पर्युपासते ।**
**तेषां नित्यभियुक्तानां योगक्षेमं वहाम्यहम्॥**

**–गीता**

***जो मेरे दैवी रूप पर पूरी श्रद्धा से नित्यप्रति ध्यान लगाते हैं। अपनी समस्त सांसारिक व आध्यात्मिक आवश्यकताओं को पूर्ण होता पाते हैं।***

एक निराशावादी कहता है – ''जीवन में आनंद नहीं है। यह दुःख और कष्ट से भरा हुआ है, प्यार के नाम पर बनावटी नाटक होता है। जीवन में प्रेम है ही नहीं, यह कांटों से भरा हुआ है। जीवन में फूलों का दर्शन नहीं होता है। यहां भूख और बेमतलब की भागमभाग है। यह निरर्थक है।'' इस तरह की निराशावादिता और उदासी निराशावादी सोच का नतीजा है। जब कोई समुदाय लंबे समय तक दुःख तकलीफों को झेलता है तो इस तरह की विचारधारा पैदा होती है। लेखकों को पेट पालने के लिए लिखना पड़ता है। जीवन नैसर्गिक है, लेकिन सिर्फ उन लोगों के लिए जिन्हें यह अवसर हाथ लगा है और जिन्होंने इसे आरामदायक बनाने की पूरी कोशिश की है।

जीवन दिशाहीन नहीं होता है। हमें अपनी आंतरिक और बाहरी दुनिया का ख्याल रखना पड़ता है। हर क्षण, हमें अपनी बाहरी दुनिया से दो–चार होना पड़ता है। आखिरकार, हमारा अस्तित्व इसी दुनिया में तो है, लेकिन सच्चाई का दूसरा पहलू यह भी है कि अपनी आंतरिक दुनिया के बिना हमारा कोई अस्तित्व नहीं है। जो लगातार कहते हैं कि जीवन निरर्थक है, उनके लिए भी जीवन का मतलब है। एक निराशावादी व्यक्ति जीवन के अंधकार का अनुभव

करता है। जब तक कोई आंतरिक दुनिया नहीं होगी तब तक कोई अनुभूति भी नहीं होगी। चाहे कांटों का अहसास हो या बेमतलब के शोर-शराबे से विरक्ति या भूख से मरने वाले बच्चों के लिए पीड़ा का अनुभव, आंतरिक दुनिया के बिना इन्हें महसूस नहीं किया जा सकता है। ठीक इसी तरह ताज के सौंदर्य, किसी लड़की के मोहक रूप या प्रेमिका की सांसों को आंतरिक दुनिया के बिना नहीं अनुभव किया जा सकता है। प्रकृति का सौंदर्य चाहे वह हिमाच्छादित चोटी हो या समुद्रतट पर नृत्य करती तरंगें, इन सब को महसूस करने के लिए आंतरिक दुनिया की जरूरत होती है।

हम अपनी बाहरी दुनिया को देखते हैं, लेकिन हम महसूस अपनी आंतरिक दुनिया से ही करते हैं। हमारी आंतरिक दुनिया बाहरी दुनिया में झांकने का महज एक माध्यम नहीं है, यह हमारा अस्तित्व है। हमारी आंतरिक दुनिया ही हमें इंसान बनाती है। इसके बिना तो हम मांस और हड्डियों का ढांचा मात्र हो जाएंगे।

हम इनमें से किसी एक की भी अनदेखी नहीं कर सकते हैं। हमें दोनों का ख्याल रखना होगा। क्रूर राजाओं और दुर्जन दैत्यों से कृष्ण की लड़ाई बाहरी दुनिया की मांग थी, लेकिन अपने बचपन के मित्रों के साथ उनका खेल आंतरिक दुनिया की पुकार थी। माता यशोदा से लुका-छिपी उनके बचपन का नैसर्गिक कृत्य था। यह पवित्र सुख के लिए था।

हमें अपनी दैनिक जरूरतों को पूरा करना पड़ता है, लेकिन भौतिकवादी सुखों को हासिल करने के लिए परमानंद का परित्याग करना, जीवन को निरर्थक चीजों पर लुटाने के बराबर है। हमें बेमतलब की चीजों में नहीं खोना चाहिए।

कृष्ण ने अपनी आंतरिक और बाहरी दोनों दुनिया का ख्याल रखा। उन्होंने गुजरात के समुद्र-तट पर द्वारका को ढूंढा। उनके नेतृत्व में यह भारत का सबसे समृद्ध राजतंत्र बना, लेकिन अपनी राजकीय जिम्मेवारियों को निभाने के क्रम में वे बांसुरी बजाना नहीं भूले। यहां तक कि महाभारत के युद्ध के दौरान भी उनकी बांसुरी उनके साथ ही होती थी। ऐसा कहा जाता है कि उन्हें अपनी बांसुरी से इतना प्यार था कि वे राधा को भी इसे छूने की अनुमति नहीं देते थे, जबकि कृष्ण राधा के लिए ही बांसुरी-वादन करते थे।

अर्जुन एक महान योद्धा थे, लेकिन युद्ध से पहले कृष्ण ने उन्हें देवताओं का आशीर्वाद प्राप्त करने की प्रेरणा दी। पहले अर्जुन ने भगवान् शिव को प्रसन्न करने के लिए साधना की। शिव ने प्रसन्न होकर उन्हें दुश्मनों को मार गिराने वाला शक्तिशाली हथियार पशुपति अस्त्र दिया। युद्ध से पहले भगवान् कृष्ण ने अर्जुन को जम्मू क्षेत्र की त्रिकूट चोटी पर जाकर देवी माता वैष्णों देवी का आशीर्वाद प्राप्त करने की सलाह दी। अर्जुन ने उनकी सलाह मानकर तदानुसार काम किया।

सफलता के लिए हमें निजी प्रयत्नों, गुरु के मार्गदर्शन, बड़ों का प्यार और स्वर्गिक आशीर्वाद की जरूरत होती है। ऐसे उदाहरण भी देखने को मिलते हैं जिनमें ईश्वर में विश्वास नहीं करने वालों ने सफलता प्राप्त की हो, लेकिन उनके जीवन में विरोधाभास होता है। वे लगातार कर्म के प्रभाव में रहते हैं। वे बहुत सारी चीजों का आनंद नहीं उठा पाते हैं। दैवी आशीर्वाद का किसी के भी मस्तिष्क पर राहत देने वाला असर होता है। अगर हम आध्यात्मिक जीवन जीते हैं तो हमारे जीवन में सुख और शांति मौजूद होती है। यहां दैवी आशीर्वाद प्राप्त करने का यह मतलब कतई नहीं है कि आप बनावटी और तथाकथित गुरुओं के चक्कर में घूमते रहें, उनसे सावधान रहने की जरूरत है। कृष्ण की सलाह है कि अपने कर्त्तव्यों का निर्वहन् करते हुए हम नैसर्गिक आशीर्वाद प्राप्त करें। अपनी गीता के उपदेश में उन्होंने कर्म-योग की वकालत की। इसके साथ-साथ ही ज्ञान-योग और भक्ति-योग भी चलता है। ज्ञान-योग और भक्ति-योग हमारी आंतरिक दुनिया से संबंधित है। हमें अपने आंतरिक विचारों को कर्म में बदलना पड़ता है। यह कर्म-योग का मूल-मंत्र है।

हमारी आध्यात्मिक और भौतिक दुनिया में संतुलन होना चाहिए। ऐसा समाज जो अपनी भौतिक दुनिया की उपेक्षा करता है, वह हिसंक सभ्यता से नष्ट होता है। सभ्यता जिसमें अध्यात्म नहीं है, वह बेवजह का शोर-शराबा और मुश्किलों का भंवर-जाल बनकर रह जाता है। इसलिए जीवन में एक क्रम अवश्य होना चाहिए। अर्जुन को अपनी शक्ति में विश्वास था, उसे कृष्ण के आशीर्वाद में निष्ठा थी। जब उसे कृष्ण या उसके यादव योद्धाओं में से एक को चुनने का प्रस्ताव दिया गया तो उसने कृष्ण को चुना।

अध्यात्म से हमारे कर्मों में लय आती है। ऐसा कर्म संपूर्ण मानव-जाति के लिए फलदायी होता है। जब हम संसार की महान सभ्यताओं पर निगाह डालते हैं, तो पाते हैं कि उन सब ने अपनी दोनों दुनिया पर समुचित ध्यान दिया है। संतुलित जीवन में किसी भी एक ही चीज की सत्ता नहीं होती है।

एक संतुलित जीवन संगीतमय होता है। अपने बचपन के दिनों में कृष्ण अपनी गायों को चराने के लिए लाया करते थे। जब गायें चरने लगती थीं तो कृष्ण बांसुरी बजाने लगते थे। गायों को चराना वहां के सामुदायिक जीवन का अनिवार्य अंग था, लेकिन बांसुरी बजाना कृष्ण के लिए आनंद का विषय था।

यहां शरीर और मस्तिष्क में सामंजस्य है। अपने आखिरी वक्त में एक शिकारी का तीर उन्हें गलती से लग जाता है, लेकिन वे मुस्कुराते हैं और उसे क्षमा कर देते हैं। उनके जीवन में विभिन्न प्रकार की घटनाएं हुईं, लेकिन उनके होठों पर हमेशा मुस्कान कायम रहती थी। इसलिए उन्होंने एक संतुलित जीवन जीया – एक सुखमय जीवन। इस असाधारण जीवन को मेरा सहस्त्र प्रणाम!

# 18

# प्रभु का आशीर्वाद सदा आपके साथ

**कर्मण्येवाधिकारस्ते मा फलेषु कदाचन।**
**मा कर्मफलहेतुर्भूमा ते संगोऽस्त्वकर्मणि॥**

**-गीता**

***तुम्हें अपने कर्त्तव्यों को निर्वाह करने का अधिकार है, किंतु परिणाम तुम्हारे पूर्ण नियंत्रण में नहीं होते। अतः किसी परिणाम से स्वयं को दोष न दें और न ही उसके आसक्तिपूर्ण लगाव में उलझें।***

हमें अक्सर यह सुनने को मिलता है – ''मेरी किस्मत मेरा साथ नहीं देती है।'' इस कथन के कई प्रकार हैं, जैसे – आजकल मेरे ग्रह-नक्षत्र ठीक नहीं चल रहे हैं; मेरी बदकिस्मती मेरे ही पिछले कर्मों का नतीजा है; मैं जीवन के सबसे बुरे दौर से गुजर रहा हूं; मेरा अंजाम मेरी इच्छाओं के विरुद्ध है इत्यादि।

यह सारे कथन वर्तमान की घटनाओं पर आधारित होते हैं, लेकिन दैव-स्रोत महज वर्तमान तक सीमित नहीं रहते हैं। यहां भूत, वर्तमान और भविष्य तीनों का ही आकलन किया जाता है। हमारी वर्तमान परिस्थिति बहुत चीजों पर निर्भर करती है – हमारी सोच, हमारे कर्म, हमारा माहौल। इसमें कोई दो राय नहीं है कि पालन-पोषण और माहौल का व्यक्तित्व पर काफी असर पड़ता है, लेकिन इसके साथ और इसके बिना भी व्यक्ति जीवन में अच्छा करता है। यह व्यक्ति के दृढ़निश्चय और लक्ष्य तक पहुंचने के लिए की जाने वाली कोशिशों पर निर्भर करता है। ईश्वर एक दृढ़निश्चयी व्यक्ति पर अपनी कृपा बरसाने के लिए हमेशा तैयार रहते हैं।

कुछ लोगों को शुरू से ही खदानों और फैक्ट्रियों में काम करना पड़ता है। उन्हें अपने बचपन का आनंद उठाने का अवसर नहीं मिलता है, लेकिन इनमें से भी कुछ लोग अपना लक्ष्य हासिल कर सफल होते हैं। आर्थिक रूप से पिछड़े समुदाय के एक बच्चे को जीवन में एक मामूली चीज प्राप्त करने के लिए भी काफी संघर्ष करना पड़ता है। इसलिए व्यक्ति के जीवन में माहौल का वृहद् असर होता है, भाग्य का वृहत्तर असर होता है और स्वयं अपने जीवन की रूपरेखा तैयार करने में वृहतम असर होता है।

शीर्षक में दिया गया कथन भगवान् कृष्ण द्वारा दिये गये गीता संदेश पर आधारित है। उन्होंने कहा – ''कर्म पर ध्यान केन्द्रित करो। फल की चिन्ता मत करो।'' पहली नजर में यह कथन अलग और आश्चर्यजनक लगता है, लेकिन जब हम गहराई में इस पर विचार करते हैं तो हमें इसका महत्त्व पता चलता है। चाहे हम काम व्यक्तिगत स्तर पर करें या संगठन के स्तर पर, हम लक्ष्य निर्धारित कर उसके अनुसार काम करते हैं, काम की प्रेरणा प्राप्त करने के लिए लक्ष्य का निर्धारण आवश्यक है। अपेक्षा या प्रेरणा के बिना काम करना असंभव है, इसलिए लक्ष्य का निर्धारण जीवन की शुरुआत है। अगर हम जरूरत से ज्यादा उम्मीद बांध लें तो यह कर्त्तव्य/कर्म निर्वहन् से हमारा ध्यान दूसरी ओर खींच सकता है। यहां प्रबंधन क्षमता की जरूरत होती है। भगवान् कृष्ण ने संकेत दिया था कि हमें अपने अंदर ऐसी प्रबंधन क्षमता विकसित करनी चाहिए। कर्म पर ध्यान केन्द्रित करने का मतलब है कि हम काम करते हुए अपना संपूर्ण सामर्थ्य उसमें लगा दें। अगर कोई काम शत्–प्रतिशत समर्पण के साथ किया जाए तो फल अवश्य प्राप्त होता है। यहां ध्यान केन्द्रित करने का यह मतलब बिल्कुल नहीं है कि कार्य–संपादन में आप सशरीर शामिल हों, यह दिमागी खेल है। इस खेल में व्यक्ति को अपना दिमाग, शरीर और मन तीनों को एक साथ लगाना पड़ता है। बैल और गधे अपने शरीर से काम करते हैं। उनसे काम करवाने वाला कोई और होता है। घोड़ा काफी तेज दौड़ता है, लेकिन नियंत्रित घुड़सवार करता है। एक अच्छा प्रबंधक अपनी कुशाग्रता, अंतरात्मा की पुकार, दिल, दिमाग और आत्मा की आवाज पर काम करता है। इससे उसके कार्यों में एक लय देखने को मिलती है। जब हम अपनी संपूर्ण दक्षता का उपयोग कर तन–मन–धन लगाकर काम करते हैं, तो महान चीज प्राप्त कर सकते हैं। महाभारत के रणक्षेत्र में कृष्ण ने अपने मित्र और शिष्य अर्जुन को यह संदेश दिया। उन्होंने उसे अपने कर्म पर ध्यान केन्द्रित करने की सलाह दी।

जिन्होंने जीवन में अच्छा-खासा अनुभव हासिल कर लिया है, वही इस संदेश को समझ सकते हैं। जीवन में ऐसे कई तत्त्व होते हैं, जो हमें शंकाग्रस्त करते हैं। ऐसे तत्त्व हमारे कर्म को प्रभावित करते हैं। कर्म पर ध्यान केन्द्रित करने के लिए भगवान् कृष्ण ने अर्जुन को सुख-दुःख के द्वैत से ऊपर उठने की सलाह दी। क्या यह संभव है? सुख-दुःख के बिना जीवन क्या है? यह सच है कि जीवन में अगर सुख के अवसर मिलते हैं तो दुःख के क्षण भी आते हैं।

पीड़ा और आनंद, सुख और दुःख इत्यादि के द्वैत के बिना जीवन संभव नहीं है, लेकिन अगर आप इन भावनाओं से चिपके रहेंगे तो इससे आपका मानसिक संतुलन प्रभावित होगा। महाभारत के युद्ध के पहले अर्जुन भावुक हो गये। उन्होंने अपने सगे-संबंधियों को दोनों ओर से लड़ते देखा। उन्होंने निजी स्तर पर युद्ध को रोकना चाहा, लेकिन कृष्ण के लिए यह अच्छाई और बुराई के बीच की लड़ाई थी। धार्मिक सामाजिक व्यवस्था की स्थापना कृष्ण की मुख्य चिंता थी। अर्जुन ने जब उनसे अनुरोध किया कि वे अपना रथ दोनों सेनाओं के बीच खड़ा करें तो कृष्ण ने वैसा ही किया। उन्होंने अर्जुन की शंका दूर करते हुए यह स्पष्ट किया कि यह लड़ाई रचनात्मक और विध्वंसात्मक ताकतों के बीच की है। ऐसे युद्ध में हमें रचनात्मक पक्ष से लड़ना चाहिए।

पलायन किसी चीज का उत्तर नहीं है। आप जीवन से पलायन नहीं कर सकते हैं, निर्णायक लड़ाई में आपको हिस्सा लेना ही होगा। किसी मुश्किल परिस्थिति को टालने से जीवन आसान नहीं होता है। दूसरी ओर, यह जीवन को मुश्किल बना देता है। जीवन में हमें परिस्थिति के अनुसार निर्णय लेकर काम करना पड़ता है। अर्जुन अपने नजदीकी रिश्तेदारों की जान बचाने के लिए एक मुश्किल परिस्थिति को टाल रहे थे। हमें अपने दैनिक जीवन में भी यह देखने को मिलता है कि लोग अपने भ्रष्ट रिश्तेदारों को बचाने के लिए अपराध करते हैं। बॉलीवुड की फिल्मों में भी यह बार-बार दुहराया जाता है कि एक अपराधी पिता अपने भ्रष्ट बेटे को बचाने के लिए ओछी हरकतें करता रहता हैं। इस प्रक्रिया में कई निर्दोष लोग मारे जाते हैं, अंत में हीरो आता है और विलेन की बर्बरता से आम जनता को बचाता है, आखिरकार न्याय होता है। यूं तो यह रीयल लाइफ की कहानी नहीं है, लेकिन वास्तविक जिन्दगी में भी ऐसी घटनाएं देखने को मिलती हैं।

अगर जन-सामान्य किसी महत्त्वपूर्ण मुद्दे के प्रति निरपेक्ष बना रहे तो इससे समाज में कई तरह के असंतुलन पैदा होते हैं। ऐसी परिस्थति में क्या सही

है और क्या गलत, इसके बीच अंतर करना मुश्किल हो जाता है। संपूर्ण परिदृश्य ही असमंजस में भागता हुआ दिखाई पड़ता है। इसलिए प्रत्येक व्यक्ति का यह कर्त्तव्य है कि वह सच के पक्ष में अपनी आवाज बुलंद करे। प्रत्येक व्यक्ति को समाज का जिम्मेदार सदस्य होना चाहिए। केवल एक जिम्मेदार व्यक्ति ही संगठन के लिए उपयोगी हो सकता है, पलायन करने वाले की कोई उपयोगिता नहीं है, बेकार जिंदगी जीने से अच्छा है कि हम मृत्यु स्वीकार कर लें। कृष्ण को अर्जुन की उपयोगिता ज्ञात थी। उन्होंने उसे बेकार व्यक्ति की तरह बात करने की अनुमति नहीं दी, इसलिए उन्होंने अपना उपदेश भी दिया। भगवद्गीता का संदेश सार्वभौमिक है। यह मानव-जीवन के मनोविज्ञान और दर्शन का सुंदर मिश्रण है। अक्सर लोग सब कुछ भगवान् पर छोड़ देते हैं। इसमें संदेह नहीं कि भगवान् हैं। वे लोगों की मदद भी करते हैं, वे सही और सच्चे आदमी को अपना आशीर्वाद देते हैं; ऐसा सभी धर्मों में कहा जाता है, लेकिन ईश्वर के नाम पर हम ज्वलंत मुद्दों को नहीं टाल सकते हैं। जीवन इतना सार्थक और अखंड है कि अगर आप भारत में एक फूल तोड़ें तो अमरीका की जमीन हिलती है, हालांकि, इसका पैमाना इतना सूक्ष्म है कि लोग इसे महसूस नहीं करते हैं, लेकिन यह सच्चाई है। हर क्रिया के विपरीत प्रतिक्रिया होती है, इसलिए किसी समस्या को टालना उसका समाधान नहीं है।

कृष्ण जानते थे कि युद्ध से अर्जुन के पलायन का दुर्योधन और उसके दुर्जन साथियों पर अच्छा प्रभाव नहीं पड़ेगा। वे पांडवों को कायर समझेंगे, हो सकता है कि वे लोगों को पहले से कहीं ज्यादा परेशान करने लगें। इससे निरंकुशता बढ़ेगी।

किसी व्यक्ति का कर्म केवल उसके जीवन तक सीमित नहीं होता है। प्रत्येक व्यक्ति किसी-न-किसी परिवार, समाज या संगठन इत्यादि से संबद्ध होता है। प्रत्येक व्यक्ति की गतिविधि का संबंध समाज के उत्थान से होता है, इसलिए एक सुनियोजित संगठन में एक पलायनवादी को बर्दाश्त नहीं किया जाता है। भला, कृष्ण अर्जुन के पलायन को कैसे बर्दाश्त कर सकते थे। कृष्ण-अर्जुन संवाद के जरिए संपूर्ण मानव-जाति को संदेश मिला।

व्यक्ति को दयालु और मददगार होना चाहिए, लेकिन गलत राह पर चलने वालों पर न तो दया बरतने की जरूरत है और न ही उनकी मदद करनी चाहिए। रिश्तेदारी के नाम पर गलत परिपाटी को बढ़ावा देना बिल्कुल

न्यायोचित नहीं है, गलत कार्यों के कारण एक संगठन अपनी चमक खो देता है। जब किसी संगठन की विश्वसनीयता पर प्रश्न-चिह्न लग जाता है तो संगठन मृतप्राय हो जाता है। अर्जुन ने जीवन के गूढ़ अर्थ को समझा। अर्जुन के पास सफल व्यक्ति होने के सभी गुण मौजूद थे, लेकिन उसे जीवन का गूढ़ अर्थ समझने की जरूरत थी। जीवन के हर क्षेत्र में माहिर होने के लिए यह आवश्यक होता है।

कृष्ण ने अर्जुन को रणक्षेत्र के मध्य में यह अर्थ समझाया, इसका भी अपना महत्त्व है। कृष्ण योग के भगवान् थे और अर्जुन योग के विद्यार्थी। वे रणक्षेत्र के बीच में थे। जीवन एक युद्ध है, हमें हर क्षण जीवन के द्वैत का सामना करना पड़ता है। जो जीवन के द्वैत से विचलित हुए बिना अपने काम को नैतिक तरीके से अंजाम तक पहुंचाने में लगे रहते हैं, वे योगेश्वर बन जाते हैं। एक साहसी व्यक्ति परिस्थितियों के आगे घुटने नहीं टेकता बल्कि परिस्थितियां उसके आगे घुटने टेक देती हैं। अर्जुन परिस्थितियों से विचलित हो गये थे, लेकिन कृष्ण ने उनके भावनात्मक बहाव को रोका।

जो कर्म-योग में विश्वास करते हैं, वे परिस्थितियों से पलायन नहीं करते। परिणाम चाहे जो भी हो, वे परिस्थितियों का सामना करते हैं। अगर किसी संगठन की नींव डालते वक्त कोई इसे नंबर वन बनाने का सपना देखता है तो उसमें कोई बुराई नहीं है, लेकिन अगर इस संबंध में वह अपने दिमाग में कोई शंका पाल लेता है तो इससे उसके कर्म पर बुरा प्रभाव पड़ता है।

हमें अपने काम की शुरुआत पूरी चेतना और पूरे आत्मविश्वास के साथ करनी चाहिए। छोटी-से छोटी सफलता भी महत्त्वपूर्ण होती है, हम दूसरों से अपनी तुलना करते हैं और अपनी मेहनत को कम कर आंकते हैं। हमें सावधान रहना पड़ता है। हमें तुलनात्मक और विवेचनात्मक बनना पड़ता है, लेकिन शत-प्रतिशत सफलता (प्रयत्न के सापेक्ष) असंभव है। ऐसी सफलता प्राप्त करने के लिए कड़ी मेहनत करनी पड़ती है। कर्म का विकल्प नहीं है। जब हम पूरी तरह समर्पित होकर काम करते हैं तो हमें सफलता जरूर मिलती है। कृष्ण ने अर्जुन को ऐसे कर्म के लिए प्रेरित किया। ऐसा कर्म करने के बाद आपको ईश्वर का आशीर्वाद अवश्य प्राप्त होगा। भगवान् के नाम पर आलस करने से कोई फल नहीं प्राप्त होता है।

# 19

# प्रस्तुति कौशल

**बुद्धियुक्तो जहातीह उभे सुकृतदुष्कृते।**
**तस्माद्योगयाय युज्यस्व योगः कर्मसु कौशलम्।।**

**-गीता**

***जो भक्ति के योग में लीन हो जाते हैं, वे कर्म की द्वैतभावना से परे हो जाते हैं। इसकी प्राप्ति हेतु जीवन में कुशलता ही सर्वोच्च प्रयास है।***

विषयवस्तु महत्त्वपूर्ण है और पैकेजिंग भी उतना ही महत्त्वपूर्ण है। कभी-कभी साधारण शक्ल-सूरत वाली लड़की को विश्व-सुंदरी का ताज मिल जाता है, वैसी ही शक्ल-सूरत वाली दूसरी लड़की उस ग्लैमर का स्वाद भी नहीं चख पाती, जो विश्व-सुंदरी के कदम चूमते हैं। किसी के पास काबिलियत है; किसी के पास दक्षता है; किसी के पास सुंदर चेहरा है; तो किसी के पास निर्मल हृदय है आदि, लेकिन उन्हें सफलता नहीं मिलती। वे सफलता का पीछा करते रहते हैं, लेकिन उसे पकड़ नहीं पाते। सफलता उनके लिए काल्पनिक वस्तु बनी रहती है, जिसे वे कभी नहीं पाते हैं। प्यास मिटाने के लिए पानी की बूंद तो दूर की बात है, वे जीवन की मरु भूमि में कभी मृग मरीचिका का भी अहसास नहीं कर पाते हैं।

प्रस्तुति की जरूरत यहीं होती है। प्रस्तुतीकरण की क्षमता अगर किसी में नहीं है तो वह अपना कोई विचार सही ढंग से लोगों तक नहीं पहुंचा सकता है। परीक्षा में विद्यार्थियों को अपना उत्तर प्रस्तुत करना होता है। जिनका प्रस्तुतिकरण बेहतर होता है, उन्हें अधिक अंक हासिल होते हैं। एक ट्रेनर ट्रेनिंग देने के क्रम में अभ्यार्थियों के समक्ष अपना ज्ञान और अपने अनुभव प्रस्तुत करता है। एक सफल व्यक्ति की प्रस्तुतीकरण क्षमता बेहतरीन होती है।

यहां एक बात स्पष्ट करना आवश्यक है कि उचित प्रस्तुतीकरण के लिए रास्ता भी उचित होना चाहिए। आप किसी को कुछ समय के लिए बेवकूफ बना सकते हैं, लेकिन सबको और हमेशा के लिए मूर्ख बनाना असंभव है। दीर्घकालिक प्रस्तुतीकरण क्षमता विकसित करने के लिए उचित गुणों का होना आवश्यक है। कृष्ण का जीवन स्वर्गिक गुणों से भरा पड़ा था। उनका हर शब्द सार्थक था। सबने उनके नैसर्गिक गुणों की प्रशंसा की। यहां तक कि उनके दुश्मन भी उनके गुणों के कायल थे। हम पहले ही बता चुके हैं कि महाभारत युद्ध से पहले अर्जुन के मन में सैकड़ों सवाल खड़े हो गए। अर्जुन के मस्तिष्क पर से शंकाओं के बादल को हटाने के लिए कृष्ण ने जीवन का अर्थ और उसका लक्ष्य इस तरह से प्रस्तुत किया कि उदास अर्जुन हथियार लेकर बुरी ताकतों के खिलाफ लड़ने के लिए फौरन आगे आ गए।

कृष्ण के मोहक व्यक्तित्व से आकर्षित होकर लोग उनकी ओर खिंचे चले आते थे। ब्रज की गोपियां व्यक्त या अव्यक्त रूप से कृष्ण के प्यार में डूबी रहती थीं। अच्छे प्रस्तुतीकरण के लिए व्यक्ति को स्थान, संबंधित व्यक्ति और उचित समय की सही जानकारी होनी चाहिए। गोपियों के प्रति कृष्ण की प्रवृत्ति अलग थी और उस समय के योद्धाओं के प्रति उनकी प्रवृत्ति बिल्कुल अलग थी। माता यशोदा के लिए वे सदैव एक भोला-भाला बालक बने रहे। राधा के लिए कृष्ण एक प्यार करने वाले प्रेमी थे। अपनी रानियों के लिए वे एक कर्त्तव्य परायण पति थे। द्रौपदी उन्हें रक्षक भ्राता के रूप में देखती थी। कंस के लिए वे अभीष्ट दुश्मन थे। कंस ने अपनी पूरी जिंदगी इस डर में गुजार दी कि कृष्ण के हाथों उसका वध होगा। कृष्ण इन सभी भूमिकाओं में फिट थे, क्योंकि उनका प्रस्तुतीकरण पक्का था। महाभारत युद्ध की शुरुआत में उन्होंने गीता का उपदेश दिया। अर्जुन तैयार तो हुए, लेकिन सामान्य तर्कों के द्वारा नहीं। गीता-सवांद अट्ठारह अध्यायों में बंटा है, हर अध्याय में एक अलग विषय की चर्चा है। प्रथम अध्याय में हमें अर्जुन के भावुक और उदास मन की झलक मिलती है। दूसरे अध्याय में आत्मा के अमर होने की चर्चा है। तीसरे अध्याय में कर्म-योग है। चौथे अध्याय में ज्ञान, भक्ति और कर्म-योग का विवरण है। पांचवे अध्याय में कर्म और मुक्ति या निर्वाण का वर्णन है, साथ ही उनके बीच के संबंध को भी दर्शाया गया है। छठे अध्याय में आत्मनियंत्रण योग को बताया गया है। सातवें अध्याय में ज्ञान-विज्ञान योग पर चर्चा है। आठवें अध्याय में शाश्वत परमात्मा का वर्णन है। नवें अध्याय में स्वर्गिक ज्ञान

और जीवन के रहस्य के बारे में बताया गया है। दसवें अध्याय में ईश्वर के बारे में बताया गया है कि संसार की अच्छी चीजों में कृष्ण के विश्वस्वरूप का दर्शन होता है। बारहवें अध्याय में भक्ति योग है। ठीक, इसी तरह आगे के अध्यायों में अलग-अलग विषय जो इनसे संबंधित हैं उनका वर्णन मिलता है। आखिरी अध्याय में अर्जुन घोषणा करते हैं कि वे युद्ध के लिए तैयार हैं और उनके मन में अब कोई शंका नहीं है। गीता में जीवन की लड़ाई लड़ने के लिए मनौवैज्ञानिक तैयारी का वर्णन मिलता है। दसवें अध्याय तक कृष्ण, अर्जुन को एक मित्र की तरह समझाते हैं। कृष्ण विभिन्न विषयों पर अर्जुन को ज्ञान देते हैं, लेकिन अर्जुन किसी भी तरह से समझ नहीं पाते हैं, लेकिन कृष्ण जब अपना विश्वरूप दिखाते हैं तो अर्जुन आत्मसमर्पण कर देते हैं। ग्यारहवें अध्याय के बाद सवाल करने का प्रश्न नहीं उठता है। इस अध्याय के बाद गीता का स्वर बदल जाता है। अब कृष्ण गुरु के तौर पर नजर आते हैं और अर्जुन दिव्य ज्ञान से ओत-प्रोत व्यक्ति नजर आते हैं। किसी को समझाने के लिए सबसे पहले मित्रवत् व्यवहार करना पड़ता है, लेकिन इतना ही काफी नहीं होता है। इसके लिए सच्चाई का आधार भी उतना ही महत्त्वपूर्ण होता है। दसवें अध्याय के पहले कृष्ण जीवन और मृत्यु के बारे में बातें कर रहे थे। उन्होंने ज्ञान की अलग-अलग शाखाओं पर प्रकाश डाला। उन्होंने कर्म-योग के महत्त्व को समझाया। अर्जुन यूं तो कृष्ण के उपदेश पर पूरा ध्यान दे रहे थे, लेकिन उनके सवालों से इतना जरूर स्पष्ट था कि वे अभी पूरी तरह से उनसे राजी नहीं हैं। दसवें अध्याय में भगवान् घोषणा करते हैं कि पृथ्वी पर जितनी भी अच्छी चीजें देखने को मिलती हैं उनमें ईश्वर के अस्तित्व के संकेत हैं। यहां वे अपने आपको ईश्वर घोषित करते हैं। इसके बावजूद वे अर्जुन को पूरी तरह से तैयार नहीं कर पाते हैं, अंत में वे अपने विश्वरूप में प्रकट होते हैं, अर्जुन को सत्य का दर्शन होता है। यहां से पिछले दसों अध्यायों का मतलब समझ में आ जाता है। आपको अपना सामर्थ्य और अपने उत्पाद की उपयोगिता सिद्ध करने के लिए प्रदर्शन करना पड़ता है। शब्दों का समन्वय सच्चाई के अनुरूप होना चाहिए, तभी आप किसी को सहमत कर सकते हैं।

सच का परीक्षण आपके नजरिये पर निर्भर करता है। किसी भी चीज को देखने-परखने के लिए आपकी दृष्टि विभिन्न प्रवृत्तियों का योग है। कृष्ण ने अर्जुन को दिव्य-दृष्टि दी, इससे अर्जुन की दृष्टि बेहतर हो गयी। अर्जुन ने भीष्म, दुर्योधन और विरोधी पक्ष के कितने ही योद्धाओं की मृत्यु को पहले से

अनुमानित किया, लेकिन वे अपने पुत्र अभिमन्यु की मृत्यु का पूर्वानुमान नहीं कर पाये। इसका कारण क्या है? हम जानते हैं कि अर्जुन का पुत्र अभिमन्यु महाभारत के युद्ध में मारा गया। वे दुश्मनों की ओर से योद्धाओं का अनुमान कर रहे थे, लेकिन अपने पक्ष से किसी की मृत्यु की उम्मीद नहीं कर सके। अर्जुन की उम्मीदों ने उसके नजरिये को प्रभावित किया। वे भगवान् कृष्ण द्वारा प्रदर्शित संपूर्ण सच्चाई का अवलोकन नहीं कर सके। उन्होंने अपनी उम्मीदों के अनुसार, चीजों का पूर्वानुमान किया और वे तैयार हो गये। लोग गुरु और रक्षक की शरण ढूंढते हैं। जब उन्हें इस पैमाने पर फिट कोई व्यक्ति मिल जाता है तो वे सहमत हो जाते हैं। लड़कियां अपने दिमाग में अपने जीवनसाथी की एक आदर्श तस्वीर बनाती हैं। ठीक इसी तरह लड़कों के दिमाग में भी भावी पत्नी की एक काल्पनिक तस्वीर होती है। अगर वास्तविक जिन्दगी में उन्हें इससे मेल खाता जीवनसाथी मिल जाता है तो उनका जीवन सुखद हो जाता है, लेकिन अगर ऐसा नहीं हो पाता है तो उनकी जिन्दगी कष्टकारी बन जाती है। अधिकांशतः लोग अपनी उम्मीद को सच्चाई में नहीं बदल पाते हैं। अतः ज्यादातर शादियां दुःखान्त होती हैं।

अगर किसी चीज को अपेक्षाओं के अनुरूप प्रदर्शित किया जाए तो वह अनुकरणीय बन जाती है। कृष्ण सर्वव्यापी थे, उन्हें व्यक्ति के भूत, वर्तमान और भविष्य की जानकारी थी। एक सेल्स मैन अपनी विक्रय कला प्रदर्शित करने पर ध्यान केन्द्रित करता है। एक द्रष्टा भविष्य के बारे में सोचता है जबकि ईश्वर हर क्षण का ख्याल रखते हैं। कृष्ण ने अर्जुन को एक विक्रेता की शैली में समझाने की कोशिश नहीं की, उनकी शैली अद्वितीय थी। उनके मस्तिष्क में समग्र मानव समुदाय के परम कल्याण का विचार था।

एक अच्छे प्रस्तुतीकरण के लिए भूत, वर्तमान और भविष्य की बेहतर और गहरी साझेदारी की जरूरत होती है। उन्होंने अर्जुन से कहा, "जो तुम्हें आज बता रहा हूं उसे बहुत पहले संसार के सृजन के वक्त ही मैंने सूर्य भगवान् से कह दिया था।" यह एक वाक्य उनके सदियों पुराने अनुभव को व्यक्त करने के लिए काफी है।

अल्पकाल के लिए मिलने वाले लाभ को देखकर किया जाने वाला प्रयास कारगर नहीं होता है। हम समग्र विकास की बातें करते हैं। हम ऐसे विकास की अपेक्षा करते हैं जो भावी पीढ़ियों की जरूरत को पूरा कर सके। एक प्रशिक्षक की कोशिश होती है कि वह प्रशिक्षण प्राप्त करने वालों को ज्यादा दक्ष बनाए।

प्रशिक्षण देने का उद्देश्य ही यह होता है कि प्रशिक्षार्थी संगठन के लिए एक उपयोगी और कारगर संसाधन बने। हो सकता है कि प्रशिक्षार्थी व्यक्ति संगठन में टिके नहीं और अपनी जॉब बदल ले। फिर भी, उसका प्रशिक्षण संस्था के लिए एक ऐसेट ही है। किसी व्यक्ति की काबिलियत महज उसे व्यक्तिगत स्तर पर उसके फायदे की नहीं होती है बल्कि वह समाज के लिए भी उपयोगी होता है। व्यक्तिगत उन्नति में ही समाज का भी उत्थान होता है।

कृष्ण ने भारत की आम जनता और राज-परिवार के सदस्यों के बीच पांडवों की बात को बेहतरीन अंदाज में प्रस्तुत किया। इसलिए लोगों का मत कौरवों के खिलाफ था। वास्तविक युद्ध के पहले ही आधी लड़ाई जीती जा चुकी थी। कौरवों की ओर से लड़ने वाले सभी वरिष्ठ योद्धा युद्ध के पहले ही उदास हो गए थे। उन्हें पता चल चुका था कि वे गलत पक्ष से लड़ रहे हैं, उनका दिल पांडवों के साथ था। उदास सैनिकों के सहारे युद्ध नहीं जीता जा सकता था। युद्ध जीतने के लिए ऊर्जावान और उत्साही लोगों की जरूरत होती है।

जब तक प्रस्तुतीकरण की क्षमता आपके अंदर नहीं होगी, तब तक या तो आप अकेले जिंदगी जीने के लिए बाध्य रहेंगे या फिर गलत पक्ष में खड़े होंगे। कर्ण एक महान योद्धा था, लेकिन उसके पास प्रस्तुतीकरण की क्षमता नहीं थी। वे अपनी बात समुचित ढंग से नहीं प्रस्तुत कर सके। वे गलत पक्ष में चले गये और जीवन की लड़ाई हार गए। कई लोग ऐसे होते हैं जिनके पास प्रस्तुतीकरण की क्षमता नहीं होती है और इसलिए वे उस मुकाम पर नहीं पहुंचते जहां उन्हें होना चाहिए। भगवान् ने अपने सभी कार्यों की प्रस्तुति अति-उत्तम तरीके से की, इसलिए गीता आज भी प्रासंगिक है। जो जीवन में अच्छा करना चाहते हैं, उनके लिए कृष्ण का जीवन और उनका संदेश मददगार साबित होगा। चाहे वह आध्यात्मिक जीवन हो या सांसारिक या दोनों।

# 20

# झिझक और मानसिक अवरोध पर विजय

**नष्टो मोहः स्मृतिर्लब्धा त्वत्प्रसादान्मयाच्युत।**
**स्थितोऽस्मि गतसंदेहः करिष्ये वचनं तव॥**

**-गीता**

***हे अच्युत कृष्ण! आपने मेरे भ्रम को दूर कर दिया है। आपकी कृपा से मुझे अपनी स्मृति शक्ति की पुनर्प्राप्ति हुई है। अब मैं समस्त संशयों से मुक्त हूं। नियति की इस स्थिति में, मैं आपकी आज्ञा का पालन करने को तैयार हूं।***

हमारे जीवन में कई प्रकार की झिझक और मानसिक अवरोध शामिल होते हैं। हम जो कहना चाहते हैं, वह झिझक की वजह से नहीं कह पाते हैं। मानसिक हमारे अतीत से जुड़ी होती हैं। कृष्ण का व्यक्तित्व झिझक और मानसिक अवरोधों से परे था। जिसे वह सच और वैध मानते थे, उसे उन्होंने आगे बढ़ाया।

शुरुआत से ही पांडव झिझक से गुजर रहे थे। दूसरी ओर दुर्योधन बेशर्मी की हदों को पार करने वाले दुस्साहस के शिकार थे। वह शकुनि के द्वारा प्रदर्शित अनैतिक तत्त्वों के प्रभाव में दबा हुआ था। धृतराष्ट्र आशंकाओं से ग्रस्त थे, वे कोई भी निर्णय नहीं कर पाते थे। वे इस अनिर्णय की स्थिति से फायदा उठाना चाहते थे। कृष्ण कभी अनिर्णय की स्थिति में नहीं रहते थे। वे दिव्य अवतार के जीवित उदाहरण थे। कृष्ण के अनिर्णय की स्थिति में होने का मतलब था कि जीवन और समाज में किसी कानून, किसी अनुशासन का न रह जाना।

कृष्ण ने एक राक्षसी पूतना को मारने का निर्णय लिया और उसे मार दिया। पूतना वहां माता के वेश में आयी थी, लेकिन उसका इरादा बाल-कृष्ण को मारने का था। मां, मां होती है, उसके नाम को बदनाम करना शर्मसार करने वाली गतिविधि है। दोषी को सजा देने में कोई झिझक नहीं होनी चाहिए। भगवान् कृष्ण ने उसे मार दिया।

भगवान् कृष्ण ने प्रकृति और क्षेत्र का प्रतिनिधित्व करने वाले गोवर्धन की पूजा का निर्णय किया। प्रकृति के संरक्षण पर मानव-जाति का भविष्य निर्भर करता है। अगर हम अपने संसाधनों का संरक्षण करेंगे तो हम संसाधन से परिपूर्ण रहेंगे। उन्होंने निर्णय कर लिया और गतिविधियों के केन्द्र में रहने वाले लोगों को समझाने की कोशिश की। उनकी शैली सबसे अलग थी। एक बार, निर्णय करने के बाद वे लक्ष्य की ओर बढ़ जाते थे। कुछ वरिष्ठ सदस्यों या बुजुर्गों के मन में कई आशंकाएं थीं। उनके मन में यह गलत धारणा थी कि इन्द्र प्रकृति और वर्षा के देवता हैं, लेकिन कृष्ण की प्रवृत्ति वैज्ञानिक थी। कृष्ण आश्वस्त थे कि बारिश का होना पारिस्थितिकी संतुलन का परिणाम है। वे अपने आदर्श पर चले और लक्ष्य को प्राप्त किया। आजकल भी कई लोग उस गलत धारणा के शिकार हैं जो उस समय के बड़े बुजुर्गों के मन में थी, लेकिन कृष्ण ने अपनी अद्‌भुत संवाद-संप्रेषणीयता से लोगों को समझाया और उन्हें एक निश्चित दिशा में चलने के लिए न सिर्फ तैयार किया बल्कि आश्वस्त भी किया। इन्द्र ने जब बदला लेने के लिए संपूर्ण ब्रज को नष्ट करना चाहा तो कृष्ण ने उनसे मुकाबला किया। उन्होंने लोगों के लिए खड़े होकर इन्द्र को पराजित किया। इस घटना से लोगों के मस्तिष्क में उठ रहे अवरोध और झिझक हमेशा के लिए समाप्त हो गयीं। उन्हें यकीन आ गया कि कृष्ण जो भी निर्णय लेते हैं, वह सच होता है ऐसे लोग जो दबाव के माहौल में बड़े होते हैं। उनमें झिझक और मानसिक अवरोध होती है, लेकिन जिनका बचपन स्वतंत्र और उन्मुक्त विचारों वाले माहौल में गुजरता है, उनका जीवन सुखमय होता है। उनके जीवन में झिझक और मानसिक अवरोध के लिए कोई जगह नहीं होती है।

अधिकांश लोगों पर एक निश्चित छाप होती है। हमारे मन में संप्रदाय या देश विशेष के प्रति एक निश्चित भावना होती है। हम उसी के अनुसार काम करते हैं। इधर कुछ सालों में एक संप्रदाय विशेष के कुछ लोग कट्टरपंथी गतिविधियों में लिप्त हो गए। इस आंकड़े के आधार पर हमने यह निष्कर्ष

निकाला कि अमुक संप्रदाय आतंकवादियों का समुदाय है। यह तार्किक विसंगति है। इस तरह की गलत धारणा पर कोई भी निर्णायक टिप्पणी या लेबल लगाया बिल्कुल गलत है।

ठीक इसी तरह, हमारे मन में विपरीत सेक्स के प्रति एक निश्चित धारणा है। हम उसे ध्यान में रखकर काम करते हैं, इसलिए हम एक काल्पनिक जीवन जीते हैं, वास्तविक जीवन जीने के लिए हमें व्यक्ति को समझने की जरूरत है व्यक्तित्व को नहीं। व्यक्तित्व, हमारे अंदर मौजूद 'स्वयं' और बाह्य उपस्थिति दोनों का सम्मिलन है, लेकिन व्यक्ति व्यक्तित्व से परे है। यह जरूर है कि व्यक्तित्व की एक निश्चित छाप होती है, लेकिन वह समय के साथ बदलती रहती है। जब हम दस या बीस सालों के बाद किसी व्यक्ति से मिलते हैं तो हमें उसका व्यक्तित्व बदला हुआ लगता है, लेकिन जब हम उसके अंतरतम में झांकते हैं, तो पाते हैं कि यह व्यक्ति तो वही है जो एक दशक पहले था।

हम किसी व्यक्ति से जुड़ने की बजाय उसके व्यक्तित्व से जुड़ जाते हैं। कृष्ण दोनों स्तरों पर काम करते थे। साधारण मनुष्य पर कृष्ण के व्यक्तित्व की एक अलग छाप थी। गोपियों ने कृष्ण के व्यक्तिरूप और व्यक्तित्व दोनों को अच्छी तरह समझा। उन्हें कृष्ण के वस्त्र, उनकी शैली, उनकी मुस्कान और उनकी गतिविधि, सब कुछ पसंद था, साथ ही उन्होंने व्यक्ति कृष्ण को भी समझा। उन्हें परमात्मा कृष्ण का भी ज्ञान था। कृष्ण ने किशोरावस्था में प्रवेश करने के पहले ब्रज छोड़ दिया, लेकिन ब्रजवासियों पर वे अपनी अमिट छाप छोड़ गए। कृष्ण के ब्रज छोड़ने के बाद उनके दूत उद्धव ब्रज पहुंचे। वे विरह-विदग्धा गोपियों के घाव पर मरहम रखने आये थे। वे अपने प्रेमी कृष्ण, प्यारे कृष्ण, आकर्षक कृष्ण, प्रियतम कृष्ण, भगवान् कृष्ण, रक्षक कृष्ण, सर्वशक्तिमान कृष्ण....आदि को याद कर-कर के पागल हुई जा रही थीं। उद्धव ने उनसे कृष्ण को भूल जाने के लिए कहा। वे उन्हें भूल सकती थीं, अगर वे कृष्ण की बाह्य उपस्थिति से प्रेम करतीं, पर उन्होंने तो कृष्ण के व्यक्तित्व की गहराई में जाकर व्यक्ति कृष्ण को ढूंढा, उनका प्यार उस व्यक्ति के लिए था। अधिकांश मामलों में तथाकथित प्यार की परिणति असफलता के रूप में सामने आती है क्योंकि लोग व्यक्तित्व से प्यार करते हैं, व्यक्ति से नहीं। निस्संदेह, व्यक्ति तक पहुंचने का माध्यम व्यक्तित्व ही है। व्यक्ति शुद्ध होता है, लेकिन व्यक्तित्व महज एक छाप है। प्रेमी व्यक्तित्व के नजदीक आते हैं, लेकिन वे टिकते व्यक्ति के साथ ही हैं। व्यक्तित्वों का मिलन अस्थायी होता है, लेकिन

व्यक्ति का मिलन स्थायी होता है।

एक प्रश्न है - व्यक्तित्व को ढूंढने का समय किसके पास है? उत्तर अत्यंत सरल है। जिन्हें शांति और नैतिक समृद्धि की चाहत है, उनके पास इसके लिए समय भी है।

राधा और कृष्ण ने एक-दूसरे के व्यक्तित्व को ढूंढा। वे एक-दूसरे को भूल नहीं पाए। दशकों के बाद राधा ने कृष्ण को कुरुक्षेत्र में देखा। राधा ने अपने दोस्तों से कहा - "कृष्ण में कोई बदलाव नहीं आया है। यह वही बालक है।" यहां, राधा व्यक्तित्व की बात नहीं कर रही है। वह व्यक्ति-कृष्ण की बात कर रही है।

एक व्यक्तित्व धृतराष्ट्र का भी था। वह किसी व्यक्ति को देखने में सक्षम नहीं था। वह सिर्फ आंख से ही अंधा नहीं था बल्कि उसके निर्णय करने की क्षमता भी खो गयी थी। शारीरिक विकलांगता के कारण धृतराष्ट्र को बड़ा भाई होने के बावजूद राजगद्दी नहीं मिली। हालांकि उसे अपने छोटे भाई पांडु से प्यार था, लेकिन पांडु को राजा बनाए जाने की सच्चाई को वह पचा नहीं पाया और जब पांडु ने अपने आप ही राजगद्दी पर बैठने से इंकार कर दिया तो धृतराष्ट्र ने कोई भी अवसर व्यर्थ नहीं जाने दिया। उसने अपने पद का भरपूर लाभ उठाया। गद्दी के कानूनी उत्तराधिकारी युधिष्ठिर को राजगद्दी नहीं मिले, इसके लिए धृतराष्ट्र ने कई खेल खेले। उनकी डी-कंपनी (दुर्योधन और उनके सहयोगी) से सांठ-गांठ थी। डी-कंपनी आशंकाओं के प्रभाव में आकर काम कर रही थी। पांडवों को पांच गांव देने का कृष्ण का प्रस्ताव भी दुर्योधन ने ठुकरा दिया। उसने घोषणा की कि वह पांडवों के लिए एक सुई के बराबर जमीन भी नहीं छोड़ेगा। अतः युद्ध अपरिहार्य हो गया।

कृष्ण के मन में न तो कोई झिझक थी और न ही कोई आशंका। वह दुर्योधन के पास आये और सीधे शब्दों में उन्होंने उससे बात की। उन्होंने डी-कंपनी के सुख और दुःख की चिंता किये बगैर युद्ध को रोकने की पूरी कोशिश की। सीधे और स्पष्ट शब्दों में बात करना उनके लिए संभव है जो आशंका और झिझक से परे हैं। युधिष्ठिर ने डी-कंपनी की सारी मांगें स्वीकार कर लीं, वह शुरू से ही झिझक से ग्रस्त था। गुरु द्रोण के आश्रम में जब पांडव और कौरव राजकुमार शिक्षा ग्रहण कर रहे थे तो पहले ही वर्ष में सभी विद्यार्थियों को उनके अध्याय कंठाग्र करने के लिए दिए गए। सबने वैसा ही

किया, लेकिन युधिष्ठिर एक वाक्य से ज्यादा नहीं पढ़ सके। परीक्षा के वक्त गुरु द्रोण ने युधिष्ठिर से उनके कार्यों की पूर्ति के बारे में पूछा। उसने निर्भीकता से जवाब दिया कि उसने केवल एक वाक्य पढ़ा है। यह सुनकर गुरु द्रोण क्रुद्ध हो गये। उन्होंने युधिष्ठिर को पीटना शुरू कर दिया, लेकिन उस शिष्य ने वह सब बर्दाश्त किया। अंत में गुरु ने थककर स्वयं पीटना बंद कर दिया। गुरु ने पूछा – ''तुम्हें गुस्सा क्यों नहीं आता?'' युधिष्ठिर ने शांत होकर जवाब दिया – ''गुरुवर, हमारे अध्ययन का पहला वाक्य था – 'अपने क्रोध पर नियंत्रण करना चाहिए।' मैंने इसी वाक्य पर अपना ध्यान केंद्रित किया। मैंने अपने क्रोध पर नियंत्रण करने की कोशिश की और मैंने वैसा ही किया। आपने मुझे बुरी तरह पीटा, लेकिन मैंने अपना मानसिक संतुलन नहीं खोया।'' गुरु अपने शिष्य के प्रदर्शन से खुश हो गये और उसे गले से लगा लिया।

युधिष्ठिर ने अपने स्वभाव पर इस हद तक नियंत्रण कर लिया था कि वे अन्याय का विरोध करना भी भूल जाते थे, लेकिन भीम, युधिष्ठिर की इस शैली का समर्थन नहीं करते थे। उन्हें जहां कहीं अन्याय दिखता था, वे उसका विरोध करते थे। कौरवों के मन में अवरोध थे और युधिष्ठिर के मन में झिझक। अवरोध या झिझक मन के अंदर हो तो व्यक्तियों का मिलना संभव नहीं होता, इसलिए युद्ध अपरिहार्य हो गया था। भगवान् कृष्ण झिझक और अवरोध से परे थे, इसलिए उन्होंने अपने जीवन का भरपूर आनंद उठाया। अगर आप भी अपने जीवन का आनंद उठाना चाहते हैं तो झिझक और मानसिक अवरोध पर विजय प्राप्त करें, लेकिन इन पर विजय प्राप्त करने का यह मतलब कतई नहीं है कि आप बेशर्म हो जाएं और अपने से बड़ों व आदरणीय व्यक्तियों का बिना वजह विरोध करें। आज हम यहां हैं क्योंकि हमारे मां बाप ने हमें जन्म दिया, गुरुओं ने हमें शिक्षा दी और परिवार वालों ने हमें प्यार दिया। अतः मानसिक अवरोध और झिझक से मुक्त होने का यह मतलब कतई नहीं है कि हम बेशर्मी या दुस्साहस करें। यह हमें ईमानदार, कर्त्तव्यनिष्ठ और दयालु बनाता है।

कृष्ण के मन में कोई अवरोध या झिझक नहीं थी, पर उनके अंदर सभी मानवोचित गुण मौजूद थे। केवल अपनी बेहतरी और अपनी सराहना चाहने वालों के लिए कहीं कोई स्थान नहीं था। झिझक और मानसिक अवरोध पर विजय प्राप्त करने का मतलब है कि जो चीज जैसी है वैसी ही बताई जाए। कृष्ण ने ऐसा किया और हम भी ऐसा कर सकते हैं, आप एक बार कोशिश करें। इसके लिए हमें अपनी दूसरी कमियों और स्वार्थ पर भी विजय प्राप्त करना होगा। यह मुश्किल है, लेकिन असंभव नहीं। कई कॉरपोरेट गुरुओं ने अपनी जिन्दगी में इसे संभव कर दिखाया है।

# 21

## मासूम बनें, अनजान नहीं

*तमुवाच हृषीकेशः प्रहसन्निव भारत।*
*सेनयोरूभयोर्मध्ये विषीदन्तमिदं वचः॥*

*– गीता*

***(संजय ने अपनी दिव्यदृष्टि से देखते हुए कहा) हे धृतराष्ट्र! तब भगवान कृष्ण ने बीच में एक मधुर मुस्कान बिखेरते हुए विषादग्रस्त अर्जुन की ओर देखकर कहा, "अब सेनाएं युद्ध के लिए तैयार हैं।"***

मासूमियत दिव्य है, लेकिन अनजान होना एक अवगुण है। जब मैं यह कहता हूं तो दूसरे चिंतक द्वारा कहा गया कथन – "अज्ञानता (अनजान होना) आशीर्वाद है।" भी मुझे याद रहता है। मैंने इस कथन की गहराई में जाने की कोशिश की। इस चिंतक की सोच या इनका इरादा अलग था। दरअसल, वे कहना चाहते थे कि मानव–जाति तथ्यों और आंकड़ों के चक्कर में बुरी तरह फंसी रहती है। इससे हमारी मानवता नष्ट होती है। हम जीवन के आनंद–पथ से विचलित हो जाते हैं, जिंदगी यंत्रवत् हो जाती है। हम जीवन के केन्द्र से दूर उसकी परिधि पर ही ठहर जाते हैं, इसलिए उनकी नजर में अनजान वे लोग हैं जो तथ्यों और आंकड़ों के बेवजह ज्ञान में नहीं बहके हैं। ऐसा अनजानापन या अज्ञानता आशीर्वाद है। मैं भी इससे सहमत हूं।

लेकिन ज्ञान अलग चीज है। चिंतक ने अज्ञानता या अनजानेपन को सूचना के विपरीतार्थक शब्द की तरह इस्तेमाल किया है। दूसरे शब्दों में कहें तो इसके अर्थ को सीमित कर दिया गया है, लेकिन सूचना में बुद्धिमता या विवेकशील ज्ञान तक पहुंचने के बीच प्रोसेसिंग करनी पड़ती है।

सूचना को जब आप प्रोसेस करते हैं तो वह ज्ञान बनता है और ज्ञान को प्रोसेस करने से वह बुद्धिमता या विवेक बनता है। ऐसी सूचना जो भविष्य के लिए भी प्रासंगिक है, वह ज्ञान है। वह ज्ञान जो शाश्वत है, वह बुद्धिमता या विवेक है। जब आप विवेकशील हो जाते हैं तो आप दिव्य हो उठते हैं, दिव्यता प्राप्त करना सुखद है। अज्ञानता और दिव्यता परस्पर विपरीत शब्द हैं, इसीलिए अज्ञानता अभीष्ट नहीं है। निश्छलता या भोलापन अज्ञानता और दिव्यता के द्वैत से परे हैं। एक दिव्य व्यक्ति निश्छल हो सकता है, लेकिन एक दिव्य आत्मा अज्ञानी नहीं होगी। एक व्यक्ति जो ज्ञान के प्रकाश से प्रकाशित नहीं है, वह भी निश्छल हो सकती है, लेकिन व्यक्ति को बुद्धिमान और निश्छल दोनों होना चाहिए। यह बहुत मुश्किल है, एक साधारण आदमी कभी-कभी ज्ञान प्राप्त करने के बाद भी दिखावे का शिकार हो जाता है, लेकिन जो सही अर्थों में बुद्धिमान है, वह कभी घमंड नहीं करता है और निश्छलता का स्वर्गिक आनंद उठाता है।

भगवान् कृष्ण के पास ज्ञान और बुद्धिमता का भंडार था। उनकी मासूमियत संक्रामक थी, संपूर्ण ब्रज का क्षेत्र उनके भोलेपन की मीठी परछाईं के तले चहक रहा था। यशोदा ने कभी विश्वास नहीं किया कि उनका बेटा कृष्ण नटखट है।

उनके मन में कृष्ण के लिए अन अनश्वर प्रेम था। उसकी मधुर स्मृति में उन्होंने (यशोदा ने) अपनी पूरी जिन्दगी गुजार दी। कृष्ण का भोलापन उनकी जिन्दगी का आधार था।

यह तो उनकी गोद लेने वाली माता यशोदा की कहानी है। उनके असल माता-पिता का कहना ही क्या? कंस को मारकर जब वे अपने माता-पिता से मिलने पहुंचे तो उन्हें यकीन नहीं आया कि इस कोमल बालक ने उस दुर्दांत को मार गिराया है। वे उस ममता के लिए रो पड़े जो उन्होंने खो दी थी। उन्हें पछतावा हो रहा था कि वे अपने बच्चे के बचपन का आनंद नहीं उठा सके, कृष्ण भी भावुक हो गये। उनके माता-पिता भूल गए कि इसी बालक को सर्वशक्तिमान ईश्वर की तरह माना जाता है, इसे प्रेम कहते हैं। ऐसे प्रेम में लोग अपना दर्जा(स्टेटस) भूल जाते हैं, दर्जा, मान, आदर, श्रद्धा सब कुछ है, लेकिन प्रेम इन चीजों से ऊपर है।

कृष्ण भूल गए कि राधा पड़ोस की एक लड़की है। राधा भूल गयी कि कृष्ण सर्वशक्तिमान ईश्वर भी हैं। प्यार में लोग निश्छल हो जाते हैं, वे अपनी

पहचान भूल जाते हैं। प्रेम 'मैं' को मारने की एक प्रक्रिया है। प्रेम 'मैं' को और भी विस्तृत और ग्राह्य बनाता है। प्रेम में हमारी स्वीकार्यता बढ़ती है, साथ ही प्रेम में हमारी ग्रहणशीलता भी बढ़ती है। कृष्ण के बालक दोस्त उनकी चिरौरी करते थे। उन्हें कृष्ण के सर्वशक्तिमान होने का अहसास था, लेकिन वे भी निश्छल थे। ईश्वर और उनके मित्रों के बीच कोई परदा नहीं था, खेलते वक्त उनका स्तर समान होता था। निश्छलता हमें सच्चे व्यक्ति का आनंद उठाने के लिए आधार प्रदान करती है। भगवान् कृष्ण ने गीता में बुद्धिमता और भक्ति के बीच तारतम्य की वकालत की है। बुद्धिमता और भक्ति तभी साथ-साथ चलती हैं, जब निश्छलता मौजूद होती है। उनके नजदीकी लोगों ने उन्हें अपनी जिन्दगी की सांसों से ज्यादा प्यार किया। उन्हें किसी का भय नहीं था। वासुदेव कृष्ण अपने सहयोगियों के अंतरंग मित्र थे।

अज्ञानता मनुष्य को पुशवत् बना देती है। अज्ञानियों के मन के अंदर अच्छे-बुरे का भेद नहीं होता। वे जिन्दगी की सुंदरता को महसूस नहीं करते हैं। उनके आनंद को मूर्खों का आनंद कहा जा सकता है। उनकी भावना ओछे विचारों से निर्देशित होती है। वे अपनी सीमित दुनिया में रहते हैं। कृष्ण को मारने के लिए कंस के द्वारा भेजे गए सभी दुर्जन दैत्य अज्ञानी थे। वे अपने दुर्जन मालिक के आदेश का पालन कर रहे थे। उन्होंने केवल निर्दोषों की हत्या करनी सीखी थी। उनकी दुनिया बेवजह की जरूरतों तक सीमित थी। वे पशुवत् व्यवहार करते थे। उनका लक्ष्य ऊंचा नहीं था।

बहुत मामले ऐसे होते हैं जहां अंधानुकरण करने वाले नासमझ लोग होते हैं। वे दूसरों की निरर्थक कल्पनाओं और कारगुजारियों का पालन करने के लिए पैदा होते हैं। दुर्योधन एक अज्ञानी व्यक्ति था। उसने अपने अंधे पिता की महत्त्वाकांक्षा और दुर्जन मामा शकुनि के आदेशों का पालन किया। जब लोगों में नासमझी इस कदर व्याप्त हो जाती है, तब वे विनाश के रास्ते पर चल रहे होते हैं।

जीवन में निश्छलता बरकरार रखने के लिए हमें अपना दिमाग शांत और संतुलित रखना पड़ता है। केवल शांत और संतुलित व्यक्ति ही निश्छल हो सकते हैं। शिशुपाल ने इन्द्रप्रस्थ के दरबार में कृष्ण की बेइज्जती करनी शुरू की, लेकिन कृष्ण ने अपना आपा नहीं खोया। एक बार कृष्ण की उंगली अपने ही प्रिय हथियार सुदर्शन चक्र की तेज धार से कट गयी, तत्काल किसी के दिमाग में कोई ख्याल नहीं आया। द्रौपदी ने अपनी कीमती साड़ी से एक टुकड़ा

फाड़कर कृष्ण की उंगली पर बांध दिया, आश्चर्यजनक रूप से खून का बहना रुक गया। कृष्ण द्रौपदी की निश्छलता से प्रभावित हुए। उसने अपने कपड़े के बारे में न सोचकर कृष्ण का ख्याल रखा। इससे कृष्ण - इस कदर प्रभावित हुए कि वे जरूरत पड़ने पर द्रौपदी की पुकार की उपेक्षा नहीं कर सके। जब दुशासन द्रौपदी का चीर-हरण कर उसकी इज्जत लूटना चाहता था तो कृष्ण ने प्रकट होकर द्रौपदी की मदद की। डी-कंपनी (दुर्योधन, धृतराष्ट्र और दुशासन) का गलत इरादा कामयाब नहीं हुआ। अगर द्रौपदी की लाज नहीं बचती तो पांडवों के लिए जिन्दा रहना मुश्किल था। हो सकता है, वे आत्महत्या कर लेते, जुआ खेलने के डी-कंपनी के प्रस्ताव का युधिष्ठिर के द्वारा स्वीकार किया जाना, न तो निश्छलता है और न ही अज्ञानता। यह आज्ञा-पालन के नाम पर गलत गतिविधियों का अभ्यास-मात्र है। उसने अपने भाइयों और पत्नी को निजी संपत्ति माना, यह ऐसी बेवकूफी का उदाहरण है जो भविष्य में गंभीर रूप से हानिकारक हो सकती है अगर आप सबसे बड़े हैं तो इससे आपको इसप्रकार का व्यवहार करने की अनुमति नहीं मिलती है। यहीं हमें भोलेपन और जान-बूझकर की गई गलती के बीच लकीर खींचनी पड़ती है।

# 22

## खुशमिज़ाज बनें

**जातस्य हि ध्रुवो मृत्युर्ध्रुवं जन्म मृतस्य च।**
**तस्मादपरिहार्येऽर्थे न त्वं शोचितुमर्हसि।।**

**-गीता**

***जिन्होंने जन्म लिया है उनकी मृत्यु भी होगी। मृत्यु के उपरांत पुनर्जन्म होगा। इसलिए तुम्हें अपने अनिवार्य कर्त्तव्यों का निर्वाह करने में शोक संतप्त नहीं होना चाहिए।***

जीवन सुख और दुःख से भरा है। आधुनिक समय में, अपने आपको स्थापित करने के लिए काफी दिक्कतों का सामना करना पड़ता है। इक्कीसवीं सदी में भी लोग भूख और महामारी से मर रहे हैं। जहां भूख है, वहां बीमारियां हैं, गरीबी है, रोती-बिलखती मांएं हैं। बच्चों का बचपन खदानों और फैक्ट्रियों में काम करते हुए बीत जाता है। वे पाई-पाई के लिए संघर्ष करते हैं। क्या उनके लिए खुशी-खुशी जिंदगी गुजारना संभव है? यह उपेक्षित जीवन की कहानी है, लेकिन उनका क्या, जो समृद्ध हैं? वे भी भावी पीढ़ियों के लिए ज्यादा-से-ज्यादा इकट्ठा करने में लगे रहते हैं। वे एक शिकारी की तरह हमेशा मिशन पर रहते हैं। कई लोग जीवन-यापन के लिए संघर्ष कर रहे हैं तो कई अनदेखे भविष्य के लिए अपने साम्राज्य को बढ़ा रहे हैं। कुछ लोगों की दिनचर्या तो वर्तमान में होती है, लेकिन वे अतीत में डूबे रहते हैं। भविष्य की चिंता या अतीत में मग्न रहने के कारण लोग वर्तमान को भूल जाते हैं। क्या ऐसे में खुशमिज़ाज बने रहना संभव है?

जीवन की कुछ समस्याएं शारीरिक या भौतिक होती हैं तो दूसरी मनोवैज्ञानिक होती हैं। इनके अलावा भी कई समस्याएं होती हैं, जो न तो

शारीरिक हैं और न ही भावनात्मक। ये समस्याएं समाज, परिवार, सभ्यता इत्यादि के द्वारा लादी जाती हैं। कुछ समस्याएं एटिट्यूड से या आदतवश पैदा हो जाती हैं, उन समस्याओं का निर्माण हम स्वयं करते हैं। संभव है कि ये समस्याएं मनोवैज्ञानिक समस्या की परिधि को स्पर्श कर लें। शारीरिक या भौतिक समस्याओं का समाधान व्यक्तिगत और सामाजिक स्तर पर संयुक्त रूप से प्रयास करने से हो सकता है। जब गरीबी और भूख से संबंधित समस्याएं कम होंगी तो विश्व बेहतरी की ओर बढ़ेगा। शारीरिक दोष पर चिकित्सा-विज्ञान और तकनीकी तरक्की के साथ बहुत हद तक काबू पाया जा सकता है। दूसरी समयाओं का समाधान हम कड़ी मेहनत से निकाल सकते हैं।

कुछ लोग धारा के साथ बहते हैं। कुछ लोग लहर को अपने पक्ष में कर लेते हैं। कुछ न तो धारा के साथ बहते हैं और न ही उसकी दिशा को मोड़ते हैं। वे बैठकर ध्यान करते हैं, वे 'जो हैं' पर ध्यान केन्द्रित करते हैं। कुछ लोग ऐसे हैं, जो सोचते हैं 'क्या होना चाहिए'। ऐसे लोग जो 'क्या है' से अपना ध्यान नहीं हटाते, वे खुश रहते हैं। इसका यह मतलब नहीं कि वे आलसी होते हैं और बैठकर अच्छी हवा का इंतजार करते रहते हैं, लेकिन उन्हें ज्ञान हो जाता है कि जीवन कीमती है। दूसरा मौका प्राप्त करना बहुत मुश्किल है, इसलिए जो आनंद 'जो है' में है वह 'जो होना चाहिए' में नहीं है। एक व्यक्ति 'जो होना चाहिए' उसे प्राप्त करने की कोशिश कर सकता है। निस्संदेह, ऐसा करना भी चाहिए, लेकिन ऐसा करते हुए समय और स्थान पर से व्यक्ति की पकड़ ढीली नहीं होनी चाहिए। आप एक मजदूर के परिवार को देखिए। वह झुलसती धूप में काम करता है और फूस की छत वाले घर में शाम को वापस आता है। कुछ क्षण साथ बैठकर सभी साथ खाना पकाते हैं। जो उपलब्ध है उसे खाकर वे संतुष्ट हो जाते हैं। उन्हें कोई मनोवैज्ञानिक समस्या नहीं घेरती। दूसरे दिन सुबह वे अपने छोटे से बसेरे से निकल पड़ते हैं। मोबाइल पर गाना सुनते हुए वे अपने लिए नया काम तलाशते हैं। उनके जीवन में एक लय होती है। उन्हें स्वास्थ्य संबंधी समस्याएं नहीं घेरतीं। वे अपने काम का आनंद नहीं उठाते हैं। वे अपने इसी जीवन में खुशी के कुछ पल निकाल लेते हैं। हम अपने कार्यालय में देखते हैं कि कुछ लोग अपना काम काफी उत्साह से करते हैं। उनमें काम के प्रति एक तरह का दीवानापन होता है। वे अपने काम के प्रति समर्पित होते हैं। उन्हें जो जिम्मेदारी मिल जाती है, उसे वे बखूबी निभाते हैं।

यह तभी संभव है, जब कोई व्यक्ति अपने जीवन की समग्रता में विश्वास करता है और उसके हर पल का आनंद उठाता है। भगवान् कृष्ण ने अपने सभी कार्यों को मुस्कुराते हुए निपटाया। उनका जीवन उल्लासपूर्ण था। जन्म के वक्त से ही उन्हें समस्याओं से जूझना पड़ा और यह जीवन पर्यन्त बना रहा। फिर भी, वे हमेशा खुश रहे, उनके होठों पर मुस्कान हमेशा कायम रहती थी। जब कृष्ण महज छः दिन के थे तो एक भयानक राक्षसी उन्हें मारने के लिए आयी, संयोगवश वह स्वयं मारी गयी। ग्रामीणों ने देखा कि राक्षसी खून की नदी में मृत पड़ी थी और कृष्ण उसकी छाती पर खेल रहे थे। उनके चेहरे पर मुस्कुराहट थी, उन्हें कोई हानि नहीं पहुंची थी। उनके माता-पिता दौड़ते हुए उनके पास आये। जब उन्होंने देखा कि उसे कोई नुकसान नहीं हुआ है तो वे अपना भय भूलकर खुशी से झूम उठे। अगर मुस्कुराएं, तो सिर्फ अपने लिए नहीं मुस्कुराएं। उन सबके लिए मुस्कुराएं जिन्हें आप देखते हैं और जो आपको देखते हैं। एक मुस्कुराहट हजारों जिंदगियां बदल सकती है।

छः दिन के बच्चे की क्या बात है? जब कृष्ण पैदा हुए तो उनके पिता वासुदेव उन्हें ब्रज ले जा रहे थे। मथुरा और गोकुल के बीच यमुना नदी बहती है। वासुदेव को नदी पार करना था। उन्होंने बाल-कृष्ण को एक टोकरी में लिया और नदी पर करने लगे। बरसात का मौसम था, अचानक यमुना का जल-स्तर बढ़ने लगा। बालक ने यमुना के जल का स्पर्श कर लिया, उस स्पर्श के साथ ही यमुना का जल-स्तर गिरने लगा।

अपने बचपन के दोस्तों के साथ खेलते वक्त भी कृष्ण ने कई आपदाओं का सामना किया। कभी उन पर दैत्यों का आक्रामण होता था। कभी प्राकृतिक विपदा आ खड़ी होती थी। निस्संदेह कुछ कोमल पल भी उन दिनों की याद में शामिल हैं। समस्याओं से लड़ते हुए कृष्ण के लिए राधा और दूसरी लड़कियों का भावनात्मक सहारा आवश्यक था। यहां कृष्ण को प्यार और स्नेह मिला। वृन्दावन में हर व्यक्ति उनसे निस्स्वार्थ प्रेम करता था। उन्होंने जीवन में सुगम और कठिन दोनों क्षण देखे, लेकिन उन्होंने अंधकार कभी नहीं देखा। कृष्ण ने जीवन के हर क्षण का उल्लास मनाया। हमें जीवन में प्रत्येक क्षण का महत्त्व समझना चाहिए। हमें वर्तमान क्षण में रहना चाहिए अगर, यह क्षण परेशानियों से भरा है तो अगला क्षण बेहतर होगा। यह तभी संभव है जब आप बेहतर मूड या मनोदशा में होंगे। अगर हमारा मूड बेहतर होगा तो यह क्षण भी हमारे लिए बेहतर बन जाएगा। अगला क्षण सर्वोत्तम होगा और हम संपूर्ण जीवन उल्लासपूर्वक गुजारेंगे। जो अपने

जीवन में बदलाव लाना चाहते हैं, उन्हें उल्लासित होना पड़ेगा। भगवान् कृष्ण ने उल्लासपूर्वक जीवन व्यतीत किया, इसलिए वे मानव-जीवन में कई बदलाव लाने में सक्षम हुए। भगवान् कृष्ण युद्ध के मैदान में भी खुशमिज़ाज बने रहे। इसी आधार पर उन्होंने युद्ध-क्षेत्र में गीता का उपदेश दिया। यह मानव इतिहास में अद्वितीय है। अगर युद्ध-क्षेत्र में गीता का उपदेश दिया जा सकता है तो आप कृष्ण के अनोखे अंदाज का अनुमान लगा सकते हैं।

युद्ध के दौरान उन्होंने शुरू से अंत तक सारथी का कर्त्तव्य निभाया। उन्होंने अपना कर्त्तव्य पूरे समर्पण के साथ निभाया। उस दौरान भारतीय उपमहाद्वीप के सभी राजाओं और राजकुमारों के बीच कृष्ण आदरणीय समझे जाते थे, लेकिन युद्ध में उन्होंने काफी निचले तबके का काम किया, निचले स्तर पर काम करते हुए उन्होंने इतिहास की दिशा मोड़ दी। आप जहां काम करते हैं, वहां परिवर्तन ला सकते हैं। परिवर्तन लाने के लिए गतिविधियों का शीर्ष पर होना जरूरी नहीं है। महात्मा गांधी ने दक्षिण अफ्रीका में सत्य और अहिंसा के आधार पर लड़ाई तब शुरू की जब वे सेलिब्रिटी नहीं थे। 1946 ईसवी के सांप्रदायिक दंगों में वे लोगों को अपने अद्भुत अंदाज से शांत करते थे, लेकिन फिर भी रात में उन्हें अच्छी नींद आने में कोई तकलीफ नहीं होती थी। यह उल्लासमय जीवन है, उल्लसित जीवन और कर्त्तव्यनिष्ठ जीवन के बीच कोई विरोधाभास नहीं है। महाभारत युद्ध के दौरान वे घोड़ों की सेवा करते, उनके घावों को साफ करते, कूटनीतिक कार्यों को पूरा करते, आगे की कार्य-योजना बनाते और बांसुरीवादन करते थे। ऐसा जीवन उल्लासमय होता है, काम महत्त्वपूर्ण है, लेकिन शौक भी महत्त्वपूर्ण होता है। ड्यूटी महत्त्वपूर्ण होती है, लेकिन नियमित योगा भी उतना ही महत्त्वपूर्ण है। आपका ऑफिस जरूरी है, लेकिन परिवार उससे ज्यादा जरूरी है। काम अपेक्षाकृत महत्त्वपूर्ण है, लेकिन जीवन सर्वाधिक महत्त्वपूर्ण है।

कृष्ण ने जीवन में कई कार्य किये, लेकिन वे कभी नहीं भूले कि वे एक पति, एक बेटे, एक पिता और समाज के आम सदस्य भी हैं। उन्होंने हर कर्त्तव्य का निर्वहन भली-भांति किया। जीवन में संगीत का होना, लय का होना, बेहद जरूरी है। परिस्थितियां आती-जाती रहती हैं, लेकिन जो क्षण गुजर जाते हैं, वे कभी वापस नहीं आते। जो खुशमिज़ाज हैं, उन्हें कोई दुःख नहीं घेरता है। समर्पण आवश्यक है, बनावटी गंभीरता अभीष्ट नहीं है। हर क्षण के प्रति समर्पित हों; हर क्षण में मुस्कुराएं; अतः हर क्षण का उल्लास मनाएं। भले

ही वातावरण मेरे अनुकूल न हो, चाहे मैं किसी मुश्किल परिस्थिति में फंस गया हूं जिसके लिए मैं जिम्मेवार हूं या नहीं, लेकिन मैं निराश नहीं होऊंगा। मैं इसे भी बदल दूंगा, मेरे चेहरे पर शिकन नहीं होगी बल्कि मुस्कुराहट और उल्लास होगा। मैं अपने लिए और पूरी दुनिया के लिए उल्लासित होऊंगा। भगवान् कृष्ण अपने साधनों के साथ उल्लासित थे। मैं भी अपने साधनों के साथ खुश रहूंगा। अगर आप इसे अपने जीवन का मूलमंत्र बना लें तो आप हमेशा खुश रहेंगे। एक बार आप इसे अपनाएं। आप देखेंगे कि आपका जीवन बदल गया है - चाहे वह स्तर शारीरिक हो, पारिवारिक हो या कार्यालय से संबंधित हो। हम बदलते हैं तो दुनिया बदल जाती है। कृष्ण के लिए मुस्कुराएं इस लेखक के लिए मुस्कुराएं और सर्वोपरि है कि आप अपने लिए मुस्कुराएं। निश्चित तौर पर बचपन से ही आपकी अंतरात्मा आपका इंतजार कर रही है। अपने अंतर्मन पर शहद की कुछ बूंदे पड़ने दें; इसे भीगने दें; इसे गाने दें; इसे नाचने दें; फूलों को खिलने दें; चिड़ियों को चहकने दें; खुशमिज़ाज बनें।

धा...धिन....धा....धा...धिन....धिन, भगवन कृष्ण बांसुरी वादन कर रहे हैं....।

# 23

# जिन्दगी फूलों की सेज है, लेकिन सशर्त

**प्रसादे सर्वदुःखानां हानिरस्योपजायते।**
**प्रसन्नचेतसो ह्याशु बुद्धिः पर्यवतिष्ठते।।**
**– गीता**

***उस सर्वशक्तिमान ईश्वर की कृपा से व्यक्ति के समस्त दुःख दूर हो जाते हैं। तृप्ति व संतोष की इस स्थिति में व्यक्ति को परमानंदपूर्ण धैर्य की प्राप्ति होती है।***

सात अंधे लोगों की एक कहानी है। उन्हें एक हाथी का वर्णन करने के लिए कहा गया। उन्होंने हाथी को एक-एक कर छुआ। एक अंधे ने हाथी की सूंड को छुआ और कहा कि हाथी एक सांप की तरह है। दूसरे ने उसके पैरों को छुआ और कहा कि हाथी एक खंभे की तरह है। अपने अनुभव के आधार पर उन्होंने हाथी का वर्णन किया, लेकिन उनमें से कोई भी हाथी का वास्तविक चित्रण नहीं कर पाया। हम चीजों के एक निश्चित पहलू को देखते हैं और उस संबंध में अपने कुछ विचार बना लेते हैं। हमारे समक्ष विभिन्न चीजों की खंडित छवियां होती हैं। जब हम किसी पेड़ को देखते हैं तो उस दौरान हमारे दिमाग में कई तरह के विचार आते-जाते रहते हैं। उनकी परछाई हमारी धारणा या चीजों से संबंधित आभास पर पड़ती है, इसलिए हम चीजों को उसके अपने रूप में नहीं देख पाते हैं। हमारे दिमाग में परिवार, समाज, राष्ट्र, धर्म, स्कूल, संस्कृति, साहित्यिक समुदाय, क्षेत्रीय महत्त्वाकांक्षाओं से गढ़े हुए कई प्रतिबिंब होते हैं। असली आदमी कभी जन्म नहीं लेता है। शरीर यहां आते हैं और दूसरों की धारणाओं पर बढ़ते हैं। दूसरों की धारणाओं पर चलते

हुए शरीर मर भी जाता है। जो है उसका आनंद लोग नहीं उठा पाते हैं।

क्या जीवन यही है? चाहे व्यक्ति जीवन के नकारात्मक पक्ष को देखे या सकारात्मक पक्ष को, लेकिन जिंदगी यह नहीं है। कुछ लोगों की जिन्दगी कांटों से भरी हुई है। यहां धोखा है; आंसू हैं; दुःख है; हिंसा है; व्याभिचार है; भूख है और रोग है, उनके लिए यहां मंद बयार कभी नहीं बहती। वे कहते हैं- जिन्दगी में कोई फूल नहीं है; कोई सुंदरता नहीं है; अगर फूल खिलते हैं तो दूसरों के लिए खिलते हैं; अगर बादल बरसते हैं तो दूसरों के लिए; उन्हें अपनी बंजर भूमि पर ओस की एक बूंद भी नजर नहीं आती है। मयूर उनके लिए नहीं नाचता, यह उन लोगों की धारणा है जो कमोबेश उन सात अंधे आदमियों की तरह हैं।

कुछ दूसरी तरह के लोग भी होते हैं। ऐसे लोगों में एक कहता है – "मैंने फूलों को खिलते हुए देखा है; मोरों को नाचते हुए देखा है; बादलों को बरसते हुए देखा है; सुंदर लड़कियों को मुस्कुराते हुए देखा है; किसानों को खेती करते हुए देखा है, ओस की बूंदों को गिरते हुए देखा है...। मैंने अपने जीवन का आनंद उठाया है" मैं अभी भी इसका आनंद उठा रहा हूं....। मैं आगे भी इसका आनंद उठाऊंगा...। फिर से बारिश होगी.... मयूर फिर से नाचेंगे... फूल आगे भी खिलेंगे... सुंदरियां फिर से मुस्कुराएंगी.... मेरे जीवन में कोई समस्या नहीं है...; जो भी रुकावट आती है उसे मैं अपनी समझदारी से हल कर लेता व उनका समाधान निकाल लेता हूं। यहां मैं हूं और चीजें हैं, लेकिन कोई समस्या नहीं है। मेरे पास आधी-अधूरी दृष्टि नहीं है, मेरा कोई विशेष एटीट्यूड नहीं है। मैं चीजों को उस तरह से देखता हूं जैसी वे हैं। यही मेरा सच है, मेरा जीवन गुलाबों की सेज है।

क्या आपने ऐसे किसी व्यक्ति को अपने जीवन में देखा है? अगर हां तो उनसे प्रेरणा लें, अगर नहीं तो वैसा बनने की कोशिश करें। किसी भी हालत मे बदलाव की जरूरत तो है। कृष्ण ने अर्जुन के जीवन-परिवर्तन के लिए गीता का संदेश दिया।

इस उपदेश के बाद अर्जुन का जीवन बदल गया। उस क्षण कोई भी दूसरा, उस बदलाव को ग्रहण नहीं कर सकता था। उसका शरीर भी वही था और परिस्थितियां भी वही थीं। इस उपदेश से पहले अर्जुन रणक्षेत्र के मध्य था। वह भगवान् कृष्ण के साथ था, फिर भी उदास था। गीता का संदेश ग्रहण करने के बाद वह रणक्षेत्र में था। वह भगवान् कृष्ण के साथ भी था, लेकिन उदासी कहीं नहीं थी। वहां अब एक बदला हुआ अर्जुन था। कुछ घंटों के उपदेश से अर्जुन का पूरा जीवन ही बदल गया। अब वह एक अलग अर्जुन बन गया। अभी भी वह रणक्षेत्र में था, लेकिन उसके रास्ते में कांटा नहीं था। उसका जीवन गुलाबों से लदा था। उसने युद्ध के मैदान में कितने ही शक्तिशाली योद्धाओं को मार गिराया। वह अपने पुत्र अभिमन्यु की मृत्यु के बाद के अवसादग्रस्त काल से भी बाहर निकल आया। गीता बदलाव का संदेश है।

यह बदलाव तभी आता है, जब आप ज्ञान प्राप्त कर लेते हैं। कृष्ण आपको जागरुक बनाते हैं, सावधान करते हैं और खुशमिज़ाज बनाते हैं। वे पलायन कर रहे अर्जुन को रणक्षेत्र में वापस लाते हैं। वे संदेश देते हैं कि जिंदगी का मतलब सच से भागना नहीं होता। जिंदगी का मतलब है सच का आनंद उठाना। यह रोने-धोने के लिए नहीं होती है। यह समारोह है, यह ध्यान है। आप एक उत्सव की तरह मनमोहक अंदाज में इसे मनाएं। उनके भाई बलराम गंभीर होते हैं; उनकी पत्नियां गंभीर हो जाती हैं; पांडव गंभीर हो जाते हैं; लेकिन किसी ने कभी कृष्ण को गंभीर होते हुए नहीं देखा। लोगों को कृष्ण जब भी मिले, प्यारे कृष्ण की तरह; स्नेही कृष्ण की तरह; योद्धा कृष्ण की तरह। आश्चर्यजनक कारनामे करते कृष्ण, दिव्य कार्य करते कृष्ण और मुस्कुराते कृष्ण ने लोगों का दिल जीत लिया। जीवन के अंत में जब किसी शिकारी ने उनके पैर में तीर मारा, तब भी उन्होंने अपनी शांति नहीं खोयी। उनके दिल में शांति थी। मृत्यु के वक्त भी उनके होठों पर मुस्कुराहट थी।

मृत्यु जीवन का शिखर है। अगर आपने परिवर्तित जीवन जीया है, तो मृत्यु का भी आनंद उठाएंगे। मृत्यु जीवन से अलग अध्याय नहीं है। यह जीवन का आखिरी अध्याय है। कृष्ण ने एक सुचिन्तित और समझदारी वाली जिंदगी को जीया, अतः उनका जीवन गुलाबों की सेज था, सोचने वाले एक व्यक्ति के लिए यह गुलाबों की सेज है।

अगर दुःख आने वाला है, उसे आने दो। अगर दर्द आने वाला है, उसे आने दो। अगर आप इसे बदल सकते हैं, तो बदल दीजिए। नकारात्मक क्षणों के बारे में क्यों सोचा जाय? जो क्षण आने वाला है, जिसे अभी किसी ने नहीं देखा, उसके बारे में क्यों सोचा जाय? पहले उसे आने दो। मृत्यु और विनाश के बारे में क्यों सोचा जाय? आपकी सकारात्मक प्रवृत्तियां आपके दुःख को भी उल्लास में बदल देंगी। अधिकांश लोग अतीत के नाम पर अपना वर्तमान बेकार कर देते हैं। अधिकांश लोग डर की परछाईं के तले रहते हैं। कृष्ण को खेलते वक्त और मवेशियों को चराते वक्त दैत्य परेशान करते थे, लेकिन उन्होंने दोस्तों व ब्रज की भोली-भाली लड़कियों के साथ खेलना व गाना नहीं छोड़ा, नृत्य करना नहीं छोड़ा। वे अतीत से टंगे नहीं रहते थे। उन्होंने भविष्य के तले कभी जीवन नहीं जीया, लेकिन वे हर चीज का ख्याल रखते थे, वे स्मार्ट थे। उन्हें दुनिया की समझ थी। उन्हें समय और स्थान का ज्ञान था।

एक समझदार व्यक्ति ही जीवन में सर्वोत्तम प्रदर्शन करता है। एक स्मार्ट व्यक्ति सफल होता है। एक फिक्रमंद व्यक्ति विपत्तियों और खतरों का सामना मुस्कुराते हुए करता है। ऐसे लोगों के लिए जीवन गुलाबों की सेज है।

# 24

## नूतन पथ पर चलना

**सदास्वरूपसम्प्राप्तः सर्वज्ञो नित्यनूतनः।**
**सच्चिदानन्दसान्द्रांगः सर्वसिद्धिनिषेवितः॥**

– **भक्तिरसामशतसिन्धु**

***भगवान कृष्ण माया के चक्र से परे हैं। वे सर्वज्ञ हैं। वे सदैव नवीन हैं। वे परम कृपालु हैं और समस्त दैवी शक्तियों के स्वामी हैं।***

कृष्ण का जन्म मथुरा के एक बंदीगृह में हुआ था। उन्होंने अपने जन्म के छठे दिन एक महिला राक्षसी को मार गिराया। बारह वर्ष की उम्र प्राप्त करने से पहले कृष्ण ने सैकड़ों राक्षसों का नाश किया। लगभग इसी उम्र में उन्होंने दुर्जन राजा कंस का भी वध किया। वे संत संदीपनी के आश्रम में गये। वहां उन्होंने मात्र चौंसठ दिनों में सभी कलाओं का ज्ञान हासिल कर लिया। उन्होंने जरासंध के साथ कई लड़ाइयां लड़ीं। कृष्ण ने अपनी कनिष्ठा पर गोवर्धन पर्वत को सात दिन तक उठाये रखा। वे एक महान चिंतक, महान योद्धा, संगीतकार, गायक, नर्तक, और सर्वोपरि तो यह कि सभी चौसठों कलाओं में माहिर थे। उन्होंने महाभारत के युद्ध मैदान में गीता का संदेश दिया। अपने जीवनकाल में अंतर्राष्ट्रीय ख्याति अर्जित करने के बाद उन्होंने अर्जुन का सारथी बनना स्वीकार किया। उन्होंने एक दुर्जन राजा द्वारा बंदी बनाई गयी, सोलह हजार लड़कियों को मुक्त कराकर अपने यहां आश्रय दिया। क्षेत्र में शांति बरकरार रखने के लिए कृष्ण ने मथुरा को छोड़कर अरब सागर के किनारे बसी द्वारका को अपनी राजधानी बनाया।

बचपन में ही कृष्ण ने यमुना में निवास करने वाले अत्यंत विषैले सांप कालिया से युद्ध किया। यह यमुना को स्वच्छ रखने का उनका अद्‌भुत प्रयास था। एक अकेले व्यक्ति ने इतने सारे असाधारण कार्य किए, आश्चर्यजनक!

लोग हैरत में पड़ जाते हैं और कहते हैं – "क्या यह संभव है कि अकेला व्यक्ति इतने सारे कार्य करे? निस्संदेह कृष्ण ने असाधारण जीवन जीया और असाधारण कार्य किया।"

कृष्ण के अलावा भी मानव इतिहास में ऐसे कितने ही लोग हैं जिन्होंने अद्‌भुत कार्य किये हैं। कुछ लोग कहते हैं – ''कृष्ण ने ऐसा किया, मैं भी करूंगा। बुद्ध ने यह किया तो मैं भी कर लूंगा। चाणक्य ने किया, मैं भी करूंगा। हेनरी फोर्ड ने जो किया, वही मैं भी करूंगा। न्यूटन ने किया, मैं भी करूंगा। गांधी ने किया, मैं भी करूंगा। बिल गेट्स ने किया, मैं भी करूंगा।'' निश्चित तौर पर अगर कोई उसे दुहराना चाहे तो वह दुहरा सकता है, लेकिन इससे सफलता हाथ नहीं आएगी। कुछ भी दुहराया नहीं जाता है, आप उससे प्रेरणा ले सकते हैं। अपनी कार्य–योजना तय कर सकते हैं। आप परखे हुए रास्ते पर चल सकते हैं। हो सकता है, इससे आपको फायदा मिले या नुकसान हो जाए, लेकिन इस पर चलकर आप कोई युगान्तकारी परिवर्तन नहीं ला पाएंगे। जो नई चीज समाज को देते हैं, वे नूतन पथ पर चलते हैं, वे अपने लिए एक रास्ता बनाते हैं। ऊपर बताए गए सभी नाम अब एक घटना बन गये हैं। वे बस अब व्यक्ति नहीं रहे। उनका जीवन और उनका काम अब जनता के डोमेन की संपत्ति है। वे सदैव प्रज्वलित शिखा की तरह हैं जो मानव–समुदाय को रास्ता दिखाती है। वे मानव–जाति के लिए प्रेरणा की तरह हैं। वे हर समय के लिए प्रासंगिक हैं।

बिल गेट्स की स्कूली पढ़ाई तक छूट चुकी थी, लेकिन आज वे संपूर्ण विश्व में जाना–पहचाना संगठन, माइक्रोसॉफ्ट के निर्माता हैं। जब उन्होंने इस कंपनी को एक मेगा कंपनी बना दिया और इसके उत्पाद संपूर्ण विश्व में फैल गये तो उन्होंने कपंनी के चेयरमैन का पद छोड़ दिया। आजकल वे और उनकी पत्नी मानव–कल्याण के कार्यों में सक्रिय भागीदार हैं। क्या, हर स्कूल ड्रॉप–आउट ऐसा कर सकता है? गांधी ने सत्य और अहिंसा के मार्ग का अनुसरण किया। यह राजनीति के लिए नया प्रयोग था। गांधी ने सोचा और ऐसा करने का साहस किया।

कृष्ण ने रणक्षेत्र में गीता का उपदेश दिया। यह मानव इतिहास में अपनी तरह का अनोखा प्रयोग था। इससे वह युद्ध और महत्त्वपूर्ण हो गया है। गीता में हमें उपनिषद् के भी कुछ तत्त्व नजर आते हैं। कृष्ण के पहले भी ऐसे विचार मौजूद थे। कृष्ण ने इसमें नयी चीजें जोड़ीं, उन्होंने इसे नये अंदाज में प्रस्तुत किया। यहां परंपरा और व्यक्तिगत मेघा का मिलन है। कोई व्यक्ति चाहे तो ऐसा कार्य कर सकता है, लेकिन वह रणक्षेत्र गीता का सृजन नहीं कर

सकता है। महाभारत के युद्ध का इंतजाम कैसे हो सकता है? कौरवों और पांडवों को कहां से लाया जाएगा? इसलिए परिस्थितियां भी अलग हैं, चरित्र भी अलग हैं।

हम बिल्कुल अलग दुनिया में रह रहे हैं, हम अलग प्रकार की मांगों का सामना करते हैं, हमारे जीवन की परिस्थितियां अलग हैं। उत्पादन की प्रक्रिया बदल चुकी है, इसलिए जो कुछ नवीन करने के इच्छुक हैं, उन्हें अपने लिए नूतन पथ का निर्माण करना होगा। अपने द्वारा निर्मित पथ पर चलकर आप लक्ष्य तक पहुंच जाएंगे। निस्संदेह, कृष्ण की प्रेरणा और सैकड़ों-करोड़ों लोगों का आशीर्वाद तो रहेगा ही। जो नयी ऊंचाई छूना चाहते हैं, उनके लिए प्रेरणा स्रोत कई हो सकते हैं, लेकिन सर्जक एक ही होगा।

कृष्ण ने युद्ध में पारंपरिक हथियारों का उपयोग किया, लेकिन उन्होंने अर्जुन को विभिन्न देवताओं को प्रसन्न कर सर्वथा नवीन अस्त्र-शस्त्र अर्जित करने की प्रेरणा दी। जो ज्ञात है, वह बहुत लोगों की जानकारी में है। वह उन सब की मदद के लिए है, जिनके पास उसकी जानकारी है। निस्संदेह मदद उन चीजों से भी मिलेगी, लेकिन जिन्हें सर्वश्रेष्ठ प्रदर्शन करना है उन्हें अपने लिए कुछ नया तलाशना होगा। कृष्ण फिर आएंगे, लेकिन कोई दूसरी गीता का सृजन नहीं होगा।

इस ब्रह्मांड में प्रत्येक कण की एक स्वतंत्र पहचान है। कुछ भी दूसरे की फोटोप्रति नहीं है। फोटोप्रति में मौलिकता की चमक नहीं होती। आप एक अलग व्यक्ति हैं। आप दूसरों के रास्ते पर चल सकते हैं। आप एक अनुयायी हो सकते हैं। एक अच्छी सोच या किसी अच्छी चीज का अनुसरण हमेशा फायदेमंद होता है। हमें इस दुनिया की हर अच्छी और सुंदर चीज का समर्थन करना चाहिए, लेकिन सृजन अद्वितीय है। कई लोगों ने महान हस्तियों के जीवन पर मैनेजमेंट गुरु पुस्तक लिखी है। उसकी महज पुनरावृत्ति इसे सही मायनों में किताब नहीं बनाएगी....। यह शिष्य के द्वारा दुहाराए जाने वाले पाठ की तरह प्रतीत होगा। यहां शब्द गतिशील हैं क्योंकि लेखक महसूस कर रहा है कि किसी नूतन चीज का सृजन हो रहा है।

जब तक आप अपनी परंपरा के महत्त्वपूर्ण पहलुओं को आत्मसात नहीं करेंगे तब तक यहां टिके रहना मुश्किल है, लेकिन नवीन चीजों के सृजन के लिए आपको कुछ नयी चीजें भी लानी होंगी। नूतन पथ के निर्माण के लिए नये डिजाइन की जरूरत होती है। एक नये उत्पाद को बेचने के लिए नया स्टफ और नई पैकेजिंग चाहिए। उत्पाद की बिक्री के लिए न सिर्फ नई पैकेजिंग बल्कि एक नये स्लोगन और नई बॉटम लाइन की जरूरत होती है। जब एक बार कोई उत्पाद बाजार में लॉन्च कर दिया जाता है और वह मार्केट में अपनी पकड़ बना

लेता है, तो उत्पाद की गुणवत्ता और उसके स्टफ पर उसका टिके रहना निर्भर है। लोग उत्पाद की गुणवत्ता, उसके टिकाऊपन और कंपनी द्वारा प्रदत्त सेवाओं से संतुष्ट होते हैं। इसके बाद ही उत्पाद की पहचान होती है।

कृष्ण अपने से पहले पैदा हुए सभी अवतारों से अलग थे, ठीक उसी तरह जैसे बुद्ध अलग हैं, गांधी अलग हैं। अद्वितीयता हमें दूसरों से इतर बनाती है। नयापन हमारी रगों में होना चाहिए। अगर आपके पास नूतनता लाने का कोई जन्मजात गुण है तब तो आप नवीन रास्ते पर चलते हैं, लेकिन अगर आप में यह नहीं है तो आपको दूसरों के बताए गए रास्ते पर चलना होगा। कृष्ण ने कार्य-योजना बनायी और लोगों ने उस पथ का अनुसरण किया। कृष्ण कालिया सर्प से लड़ने के लिए यमुना में कूद पड़े, लेकिन ब्रज के किसी दूसरे बालक ने छलांग नहीं लगाई। उन्हें अपने सामर्थ्य का अंदाजा था। कृष्ण ने भारी बारिश से लोगों की रक्षा करने के लिए गोवर्धन पर्वत को सात दिन तक अपनी कनिष्ठा पर उठा रखा था, किसी और ने यह नहीं किया। वे देखते रहे और कृष्ण की प्रंशसा करते रहे। वे बुद्धिमान लोग थे। कुछ भी असंभव नहीं है, लेकिन असंभव को संभव बनाने का साहस और सामर्थ्य होना चाहिए। लोगों की क्षमता बढ़ती है, सामर्थ्य बढ़ता है, लेकिन काम करने के पहले हमें उसका आकलन कर लेना चाहिए।

जब तक कोई व्यक्ति अंतरिक्ष यात्री नहीं होगा, वह अंतरिक्ष में कैसे जाएगा। अगर कोई सेना में नहीं है तो वह सीमा पर लड़ाई करने किस प्रकार जाएगा? निस्संदेह अपनी सीमा की रक्षा करना हरेक का कर्त्तव्य है, लेकिन ऐसा आपातकाल में होता है। वह नियम नहीं हो सकता है। पहले अपनी क्षमता गुणवत्ता, सामर्थ्य और अपने अंत: व बाह्य को समझ लें, फिर समय और संगठन की मांग के अनुसार काम करें, प्रेरणादायी ऊर्जा भी किसी भी कार्य के अच्छे निष्पादन का अभिन्न अंग है। अगर आप इतनी गहराई तक जाते हैं, तो निश्चित है कि आप समुद्र तल से मोती चुनने में सफल रहेंगे। इसके बाद सब कुछ आपका है। कृष्ण में यह सब था, इसलिए वे सामाजिक जरूरतों को पूरा करने में सफल रहे, अत: वे नूतन पथ पर चले। शेष समाज ने उनका अनुसरण किया और उनका गुण गाया। आज भी लोग, कृष्ण, गोविंद, गोपाल, मुरलीधर, माधव... गाते हुए मिल जाएंगे। हम गाना और मंत्र सुनाकर उन्हें खुश करते हैं। मुझे उम्मीद है कि भविष्य में भी यह सुनने को मिलेगा। उनकी गीता आज भी प्रासंगिक है और आगे भी रहेगी। हालांकि इसके मायने समय-समय पर बदलते रहेंगे। समय बदलेगा, गायक बदलेगा, लेकिन गीता वही रहेगी और कृष्ण भी वही रहेंगे।

# 25

# उदासीनता, सहानुभूति और तदानुभूति

**यं हि न व्यथयन्त्येते पुरुषं पुरुषर्षभ।**
**समदु:खसुखं धीरं सोऽमृतत्वाय कल्पते।।**

**–गीता**

***हे अर्जुन! वे लोग, जो दुख और सुख की द्वैतभावना से विचलित नहीं होते, निश्चित रूप से जीवन में एक परमानंद स्थिति को प्राप्त करते हैं।***

दिन–दहाड़े घटनाएं होती हैं, पूरे तंत्र में खलबली मच जाती है। सड़क के किनारे किसी की मौत हो जाती है और कोई उसकी चिंता नहीं करता। भ्रष्ट राजनीतिज्ञ देश चलाते हैं और लोग बार–बार उन्हें वोट देकर जीत दिलवाते हैं। इसका यह मतलब कतई नहीं है कि देश की समग्र जनता भ्रष्ट हो गयी है, उनमें उदासीनता है।

लोगों की रक्षा करने के लिए और उनकी मदद करने के लिए कोई आता है। कुछ लोग मानवता की भलाई के लिए कार्य करते हैं। ऐसे कई लोग हैं, जो जरूरतमंदों की मदद के लिए आगे आते हैं, उनमें दूसरों के लिए सहानुभूति होती है। इस दुनिया में उदासीनता है, इसी दुनिया में सहानुभूति है और इसी दुनिया में तदानुभूति भी है। शिर्डी के साईंबाबा को उनके एक भक्त काशिम ने एक घोड़ा दान में दिया। एक दिन एक देख–रेख करने वाले ने घोड़े को पीटना शुरू कर दिया। कुछ देर के बाद साईं बाबा ने एक व्यक्ति को घोड़े की रक्षा करने के लिए कहा। साधारण तौर पर ऐसा लगता है कि यह घोड़े के प्रति साईं बाबा की तदानुभूति थी, लेकिन यह उससे कहीं ऊंचा भाव था। वह व्यक्ति जब साईं बाबा के पास लौटा तो उसने देखा कि बाबा की पीठ से खून

निकल रहा है, यह सदानुभूति है। बाबा ने घोड़े के कष्ट को इस तरह अपनाया कि वह उनका हो गया।

भगवान् रामकृष्ण परमहंस के जीवन में भी हमें एक ऐसी घटना देखने को मिलती है। एक जमींदार रामकृष्ण परमहंस को देखने के लिए आने वाला था। इसके लिए उसे गंगा को पार करना था। ऐसा लग रहा था कि किसी भी समय तूफान आ सकता है। उसने एक नाविक को नदी पार कराने का आदेश दिया, नाविक ने इंकार कर दिया। ऐसा करने पर, उसे जमींदार ने बुरी तरह पीटा। उसके बाद उसने दूसरा नाविक ठीक किया। नदी पार कर वह परमहंस के पास पहुंचा, लेकिन रामकृष्ण ने उससे मिलने से इंकार कर दिया। जब उसने इसका कारण जानना चाहा तो ईश्वर के उस विशेष बंदे ने अपनी पीठ दिखा दी, उससे बुरी तरह खून बह रहा था। रामकृष्ण ने जमींदार के हंटर का हर घाव अपनी पीठ पर लेकर नाविक की रक्षा की। यह परानुभूति है।

अगर आप किसी के लिए कुछ महसूस नहीं करते तो यह उदासीनता है, निरपेक्षता है। जब आप किसी के लिए दयाभाव रखते हैं तो यह सहानुभूति है। अगर आप वही महसूस करते हैं, जो पीड़ित करता है तो यह सदानुभूति है।

भगवान् कृष्ण का संपूर्ण जीवन सदानुभूति का एक उदाहरण है। इस संबंध में कितनी ही सुंदर कहानियां प्रचलित हैं। एक दिन, कई वर्षों के बिछोह के बाद, राधा की मुलाकात कृष्ण से हुई। रात में सभी जब कैंप में आराम करने चले गये तो कृष्ण ने रुक्मिणी से कहा कि राधा को एक गिलास गुनगुना दूध भिजवा दिया जाये। उसे सोने के पहले गुनगुना दूध पीने की आदत है। भगवान् कृष्ण कितने फिक्रमंद थे? वे बचपन की अपनी दोस्त राधा की आदतों को नहीं भूले थे। इतना गहरा प्यार, ऐसी आत्मीयता; रुक्मिणी ने उनकी आज्ञा का पालन किया और फौरन वापस आ गयी। उन्हें भगवान् का भी ख्याल रखना था। सुबह जब वे जागी तो उन्होंने कृष्ण के पैरों में सूजन देखी। उन्होंने राजदरबार के चिकित्सक को इलाज के लिए बुलवाया, लेकिन कृष्ण ने दवा लेने से इंकार कर दिया। उन्होंने कहा – "राधा अपने हृदय में मेरे चरणों का ध्यान करती है। पिछली रात जल्दी में तुमने खौलते हुए दूध का एक गिलास राधा को भेजा और कहा कि मैंने भिजवाया है। उसने जल्दी से गिलास ले लिया कि यह मेरे द्वारा प्रेषित है। उसके हृदय में जलन हुई, फलतः मेरे चरणों में जलन हुई और मेरे चरण सूज गए" रुक्मिणी बहुत दुःखी हुईं। वे चाहती थीं कि कृष्ण के पैर किसी तरह ठीक जाएं। उन्होंने कृष्ण से इसका उपाय पूछा।

कृष्ण ने उनसे कहा – ‘‘मुझसे प्रेम करने वाली कोई स्त्री अगर मेरी छाती का स्पर्श अपने पैरों से करे, तो मैं ठीक हो जाऊंगा।’’ रुक्मिणी सहित उनकी कोई भी पत्नी यह करने के लिए तैयार नहीं हुई। भगवान् को अपने पैरों से स्पर्श करना पाप–कर्म है। राधा तक जब यह खबर पहुंची, तो वह ऐसा करने के लिए तैयार हो गयी। उसने कहा– ‘‘मैं अपने सिर पर पाप स्वीकार करने के लिए तैयार हूं। मुझे सिर्फ कृष्ण के अच्छे होने की चिंता है।’’ उन्होंने आकर कृष्ण को स्पर्श किया, सूजन गायब हो गयी। यह प्यार है, तदानुभूति है। यहां प्रेम और तदानुभूति दोनों ही अभिन्न हैं।

महाभारत की लड़ाई में जब भीष्म ने कृष्ण के घोड़े और उनके मित्र अर्जुन पर कई तीर दाग दिए तो तनावग्रस्त क्षण आ गया। उन्हें भीष्म को रोकना था। वे हाथ में चक्र लेकर भीष्म की ओर दौड़ पड़े, भीष्म ने उनका सम्मान करते हुए उनका अभिवादन किया। वे अपने रथ पर वापस आ गए। उन्होंने शपथ ली थी कि लड़ाई के दौरान वे अपने हाथों में हथियार नहीं लेंगे, लेकिन अपने घोड़े और मित्र को बचाने के लिए उन्होंने अपने हाथों में चक्र लिया। यह तदानुभूति है। कृष्ण चाहते तो अपने माता–पिता को कंस के बंदी गृह से मुक्त करा सकते थे, इसके लिए उन्हें कंस को जीवनदान देना पड़ता, लेकिन यह समझौता व्यक्तिगत होता। उनके मन में संपूर्ण समाज के लिए तदानुभूति थी। वे कंस के आततायी शासन से समाज को मुक्ति दिलाना चाहते थे। ऐसे लोग व्यक्तिगत फायदा–नुकसान देखकर अपने जीवन की दिशा नहीं तय करते हैं। ऐसे लोग संपूर्ण मानव–जाति के कल्याण के बारे में सोचते हैं। यीशु ने निजी फायदे के लिए अपनी मृत्यु नहीं स्वीकार की। वे अपने शिष्यों के लिए जीते थे और उन्हीं के लिए मरे भी। बुद्ध ने अपने भक्त चंदा के आनंद के लिए निर्वाण प्राप्त किया। उसने भगवान् के आगे सूअर का मांस की एक प्लेट रख दी। ऐसे गंदे मांस का भोजन करने से उनका पेट खराब हो गया और उसी से उनका अंत भी हुआ, लेकिन उनके मन में अपने भक्त के प्रति तदानुभूति थी।

सहानुभूति समय और परिस्थिति के अनुसार बदल सकती है, लेकिन सदानुभूति दिव्य भाव है। व्यक्ति की उन्नति आवश्यक है, लेकिन व्यक्ति की उन्नति समाज की उन्नति के साथ ही होती है। ऐसा व्यक्ति जिसके पास अपने संगठन के लिए सदानुभूति है, वह संगठन के लिए रहता है, सोचता है और काम करता है। ऐसा समर्पित स्टाफ अपने संगठन के लिए एक अत्यंत महत्त्वपूर्ण संसाधन होता है। एक अच्छे बॉस को ऐसे समर्पित स्टाफ का ख्याल

रखना चाहिए और उसकी उन्नति के लिए कुछ करना चाहिए। अर्जुन ने कृष्ण के बारे में सोचा और उनसे प्रेम किया। इसलिए कृष्ण ने उनकी भलाई का भी पूरा ख्याल रखा। एक शिष्य अपने गुरु का ख्याल रखता है और पूर्ण समर्पित हो उनकी सेवा करता है। इसके लिए गुरु शिष्य की भौतिक और आध्यात्मिक उन्नति का ख्याल रखते हैं। एक गुरु के पास अपने शिष्यों के लिए परानुभूति भाव होता है। मैनजमेंट गुरु भगवान् कृष्ण पूरी दुनिया के लिए सदानुभूति का भाव रखते थे। अपनी दुनिया को स्वच्छ और धार्मिक बनाने के लिए उन्होंने हथियार थामा। इसे प्रेममय बनाने के लिए उन्होंने प्यार किया। उन्होंने इसे सुंदर बनाने की कोशिश की और अंतर्मन से इसे प्यार किया।

जब उनके मित्र सुदामा उनसे मदद मांगने आये तो वे झिझक में एक शब्द भी नहीं बोल पाये, लेकिन कृष्ण के मन में अपने मित्र के लिए सदानुभूति थी। उन्होंने भी मदद संबंधी एक भी शब्द की चर्चा नहीं की। कुछ दिनों के राजकीय आतिथ्य के बाद जब सुदामा द्वारका से लौटे तो वे खाली हाथ थे, लेकिन जब वे अपने निवास स्थान पर पहुंचे तो उन्होंने देखा कि उनकी झोपड़ी की जगह महल खड़ा है, उन्होंने जब इस संबंध में पूछताछ की तो पता चला कि कृष्ण ने अपने मित्र सुदामा के लिए इसे बनवाया है। यह सदानुभूति है। सदानुभूति हमारे क्षितिज का विस्तार करती है। इससे हमारा व्यक्तित्व ज्यादा-से-ज्यादा लोगों के लिए स्वीकार्य बन जाता है।

भगवान् कृष्ण को प्रेम का देवता कहा जाता है। उन्हें हर प्राणी से प्रेम था। वे उन सबकी मदद करना चाहते थे, जो उन्हें याद करते थे। उनकी मदद सहानुभूति से परे होती थी। उसका स्तर सदानुभूति का था। सदानुभूति के लिए ही एक अवतार ने घोषणा की – "कुछ भी मुझसे परे नहीं है। यह दुनिया मेरे अंदर है। मैं इस दुनिया में हूं।" सदानुभूति हमें अखंड बनाती है। जब एकात्मकता इस स्तर की होती है तो व्यक्ति एक संगठन/राष्ट्र/समाज का पर्यायवाची बन जाता है। नारायण मूर्ति, इंफोसिस के पर्यायवाची हैं। बिल गेट्स, माइक्रोसॉफ्ट के पर्यायवाची हैं। कृष्ण अपने भक्तों के दिलों में रहते हैं। उनके भक्त उनके हृदय में रहते हैं, इसलिए सदानुभूति मानवोचित तो है ही उससे परे भी जाती है। यह व्यर्थ को दिव्य में बदल देती है।

# 26

# इच्छाओं की उड़ान

**यस्त्विन्द्रियाणि मनसा नियम्यारभतेऽर्जुन।**
**कर्मेन्द्रियैः कर्मयोगमसक्तः स विशिष्यते॥**

**–गीता**

***वे निष्ठावान लोग, जो अपनी सभी इन्द्रियों व मस्तिष्क पर नियंत्रण रखने का प्रयत्न करते हैं तथा बिना किसी लोभेच्छा के कर्म-क्रिया करते हैं, महान लोग होते हैं।***

अगर हमारी इच्छाएं घोड़ों की तरह दौड़तीं, तो हम सब उनकी सवारी करते। मानव–मन तारों को छूना चाहता है। तारों तक नहीं पहुंच पाने में कोई बुराई नहीं है, लेकिन अगर हमारी कल्पना भी वहां तक न पहुंचे, अगर हम उसे छूना ही नहीं चाहें तो यह स्वागत योग्य कदम नहीं कहा जाएगा। इसका यह मतलब नहीं है कि हम जरूरत से ज्यादा महत्त्वाकांक्षी बन जाएं, लेकिन यह जरूर है कि हमें अपने सामर्थ्य का या अपनी मेधा का अधिकतम इस्तेमाल करना चाहिए।

प्रत्येक सफल व्यक्ति में कार्यों को हल करने के लिए व्यावहारिकता जरूर होती है। उनकी सोच ऊंची होती है, लेकिन वे जमीनी हकीकत से कभी मुंह नहीं मोड़ते। अगर फील्ड में काम करना है तो आपका रुख व्यावहारिक और लचीला होना चाहिए। जिन्हें इस प्रकार के क्षेत्रों में काम करना है, उन्हें लोगों की जरूरतों और उनकी भावनाओं का ख्याल रखना पड़ता है। सबसे पहले हमें अपने आप को समझने की जरूरत है। अगर आप अपने–आप को समझ लेंगे तो आप पूरी दुनिया को समझ लेंगे। कृष्ण ने अपना संसार, अपना समय और तत्कालीन कायदे–कानून को समझा। वह अपने अवतार का उद्देश्य समझते थे और उन्होंने उसी के अनुसार काम किया।

कंस की मृत्यु के बाद उसके ससुर जरासंध ने मथुरा पर आक्रमण शुरू कर दिया। कृष्ण ने काफी बहादुरी से उसका सामना किया। जरासंध को वापस लौटना पड़ा, लेकिन जरासंध हार मानने के लिए तैयार नहीं था। उसने मथुरा की निर्दोष प्रजा को परेशान करना नहीं छोड़ा। कंस के आततायी शासन में लोग पहले ही काफी भुगत चुके थे। कृष्ण निर्दोष लोगों पर और अत्याचार होते नहीं देखना चाहते थे, इसलिए उन्होंने एक दूसरे विकल्प पर विचार किया। उन्होंने मथुरा के श्रेष्ठ जनों को द्वारका राज-काज स्थानान्तरित करने के लिए तैयार किया। वे कृष्ण के विचार से सहमत थे, पूरी जनता को एक जगह से दूसरी जगह स्थानांतरित करने का निर्णय काफी मुश्किल था। लोगों को अपना मूल निवास स्थान छोड़ना पड़ता। उन्हें न सिर्फ जमीन बल्कि अपनी अचल अन्य संपत्ति को भी छोड़कर जाना था। इससे अर्थव्यवस्था को तो हानि पहुंचती ही, साथ ही यह भावनात्मक नुकसान का भी मुद्दा था। फिर भी सबने कृष्ण के निर्णय का समर्थन किया, वे जानते थे कि कृष्ण कोई काल्पनिक निर्णय नहीं लेंगे। वे अपनी इच्छाओं को बेलगाम दौड़ने की इज़ाजत नहीं देते थे। वे सब कुछ जानने वाले थे।

द्वारका में साम्राज्य की स्थापना में उन्होंने इसकी स्थानीय अवस्थिति का फायदा उठाया। यह भारत के समुद्री किनारे पर स्थित है। इसे अरब महासागर के निकट पश्चिमी समुद्र-तट पर ढूंढा गया। यह दक्षिण और उत्तर की मिलन-स्थली है। यह महत्त्वपूर्ण व्यापारिक रास्ता है। जब से द्वारका की नींव डाली गयी, यह एक समृद्ध प्रांत बना रहा। इसके व्यापार और वाणिज्य में दिन दूना और रात चौगुना इज़ाफा हो रहा था। इसकी समृद्धि से पड़ोसी राज्यों को जलन होती थी, लेकिन कृष्ण ने विलासिता में डूबकर अपना समय बर्बाद नहीं किया। उन्हें अपने अवतार का उद्देश्य पूरा करना था।

रुक्मिणी कृष्ण से विवाह रचाना चाहती थी, लेकिन उसके भाई की योजना कुछ और ही थी। इससे घबराकर रुक्मिणी ने कृष्ण के नाम चिट्ठी भेजकर उनसे ब्याह रचाने की इच्छा जाहिर की, उसे कृष्ण द्वारा मदद की जरूरत थी। हर महिला का अधिकार है कि वह अपनी पसंद का पति चुनें। रुक्मिणी अपने परिवार के सदस्यों द्वारा जबरदस्ती थोपे जाने वाले एक दुर्जन की बजाय कृष्ण की होना चाहती थी। यह उस समय के लिए एक क्रांतिकारी कदम था। जब इक्कीसवीं सदी में भी सामाजिक रूढ़ियों की वजह से प्रेमियों की हत्याएं की जाती हैं तो उस समय के लिए तो निश्चित रूप से चुनौतीपूर्ण

रहा होगा, लेकिन कृष्ण एक क्रांतिकारी थे। उन्होंने हर उस चीज का समर्थन किया जो सत्य और मानव-अधिकारों का प्रतिनिधित्व करती थी। ऐसी महान आत्माओं के प्रयत्नों की बदौलत ही भारत ने स्वर्णिम ऊंचाई का स्पर्श किया। उसकी प्रतिष्ठा आज भी लोगों को प्रेरित करती है। कृष्ण ने सोचा कि वे रुक्मिणी का अपहरण नहीं करेंगे, लेकिन उनकी इच्छाओं का सम्मान करते हुए उसकी पूर्ति अवश्य करेंगे। इसके लिए, उन्होंने एक मन्दिर के बाहर रुक्मिणी का इंतजार किया व रुक्मिणी वहां अपने दोस्तों के साथ आयी। रुक्मिणी के दोस्तों की उपस्थिति में कृष्ण ने उसका हाथ थामा। जब रुक्मिणी के भाई ने उनका पीछा किया तो उन्होंने उससे लड़ाई लड़ी। कृष्ण ने रुक्मिणी के भाई को पराजित तो कर दिया, लेकिन उसकी जान बख्श दी और खून के रिश्ते की पवित्रता का सम्मान किया। उन्होंने यहां भी व्यावहारिक रुख अख्तियार किया।

कृष्ण के जमाने में ऐसी हजारों लड़कियां थीं, जो उन्हें अपना जीवन साथी बनाना चाहती थीं, लेकिन उन्होंने हर लड़की की यह इच्छा पूरी नहीं की। विवाह के बहुत पूर्व द्रौपदी भी उनके प्रेम में डूबी थी, लेकिन कृष्ण ने स्पष्ट कर दिया कि वे उनकी दोस्त ही रहेंगी। द्रौपदी में कोई अवगुण नहीं था। कृष्ण ने सोचा कि द्रौपदी पांडवों की एक अच्छी पत्नी साबित होंगी। केवल वही थीं जो पांडवों को एकजुट रख सकती थीं। एक धार्मिक और नैतिक समाज की स्थापना के लिए पांडवों का बचना निहायत आवश्यक था। यह भारत के भविष्य के लिए जरूरी था, इसलिए उन्होंने द्रौपदी को इसके लिए तैयार किया और जीवन पर्यन्त उनके मित्र बने रहे। उनकी इच्छाएं अनियंत्रित नहीं थीं।

एक प्रबंधक को व्यावहारिक निर्णय लेना पड़ता है। वह महज अपनी कल्पनाओं और सपनों की सवारी नहीं कर सकता है। वह अपने निजी झुकावों को न्यायोचित कार्रवाइयों पर हावी होने की अनुमति नहीं देता। उसका भाव और अंतर्मन स्वच्छ होता है। कृष्ण की आंखें भेदने वाली थीं। उन्होंने वही किया जिस पर वे विश्वास करते थे। वे अपने उद्देश्यों के प्रति पूर्ण सचेत थे। द्रौपदी और भीम युद्ध के पहले कौरवों से किसी भी प्रकार के संवाद के पक्षधर नहीं थे। उन्हें विश्वास था कि जो भी संदेशवाहक जाएगा, वह बेइज्जत होकर वापस आएगा, साथ ही इसे पांडवों की कमजोरी के तौर पर देखा जाएगा। वे अपनी जगह सही थे, लेकिन कृष्ण युद्ध टालने के दूसरे विकल्प

पर भी विचार कर रहे थे। एक जिम्मेदार नागरिक को युद्ध टालने का हर संभव प्रयास करना चाहिए। कृष्ण, हालांकि परिणाम जानते थे, फिर भी वे मौका गंवाना नहीं चाहते थे। वे कौरवों की प्रकृति को समझते थे, लेकिन लाखों लोगों की जिन्दगियां और संपत्ति, कुछ निश्चित लोगों की वासना और कुछ विशिष्ट लोगों की शपथ से बड़ी होती हैं। इसलिए कृष्ण कौरवों के पास गये, लेकिन बिना किसी फलदायी परिणाम के वापस भी आ गए। उन्होंने अपनी इच्छा को जनमानस कल्याण के ऊपर हावी नहीं होने दिया।

एक अच्छा प्रबंधक अपने संगठन के कल्याण के बारे में सोचता है। वह अपने-आप से ज्यादा जन कल्याण को तरजीह देता है। हर व्यक्ति की कुछ पसंद-नापसंद होती है, लेकिन सफलता प्राप्ति के लिए हमें अपनी पसंद-नापसंद पर नियंत्रण रखना होता है। सफलता के लिए हमें कुछ त्याग करना पड़ता है। भगवान् कृष्ण ने अपने बचपन के प्रेम का परित्याग किया। उन्हें राधा से अलगाव बर्दाश्त करना पड़ा, क्योंकि उन्हें संपूर्ण दुनिया के लिए कई कार्य करने थे। उन्हें राधा से गहरा प्यार था, ऐसे प्रेम को संपूर्ण समय की जरूरत होती है, ऐसे प्रेम में प्रेमी का अस्तित्व एक - दूसरे में विलीन हो जाता है। कृष्ण एक बहुआयामी अवतार थे। वे सभी कलाओं में सिद्ध थे, लेकिन उन्होंने राधा के प्रति अपने प्रेम को मरने नहीं दिया, यह अंत तक बरकरार रहा। उन्होंने अपने प्रेम को अपनी दूसरी गतिविधियों पर हावी नहीं होने दिया। एक स्मार्ट प्रबंधक नियंत्रित जीवन व्यतीत करता है। वह अपने पारिवारिक जीवन को कार्यालय की गतिविधियों पर हावी नहीं होने देता है। इसके लिए व्यक्ति को घर में शांति और समाज में अच्छे रिश्ते की जरूरत होती है।

# भाग 4

# मैनेजमेंट गुरु भगवान कृष्ण और अंतर्राष्ट्रीय विवादों का समाधान

# 27

# युद्ध और शांति

**क्लैब्यं मा स्म गमः पार्थः नैत्तत्त्वय्युपपद्यते।**
**क्षुद्रं हृदयदौर्बल्यं त्यक्त्वोत्तिष्ठ परन्तप॥**

**– गीता**

***हे अर्जुन! कापुरुष मत बनों। यह तुम्हें शोभा नहीं देता। हे शत्रुसंहारक! अपनी दुर्बलता को त्यागो और सत्य की विजय हेतु युद्ध करने के लिए खड़े हो जाओ।***

पिछले तीन सहस्त्राब्दियों में लगभग छः हजार लड़ाइयां लड़ी गयीं। इस तरह की बर्बरता के बाद क्या हम मनुष्य कहलाने लायक रह गये हैं? लेकिन युद्ध मनुष्य जाति के खून में है। ऐसा लगता है मानो मानव-समुदाय को यहां लड़ने के लिए ही भेजा गया है। जिन्दगी का कोई उद्देश्य नहीं है। शायद यह हमारे डी.एन.ए में ही गढ़ दिया गया है क्योंकि हम युद्ध के लिए अवसर की तलाश करते रहते हैं। सहनशीलता कहां है? अहिंसा कहां है? शांति कहां है? निस्संदेह हम उसके बारे में बातें खूब करते हैं, लेकिन क्या यह आवश्यक नहीं है कि हम वे सवाल अपने आप से करें। हम सभ्य हैं या बर्बर? निस्संदेह हम दूसरे मनुष्यों का मांस नहीं खाते हैं। इसका एक अपवाद यूगांडा का पूर्व तानाशाह आदि अमीन है। वह अपनी प्रेमिकाओं और सहकर्मियों का मांस खा जाता था।

क्या धर्म के नाम पर लोगों की हत्याएं करने से हम सभ्य हो जाते हैं? इक्कीसवीं सदी में प्रतिदिन कट्टरपंथी प्रवृत्तियों और सनसनी पैदा करने की सनक में बढ़ोत्तरी हो रही है। लोग धर्म के नाम पर आतंकवाद फैला रहे हैं। वास्तव में, सही मायने में धर्म का आतंकवाद से कोई लेना-देना नहीं है।

कट्टरपंथी रवैये की इसमें कोई जगह नहीं है। सच्चा धर्म लोगों को अध्यात्म की राह पर चलने की प्रेरणा देता है। सच्चे धर्म का अनुसरण करने से जीवन मनोरम हो जाता है। इससे व्यक्ति को संपूर्ण अस्तित्व में विश्वास करने की प्रेरणा मिलती है। ऐसी कोई भी चीज जो किसी भी व्यक्ति की प्रतिष्ठा पर आघात करती है, वह धर्म नहीं है। धर्म हमारे दिलों को नयी ऊंचाई देता है। यह आतंकवाद की वकालत नहीं करता है। विश्व विविधताओं से भरा पड़ा है। मानव-सभ्यता का अस्तित्व ही दूसरों की संस्कृति, मान-मूल्य और विश्वास की पहचान पर निर्भर करता है, कोई विश्व को एक विशेष दिशा में नहीं खींच सकता है।

युद्ध का मनोविज्ञान और भी क्लिष्ट होता है। यह किसी एक विचार पर आधारित नहीं होता है। कभी-कभी लोग इसलिए लड़ते हैं क्योंकि वे दूसरों से डरते हैं। कभी-कभी वे अपने विशेषाधिकार का आनंद उठाने के लिए लड़ते हैं। कभी यह लड़ाई दूसरे मत के लोगों को खत्म करने के लिए होती है। कभी-कभी यह लड़ाई दूसरों की संपत्ति और औरतों पर कब्जा करने के लिए भी होती है। कभी-कभी किसी सभ्यता को नष्ट करने के लिए भी लड़ाई लड़ी जाती है। कभी-कभी किसी संस्कृति पर आघात पहुंचाने के लिए लड़ाई लड़ी जाती है। क्रिश्चियन, मुस्लिम से डरते हैं। हिन्दू, क्रिश्चियन और मुस्लिम से डरते हैं। मुस्लिम, दूसरे धार्मिक संप्रदाय से डरते हैं। दो हजार वर्ष पूर्व अफगानिस्तान में हिन्दू धर्म का अस्तित्व था। इसके बाद हिन्दू धर्म से निकले हुए बौद्ध धर्म ने वहां अपनी जड़ें जमा लीं। इसके बाद इस्लाम के अनुयायियों ने उस जमीन पर अपना नियंत्रण स्थापित किया और बौद्धों के प्रमुख स्थल 'बामियान' को ध्वस्त कर दिया। यह प्राचीन भारत में एक महत्त्वपूर्ण व्यापारिक केन्द्र हुआ करता था। भारत में आने वाले कई प्रसिद्ध यात्री इस रास्ते से होकर आये थे।

ओसामा बिन लादेन ने अपने लोगों को यू.एस.ए. में स्थित वर्ल्ड ट्रेड सेंटर पर हमला करने के लिए प्रेरित किया। उस हमले में हजारों निर्दोष मारे गये। इस दुर्घटना के दशकों बाद अमरीका ने अपने राष्ट्रपति ओबामा के नेतृत्व में ओसामा पर कब्जा किया। वह पाकिस्तान में छुपा हुआ था। ओसामा भी उसी प्रकार मारा गया।

आतंकवाद एक अंतर्राष्ट्रीय समस्या है। भारत आतंकवाद से पीड़ित रहा है। श्रीलंका में हमने ऐसा जातीय संघर्ष देखा, जिसमें खून की नदियां बहने लगीं और लाखों लोग मारे गये। भारत एक ऐसा देश है जिसमें विभिन्न जातियों, संप्रदायों और भाषाओं के लोग रहते हैं। यहां भोगौलिक और सांस्कृतिक विविधताओं का संगम है। इसकी विविधताएं इसके संसाधन हैं।

विश्व में दो विश्व-युद्ध लड़े गये। इन दोनों ही युद्धों में हजारों-हजार सैनिकों और आम जनता की जान गयी। लोग कभी धर्म के नाम पर तो कभी राष्ट्र के नाम पर, कभी संस्कृति के नाम पर, तो कभी डर के कारण लड़ते हैं, लेकिन क्षेत्र और धर्म युद्ध का एक महत्त्वपूर्ण कारण रहा है।

प्रागैतिहासिक काल में क्षेत्र और धर्म के नाम पर लड़ाइयां नहीं होती थीं, लेकिन मानव-समुदाय ने जब खेती करना शुरू किया तो क्षेत्र के नाम पर लड़ाइयां शुरू हो गईं। राज्य अस्तित्व में आ गये, दूसरों के क्षेत्रों पर कब्जा करने का धंधा शुरू हो गया। कृष्ण के समय में भी डी-कंपनी एक इंच जमीन भी बिना युद्ध के देने के लिए तैयार नहीं थी, जबकि राजगद्दी के कानूनी उत्तराधिकारी पांडव ही थे। धार्मिक और नैतिक लोगों को सहनशील होना पड़ता है, लेकिन अपराधी इस सहनशीलता का फायदा उठाते हैं, इसलिए समाज में कानून व्यवस्था कायम रखने के लिए कभी-कभी अच्छे लोगों को भी हथियार उठाना पड़ता है।

कंस अपने जीवन के लिए भयभीत रहता था। एक भविष्यवाणी के अनुसार कंस की मृत्यु देवकी के आठवें पुत्र कृष्ण के हाथों लिखी थी। कंस ने इस भविष्यवाणी पर विश्वास कर ब्रज के लोगों पर अत्याचार शुरू कर दिया। उसे विश्वास था कि कृष्ण ब्रज में है और इसलिए वह वहां आतंक का कहर बरसा रहा था। कंस ने असामाजिक तत्त्वों को शरण दी थी, वह एक दुष्ट राजा था। विभिन्न राज्यों के बीच लगातार संघर्ष होते रहते थे । इसके अतिरिक्त बाहरी आक्रमण का भी खतरा रहता था। भारतीय उपमहाद्वीप के पश्चिम में स्थित एक देश का राजा कल्यावण था। वह भारत की संप्रभुता के लिए लगातार खतरा बना हुआ था। कृष्ण ने काफी चालाकी से उसकी हत्या की। उन्होंने हमें राह दिखायी कि कभी-कभी हमें बिना हथियारों के भी समाधान निकालना चाहिए।

कंस ने हत्या के उद्देश्य से कृष्ण को मथुरा बुलाया। कृष्ण वहां बिना किसी हथियार के गये। उन्होंने मथुरा वासियों से मित्रवत् व्यवहार किया। उन्होंने कूबर वाली स्त्री कुब्जा से प्रेमपूर्ण व्यवहार किया, लेकिन जब वे किसी उत्सव में पहुंचे तो कंस के लोगों ने उन पर आक्रमण शुरू कर दिया। उन्हें अपनी रक्षा करनी थी। इस पूरी प्रक्रिया में उन्होंने कंस के आदमियों को मार गिराया, अंत में कंस भी मारा गया।

कृष्ण ने कौरवों को पांडवों के साथ शांतिपूर्वक रहने हेतु समझाने की पूरी कोशिश की, लेकिन कौरव किसी भी समझौते के लिए तैयार नहीं थे। अंततः महाभारत की लड़ाई हुई, लेकिन हमने देखा है कि युद्ध किसी समस्या का

समाधान नहीं है....। समाधान के लिए संवाद करने की जरूरत होती है, लेकिन मानव-मन ऐसा हो गया है कि जो चीज उसकी नहीं है, उसे भी वह हड़पना चाहता है। युद्ध का एकमात्र समाधान संतुष्टि में है। संतुष्टि मनुष्य के रगों में होनी चाहिए। इसके विपरीत मनुष्य के खून में हिंसा है। हमारे क्रोध की वजह से पृथ्वी से कई प्राणी गायब हो गये व कई लगभग खत्म होने की कगार पर हैं। पौधों की भी कई किस्में गायब हो चुकी हैं। बाबर के समय में भारत में धान की 1500 किस्में पाई जाती थीं। अब ये महज एक सौ से ज्यादा हैं। मानव समुदाय ने जैव-विविधता को नष्ट किया है।

विकास की नयी पद्धति और नये प्रकार के प्रबंधन की पढ़ाई भी लोगों को ज्यादा आक्रामक, हिंसक और लालची बनाती है। प्रतियोगिता की वजह से हम आक्रामक हो जाते हैं। कहीं भी सच्चा सहयोग देखने के लिए नहीं मिलता है। ऐसी परिस्थिति में एक व्यक्ति को क्या करना चाहिए? इसका जवाब कृष्ण द्वारा दिये गये गीता के संदेश में निहित है। गीता में भगवन् ने कहा है - "आप युद्ध से भाग नहीं सकते, लेकिन अच्छे कारणों के लिए लड़ें, न्याय के लिए लड़ें। अपने-आपको आध्यात्मिक व्यक्ति बनाने के लिए लड़ें। मानव जाति को मुक्ति दिलाने के लिए लड़ें।" नेल्सन मंडेला ने द. अफ्रीका में अश्वेतों को स्वतंत्रता दिलाने के लिए संघर्ष किया। भारत में, गांधी जी ने लाखों लोगों के हित में लड़ाई लड़ी। बुद्ध ने निम्न वर्गों के लिए लड़ाई लड़ी। आतंकवाद और जातीय भावना फैलाने के लिए लड़ाई नहीं लड़नी चाहिए। जब तक हम दूसरों के विश्वास, धर्म और क्षेत्र का सम्मान नहीं करेंगे, तब तक लड़ाई का अंत नहीं होगा। एक कंपनी में कई चमचे होते हैं, जो अच्छे व्यक्ति को पीछे धकेलना चाहते हैं। धृतराष्ट्र जैसा बॉस, शकुनि जैसे लोगों की बात पर ध्यान देता है, लेकिन बॉस को कृष्ण की तरह होना चाहिए। वह योग्य लोगों की टीम बनाता है और युद्ध भी जीतता है।

अगर आप किसी भ्रष्ट व्यक्ति या संगठन का समर्थन करेंगे तो आपकी समस्या चाहे जो भी हो, आपका अंत भीष्म और द्रोणाचार्य की तरह ही होगा। अगर आपको अपने ऊपर, अपने ईश्वर, अपने बॉस और अपनी कंपनी पर विश्वास है तो कोई आपको सफल होने से नहीं रोक पाएगा। कृष्ण ने अपना एक दल बनाया, वे साथ लड़े और साथ जीते। युद्ध हो या शांति, अच्छी वजहों के लिए हमें एक होना चाहिए। युद्ध और शांति हमारे जीवन के अंग हैं। हमारा चुनाव युद्ध न होकर शांति होना चाहिए। हमें निजी, सामाजिक संगठन और राष्ट्रीय स्तर पर शांति को अपनाने की कोशिश करनी चाहिए।

# 28

## स्वतंत्रता और वर्जनाएं

***सर्वधर्मानपरित्यज्य मामेकं शरणं व्रज।***
***अहं त्वां सर्वपापेभ्यो मोक्षयिष्यामि मा शुचः॥***

*– गीता*

***अपने समस्त धर्मों ( दुविधाओं ) को त्याग करने के पश्चात् तू केवल मेरी शरण में आ जा, तू दुखी मत हो मैं तुझे तेरे समस्त अपराधों से मुक्त कर दूंगा।***

समाज को व्यक्ति की भावना का आदर करना चाहिए और व्यक्ति को सामाजिक मान्यताओं का आदर करना चाहिए, लेकिन ऐसा होता नहीं है। समाज मान्यताएं बना लेता है, लेकिन समय के साथ उसे बदलता नहीं है। आजकल, पूरी दुनिया में पारंपरिक समाज खत्म होने की कगार पर है। लोग पुराने मूल्यों के संरक्षण की कोशिश करते हैं, लेकिन ऐसे लोग अल्पसंख्यक हैं। विकास की गति तेज हो गयी है, पारंपरिक समाज इस गति के साथ सामंजस्य बिठाने में दिक्कत महसूस कर रहा है।

कभी-कभी लंबे-चौड़े पारिवारिक साम्राज्य के अंदर शादी के नाम पर लड़ाई होती है। कभी-कभी ऐसा भी सुनने में आता है कि अगर दो अलग-अलग संप्रदायों के लड़के-लड़की ने ब्याह रचाया तो प्रतिष्ठा की लड़ाई लड़ी गयी। कभी, बेटा पिता के खिलाफ विद्रोह कर देता है। कभी किसी महिला को निर्वस्त्र घुमाया जाता है। ये घटनाएं नयी नहीं हैं, समाज और प्रांत तो इन पर अंकुश लगाना चाहता है, लेकिन लोग इसे तोड़ते हैं। मनुष्य को समाज की जरूरत है और मनुष्य के बिना समाज की अवधारणा नहीं है।

नियम और मान्यताएं समाज के फायदे के लिए बनाए जाते हैं, लेकिन समय के साथ कुछ मान्यताएं व्यर्थ हो जाती हैं। इन व्यर्थ मान्यताओं को बदलेगा कौन? साहसी व्यक्ति ही ऐसा कर सकता है। मान्यताएं, साधारणतः लालच की वजह से तोड़ी जाती हैं, लेकिन कभी-कभी ये जरूरत के कारण भी टूटती हैं। कुछ क्षेत्रों के लोगों ने समान गोत्र के सदस्यों के बीच विवाह न करने की मान्यता बनायी, इसकी वजह से भी प्रतिष्ठा जनित हत्याएं होती हैं। मैं ऐसी घटनाओं के संकलन-व्यकलन में नहीं पड़ना चाहता, लेकिन जीवन जटिल है। ऐसी सभी समस्याएं जिनसे हमें दो-चार होना पड़ता है, उनका कोई सरल समाधान नहीं होता।

भौगोलिक और सांस्कृतिक विभिन्नताएं भी होती हैं। उत्तरी भारत में अगर किसी लड़की की शादी उसके मामा से कर दी जाय तो यह अपराध है, लेकिन दक्षिण भारत में ऐसे विवाह को आदर की दृष्टि से देखा जाता है। उत्तरी भारत में महिलाएं घूंघट, अपने माथे पर रखती हैं तो इसका मतलब है उनका वैवाहिक जीवन सुचारू रूप से चल रहा है, लेकिन दक्षिण भारत में यह वैधव्य का प्रतीक है। दक्षिण भारत में जब किसी के पति की मृत्यु हो जाती है, तो उसके सिर पर कपड़ा डाल दिया जाता है। भारत के बौद्ध मांस नहीं खाते हैं, जबकि भारत से बाहर रहने वाले बौद्ध मांस खाते हैं। भौगोलिक परिस्थितियों की वजह से तिब्बती लामा मांस खाते हैं। भारत के मैदानी इलाकों में एक महिला एक ही मर्द से विवाह करती है, यहां कई पति रखना अपराध है, लेकिन उत्तर पूर्व भारत के कुछ आदिवासी समुदायों में आज भी महिलाओं द्वारा एक से ज्यादा पति रखने की परंपरा प्रचलित है। भारतवर्ष में हिंदू धर्मानुसार एक से ज्यादा विवाह अवैध है, लेकिन एक इस्लाम मर्द चार पत्नियां रख सकता है। अतः हम नहीं कह सकते कि क्या सामाजिक है और क्या असामाजिक। भारत में एक ही गली में दर्जनों अलग-अलग संप्रदाय के लोग साथ में रहते हैं। वे एक-दूसरे से बातें करते हैं। आजकल माता-पिता के पास इतना समय नहीं होता कि वे अपने-अपने बच्चों को अपनी अलग और विशिष्ट सामाजिक मान्यताओं व मान-मूल्यों से अवगत कराएं। शायद उनमें से अधिकांश लोगों को इन सब में कोई रुचि नहीं है। विभिन्न सामाजिक समुदायों से जुड़े बच्चे एक ही स्कूल में पढ़ते हैं। वे कक्षाओं में अपनी जाति की चर्चा नहीं करते, उन्हें और भी कई कार्य करने होते हैं, भले ही कार्य व्यर्थ हों या इन निराधार चीजों से बहुत ऊपर हों। वे अपने जीवन को आनंदमय बनाना

चाहते हैं। विपरीत सेक्स के लोग साथ आते हैं, काम करते हैं, खाते हैं, नाचते हैं, गाते हैं। इसमें सामाजिक रूढ़ियों के लिए कोई जगह नहीं होती है।

यह वर्तमान परिदृश्य है, लेकिन कृष्ण के काल में क्या स्थिति थी। कुछ चीजें उस समय भी व्यवहार में थीं। एक दिन वृंदावन में कुछ लड़कियां यमुना में नग्नावस्था में स्नान कर रही थीं। कृष्ण ने नदी के किनारे रखे उनके वस्त्रों को चुरा लिया, यह उनकी शरारत नहीं थी। एक सामाजिक स्थल पर इस प्रकार स्नान करना गलत है। कृष्ण उन्हें असामाजिक गतिविधियों के प्रति सचेत करना चाहते थे। कोई भी इस चीज को बढ़ावा नहीं दे सकता है। एक सभ्य समाज में नग्नता स्वीकार्य नहीं होती है। भगवान् कृष्ण ने उनसे ऐसी गल्ती नहीं दोहराने का वचन लेकर ही उन्हें वस्त्र दिए। प्राचीन भारत में इस प्रकार स्नान करने की कहानियां प्रचलित हैं। कृष्ण ने इसे रोकने का प्रयास किया। परंपराओं में कभी-कभी कुछ अस्वस्थ चीजें भी देखने को मिल जाती हैं।

हाल ही में फ्रांस में एक कानून बनाकर यह तय किया गया कि वहां रहने वाली कोई भी महिला बुरका नहीं पहनेगी। इस्लाम धर्म के लोगों ने इसका विरोध किया। हो सकता है कि उनका विरोध किसी-न-किसी तर्क पर आधारित हो। वे अपनी धार्मिक पुस्तक से कोई नियम या कोई उदाहरण भी प्रस्तुत कर सकते हैं। उन्हें ऐसा करने का अधिकार है, लेकिन यह फ्रांस में रहने वाली महिलाओं की प्रतिष्ठा के खिलाफ था। उनके सामाजिक मान-मूल्य अलग हैं। भारत की तरह वहां धर्म के नाम पर सबको विभिन्न प्रकार के कार्य करने की आजादी नहीं है। भारत एक लचीला देश है, यहां सब कुछ स्वीकार्य है। यहां प्रत्येक व्यक्ति को अपने मन का कार्य करने की आजादी है किन्तु वह कानून के दायरे में होना चाहिए। कृष्ण के जमाने में महिलाओं को अब के बनिस्पत ज्यादा आजादी थी। प्राचीन भारत में परदा-प्रथा का प्रचलन नहीं था। यह इस्लाम आगमन के बाद शुरू हुआ। सामान्य तौर पर, प्राचीन भारत में एक महिला कम कपड़े पहनती थी, लेकिन उसमें गंदगी नहीं होती थी। महिलाओं को अपनी पसंद अनुसार पति चुनने की आजादी थी। शायद, यह राजघरानों में ज्यादा होता था। हमारे पास साधारण घरों के आंकड़े नहीं हैं।

कुछ नकारात्मक वर्जनाएं भी थीं। ब्राह्मण और क्षत्रिय के अलावा कोई शिक्षा प्राप्त नहीं कर सकता था, बाद में वैश्यों को भी यह सुविधा दी गयी क्योंकि वे व्यवसायी होते थे। उन्होंने काफी धन इकट्ठा किया था। अपनी संपत्ति के बल पर वे सामाजिक सीढ़ियों के उच्च पायदान पर थे। एक महान

योद्धा को जंगली समुदाय का होने के कारण शिक्षा से वंचित कर दिया गया था। उसने द्रोणाचार्य को अपना गुरु माना। गुरु दक्षिणा में गुरु द्रोण ने उससे उसका अंगूठा ले लिया। ताकि भविष्य में वह तीरंदाजी न कर सके, लेकिन एकलव्य ने हार नहीं मानी। महाभारत के युद्ध में वह द्रोण के प्रिय शिष्य अर्जुन के खिलाफ लड़ने आया, हालांकि वह गलत पक्ष में खड़ा था, फिर भी कृष्ण ने उसकी प्रशंसा की। भगवान् कृष्ण के मन में गुण और मेघा के प्रति गहरा सम्मान था। वह ऐसी हर जंजीर को तोड़ना चाहते थे, जो मनुष्य जाति को संकुचित करती थी। उन्होंने साधारण ग्रामीणों के सानिध्य का भी आनंद उठाया।

ब्रज की गोपियां, जब चांदनी रात में कृष्ण के साथ नृत्य करने के लिए आयीं तो कृष्ण ने उन्हें मना किया। वे सामाजिक मूल्यों के प्रति गहरा आदर-भाव रखते थे। उन्होंने अपनी ओर से उन्हें समझाने का भरपूर प्रयत्न किया कि एक महिला को दूसरे मर्द के साथ और वह भी रात में नहीं रुकना चाहिए। गोपियों ने उन्हें कहा कि वे उन्हें दूसरा मर्द नहीं बल्कि ईश्वर मानती हैं। इस उच्च भाव के साथ उन सबने कृष्ण के साथ नृत्य किया। कृष्ण ने कभी सीमाएं नहीं लांघी।

उन्होंने रुक्मिणी से उनके अनुरोध के बाद ही विवाह किया। उन पर आपराधिक वृत्ति वाले व्यक्ति से विवाह का दबाव बनाया जा रहा था। इससे उबरने के लिए उन्होंने कृष्ण से मदद मांगी। यहां परिवार के आदरणीय लोगों का चुनाव एक निर्दोष और सुन्दर लड़की की भावना व अधिकार के खिलाफ था। द्रौपदी के मामले में उन्हें बहुविवाह अर्थात् एक से ज्यादा पतियों के साथ रहने का समर्थन करना पड़ा। द्रौपदी पंजाब की एक सुंदर पुत्री थी। उनके मन में भगवान् कृष्ण के लिए काफी आदर-भाव था। पांचों पांडवों को एकजुट रखना आवश्यक था, इसलिए उन्होंने द्रौपदी की सहमति से बहुविवाह का समर्थन किया।

उनकी अपनी बहन सुभद्रा अर्जुन के प्रेम में डूबी थी, लेकिन उनके बड़े भाई बलराम उनकी शादी दुर्योधन से करना चाहते थे। दुर्योधन अपनी दुर्जनता के लिए कुख्यात थे। इसलिए कृष्ण ने अर्जुन और सुभद्रा को बलराम की योजनाओं के खिलाफ प्रेम-विवाह करने के लिए प्रेरित किया। अंत में बलराम को भी इस विवाह के लिए अपनी सहमति देनी पड़ी। रिश्ते में अर्जुन सुभद्रा के फुफेरे भाई थे। कुन्ती सुभद्रा के पिता की बहन थी। अर्जुन कुन्ती के पुत्र थे। भगवान् कृष्ण ने इस प्रकार के विवाह को भी आगे बढ़ाया।

कौरवों ने धृतराष्ट्र के दरबार में जब द्रौपदी को नंगा करना चाहा तो कृष्ण ने उनकी लाज बचायी। कामरूप के राजा ने सोलह हजार लड़कियों को बंदी बनाया था। ऐसी लड़कियों से जो बंदी रह चुकी थीं, शादी के लिए कोई तैयार नहीं होता था, जबकि ये अपराधी लड़कियां नहीं थीं। ये युद्ध में मारे गये राजाओं की अनाथ हुई बेटियां थीं। कृष्ण ने कामरूप राजा को पराजित कर, इन लड़कियों को वहां से मुक्त कराया। फिर उन्हें अपने साम्राज्य में शरण भी दी। इस प्रकार उन्होंने भारत को भीषण सामाजिक अस्थिरता से बचा लिया। उन्होंने जिस कार्य में विश्वास किया, उसे कर दिया। उनका हृदय हमेशा उचित स्थान पर रहा। कभी-कभी जरूरत से ज्यादा स्वतंत्रता पाकर भी व्यक्ति समाज के लिए खतरा बन जाता है। कुछ ऐसी भी जगह हैं जहां स्वतंत्रता इतनी अनियंत्रित है कि वहां कोई समाज ही नहीं है। कुछ समाज इस तरह से रूढ़िग्रस्त हैं कि वहां व्यक्ति को बुरी तरह समस्याओं से जूझना पड़ता है। खासकर, महिलाओं को उन जगहों पर कोई अधिकार नहीं प्राप्त है। कृष्ण न तो गैर-सामाजिक स्वतंत्रता के पक्षधर थे और न ही मानव अधिकार का हनन करने वाली सामाजिक रुढ़ियों के। इस प्रकार के असंतुलन से छोटे-बड़े सभी स्तरों पर कई समस्याएं उठ खड़ी होती हैं।

# 29

# एक सड़ी हुई मछली पूरे तालाब को गंदा कर देती है

*सत्त्वात्संजायते ज्ञानं रजसो लोभ एव च।*
*प्रमादमोहौ तमसो भवतोऽज्ञानमेव च॥*

*–गीता*

**सात्विक गुण वास्तविक ज्ञान देते हैं। राजसिक गुण लोभ को जन्म देते हैं। तामसिक गुण तथा अज्ञान, तंद्रा (निष्क्रियता) और भ्रम पैदा करते हैं।**

वित्तीय भ्रष्टाचार पूरे सरकारी तंत्र को बिगाड़ कर रख देता है। एक भ्रष्ट व्यक्ति की खबर मीडिया में सनसनी बनकर उभरती है, अंत में भ्रष्ट व्यक्ति को छुट्टी मिल जाती है। ऐसी घटनाओं की पुनरावृत्ति बार–बार होती है। इसलिए सरकार और आम जनता को ऐसी खबरों से कोई असर नहीं पड़ता है।

आजकल दुनिया में अधिकांश देश इन अफवाहों से भरे पड़े हैं। भारत सरकार में ऐसे कई मंत्री हैं। यह स्थिति सिर्फ मत्रियों की ही नहीं है बल्कि कई ब्यूरोक्रेट और आम जनता भी इस तरह की गतिविधियों में लिप्त है। ऐसी संपत्ति जो दूसरों की है उसे अपने हिस्से में करने की चाहत अधिकांश लोगों में है। यहां तक कि कॉरपोरेट सेक्टर और निजी कंपनियां भी इस तरह के धंधे में व्यस्त हैं। इस संबंध में मौजूद उदाहरण और आंकड़ों की सूची इतनी लंबी है कि नामों का उल्लेख करना ही व्यर्थ है। कई दूसरे देश भी इस समस्या से जूझ रहे हैं।

इस ग्लोबल समस्या की जड़ कहां है? यह कोई नई समस्या नहीं है। अगर हम इतिहास पलटकर देखें तो पता चलता है कि शुरुआत से ही समाज में भ्रष्ट

लोगों का अस्तित्व रहा है। कृष्ण के समय में यह समस्या उतनी गंभीर नहीं थी। कृष्ण ने इस समस्या को उन्नत अंदाज में निपटाया।

भ्रष्टाचार का मतलब है– किसी भी तरह से दूसरों के संसाधनों को अपने लिए इकट्ठा करना। अगर आप कानूनी तरीके से पैसे कमाते हैं, समुचित कर देते हैं और अपनी ड्यूटी ठीक से निभाते हैं तो यह स्वागत योग्य कदम है। दूसरों की संपत्ति को नाजायज तरीके से हथियाने की परंपरा वर्षों पुरानी है।

सबसे पहले मैं भगवान् कृष्ण के काल से एक उदाहरण देना चाहता हूं। कृष्ण के बहुत सारे दोस्त थे, समय के साथ उनमें से अधिकांश समृद्ध भी हो गये, लेकिन उनके अभिन्न मित्र सुदामा की स्थिति दयनीय ही बनी रही। उन्हें कई रातों भूखे सोना पड़ता था। उनके बीवी–बच्चों का भी यही हाल था। वे एक मेधावी और नैतिक व्यक्ति थे। आश्चर्यजनक बात यह है कि अपनी मेधा और नैतिकता के बावजूद उन्हें गहरी पीड़ा झेलनी पड़ी। अधिकांश मामलों में हम अपनी नैतिकता और धार्मिकता को अमली जामा नहीं पहना पाते हैं, लेकिन सुदामा जी के साथ ऐसा नहीं था।

गुरु संदीपनी के गुरुकुल में कृष्ण की मित्रता सुदामा से हुई (प्राचीन काल में विद्वत जनों द्वारा चलाये जाने वाले स्कूलों को गुरुकुल कहते थे। ये स्कूल लाभ कमाने के लिए नहीं होते थे।) इस शिक्षा–तंत्र में गुरु और शिष्य संयुक्त रूप से सारे कार्य निपटाते थे। शिष्य बगल के जंगलों से लकड़ी काटकर लाते थे, फिर उन लकड़ियों को जलाकर खाना बनाया जाता था। यह ऐसा तंत्र था जिसमें बच्चे स्वावलंबी बनते थे।

एक दिन, गुरु संदीपनी ने कृष्ण और सुदामा को बगल के जंगल में लकड़ी काटने लिए भेजा। गुरु ने सुदामा को भुने हुए चने दिए, किन्तु इसकी मात्रा दो शिष्यों के लिए काफी नहीं थी। अपना काम पूरा करने के दौरान सुदामा को भूख लगी। सुदामा पेड़ पर चढ़े हुए थे, कृष्ण पेड़ के नीचे थे। सुदामा एक गरीब परिवार से थे। वे पहले ही भूख से बहुत त्रस्त थे। भुने हुए चने पेड़ पर भी सुदामा के ही पास थे। उन्हें जैसे ही भूख महसूस हुई उन्होंने चने खाना शुरू कर दिया। हो सकता है कि चने की मात्रा दोनों के लिए काफी नहीं रही हो, लेकिन फिर भी सुदामा को उसमें से कृष्ण को भी देना चाहिए था। जब कृष्ण ने उनसे पूछा – "तुम क्या खा रहे हो, दोस्त?" उन्होंने जवाब दिया – "कुछ नहीं, मुझे तो ठण्ड लग रही है, इसलिए मेरे मुंह से हिस्स....की आवाज आ रही है।" दरअसल यह चने चबाने की आवाज थी। बचपन में सुदामा ने दो गलतियां कीं। पहली, उसने दूसरे का हिस्सा

खाया। दूसरी कि उसने अपने प्रिय मित्र से झूठ बोला। यह नैतिकता के खिलाफ था। इससे सुदामा के व्यक्तित्व की कमजोरी दिख गई। भगवान् कृष्ण ने कुछ नहीं कहा। वे अपने मित्र के बचपने पर मुस्कुरा दिये।

समय बीतने के साथ, इस घटना ने सुदामा को बेहद प्रभावित किया। उन्हें भयंकर पश्चाताप हुआ। संदीपनी के गुरुकुल से निकलने के बाद वे नैतिक मूल्यों के प्रतीक बन गये। वे अपने कर्त्तव्य से कभी पीछे नहीं हटे। प्राचीन काल में यह परंपरा थी कि ब्राह्मण परमात्मा का ज्ञान ग्रहण करते थे, जीवन के हर क्षेत्र में अपनी निष्ठावान छवि बरकरार रखते थे, संपत्ति इकट्ठा नहीं करते थे और भिक्षावृत्ति से जीवन-यापन करते थे। सुदामा जी ने इन सभी नैतिक शिक्षाओं का पालन किया। वे प्रतिदिन पांच घरों में भीख मांगने जाते थे। यह जरूरी नहीं था कि पांचों घर के मालिक उन्हें उपकृत करे हीं। फिर भी, वे छठे घर में नहीं जाते थे। जीवन की गति समरूप नहीं होती है। इसमें उतार-चढ़ाव आते-जाते रहते हैं। एक ज्ञानी व्यक्ति बुरे समय में भी अपना मानसिक संतुलन बनाये रखता है। कुछ दिनों के बाद सुदामा जी का विवाह हुआ, उनका घर बच्चों से भर गया, लेकिन उनके पास उन्हें खिलाने का साध न नहीं था। स्थानीय राजा ने उन्हें अपने दरबार में कवि बनने का अमंत्रण दिया, लेकिन उन्होंने उसे अस्वीकार कर दिया। उस समय दरबारी कवियों को राजा की प्रशंसा में कविताएं लिखनी और सुनानी पड़ती थीं, जबकि वह राजा भ्रष्ट और दुर्जन था। ऐसे राजा की प्रशंसा करना, एक धार्मिक ब्राह्मण के कर्त्तव्यों में शामिल नहीं था। एक भ्रष्ट व्यक्ति की प्रशंसा का मतलब ही है भ्रष्टाचार को बढ़ावा देना। सुदामा ने जब राजा के प्रस्ताव को ठुकराया तो राजा के आदमियों ने उन्हें बुरी तरह पीटा। उन्होंने शारीरिक यातना स्वीकार की, लेकिन भ्रष्ट राजा की प्रशंसा नहीं की।

भ्रष्टाचार पहले दिमाग में प्रकट होता है। उसके बाद वह दृश्य बनकर प्रकट होता है। सुदामा को ऐसा कोई अवसर नहीं प्राप्त हुआ जिसमें वे निष्ठापूर्वक अपने कर्त्तव्य का पालन करते हुए अपने परिवार में समृद्धि ला सकें। शुरुआत में, उनकी पत्नी ने उनका समर्थन किया, लेकिन वह अपने बच्चों की पीड़ा बर्दाश्त नहीं कर पायी। वे भूख की वजह से मृत्यु की कगार पर खड़े थे। सुदामा की पत्नी ने उन्हें अपने मित्र द्वारकाधीश कृष्ण से मदद मांगने की सलाह दी। पहले सुदामा तैयार नहीं थे, लेकिन बाद में अपनी पत्नी को खुश करने के लिए वे कृष्ण से मिलने गये। एक लंबी यात्रा करने के बाद वे द्वारका पहुंचे।

कृष्ण ने अपने बचपन के मित्र का भरपूर स्वागत किया। सुदामा को पूरी आत्मीयता से राजकीय सम्मान दिया गया। लंबा आतिथ्य स्वीकार करने के बाद वे द्वारका से निकले। द्वारका से निकलते वक्त न उन्होंने कष्ण से कुछ कहा, न ही कृष्ण ने उन्हें कुछ दिया, लेकिन ईश्वर के दर से कोई खाली हाथ नहीं लौटता।

वापसी में जब सुदामा अपने क्षेत्र में पहुंचे तो वहां उन्हें अपनी झोपड़ी नहीं मिली, झोपड़ी की जगह एक बड़ी इमारत खड़ी थी। उन्होंने सोचा कि स्थानीय राजा ने उनकी झोपड़ी हटाकर नई इमारत खड़ी कर दी है। तभी सुदामा की पत्नी ने उन्हें खिड़की से देखा। वह उनका स्वागत करने के लिए नीचे उतरी। उन्होंने सुदामा को बताया कि उनके मित्र कृष्ण ने उन सबके लिए यह इमारत बनायी है। इसमें ऐशो-आराम के पर्याप्त साधन उपलब्ध हैं। सुदामा ने कृष्ण के प्रति आभार-व्यक्त किया, लेकिन दूसरे दिन से वे फिर भिक्षाटन पर निकल पड़े। उनकी पत्नी ने उसकी वजह जानने की कोशिश की। सुदामा ने कहा – ''परम ज्ञान प्राप्त करना और उसे विस्तारित करना मेरा कर्त्तव्य है। मैं विलासिता का आनंद नहीं उठा सकता। मुझे पांच घरों से प्राप्त अनाज पर ही अपना जीवन व्यतीत करना है। मैं आत्म-नियंत्रण की अपनी आदत नहीं छोड़ सकता।''

सुदामा जी अखंड व्यक्तित्व के बेमिसाल उदाहरण हैं। हस्तिनापुर की सत्ता पर काबिज़ होना धृतराष्ट्र की महत्त्वाकांक्षा थी। दुर्जन शकुनि हस्तिनापुर के दरबार में पहुंचा और वहीं रुक गया। उसके दूषित दिमाग का कुप्रभाव दुर्योध न और उसके भाइयों पर पड़ा। इस प्रभाव की वजह से संपूर्ण कुरु राजवंश का अंत हो गया।

# 30

# विश्वशांति के लिए कूटनीति

**परित्राणाय साधूनां विनाशाय च दुष्कृताम।**
**धर्मसंस्थापनार्थाय सम्भवामि युगे युगे॥**

**– गीता**

***संत लोगों का उद्धार करने और पापियों का नाश करने के लिए, मैं हर युग में जन्म लेता हूं।***

प्रत्येक व्यक्ति का जीवन सम्मानीय है और उसकी सुरक्षा महत्त्वपूर्ण है। प्रत्येक व्यक्ति की प्रतिष्ठा का आदर किया जाना चाहिए। हर संस्कृति अपनी जगह महत्त्वपूर्ण है। कभी-कभी केन्द्र की दिशा में काम करने वाले बल अत्यंत जोशीले अंदाज में काम करते हैं, तो कभी केंद्र से बाहर की ओर निकलने वाले बल विपरीत प्रवृत्तियों को बहुत तेजी से रौंदते हैं।

विश्व विविधताओं से भरा पड़ा है। यहां कोई एक मत या किसी एक तरह का विश्वास सभी महाद्वीपों पर कारगर नहीं हो सकता है। कितने ही तानाशाह हुए जिनकी इच्छा थी कि वे संपूर्ण विश्व की सत्ता पर काबिज हो जाएं, लेकिन उनका सपना बिखर गया। ऐसे कितने ही प्रयोग असफल रहे हैं। सिकंदर विश्व-विजय प्राप्त करने के लिए भारत आया था, लेकिन उसे भयंकर नुकसान हुआ। नेपोलियन का आखिरी वक्त अंग्रेजों के बनाये जेल में गुजरा, यह जेल सेंट हेलेना नामक निर्जन द्वीप पर स्थित था। जार को क्रांतिकारी ताकतों ने परास्त कर दिया। हिटलर को आत्महत्या करनी पड़ी। सद्दाम हुसैन को अमेरिका के हाथों फांसी मिली। ओसामा बिन लादेन को अमेरिकी सैनिकों ने मार गिराया। रावण को भगवान् राम ने मार डाला। कर्त्तवीर्य को परशुराम ने मार गिराया। कंस और हजारों

राक्षसों का नाश कृष्ण के हाथों हुआ। प्रत्येक तानाशाह का अंत एक ही है। वे व्यर्थ के विषयों में अपनी जिन्दगी बर्बाद कर देते हैं।

कभी-कभी क्षेत्रीय महत्त्वाकांक्षाएं इतनी ऊंची होती हैं कि वे केंद्रीय सत्ता के लिए खतरा बन जाती हैं। कभी-कभी केंद्रीय सत्ता इतनी निरंकुश हो जाती है कि वह स्थानीय स्तर पर लोगों की भावनाओं और उनकी मांगों की अनदेखी करने लगती है। कभी-कभी भू-मंडलीकरण के चक्कर में स्थानीय संस्कृतियां नष्ट हो जाती हैं। औद्योगिकीकरण के नाम पर गरीब किसानों की जमीन और संपत्ति पर कब्जा कर लिया जाता है। उन्हें उसके बदले में अच्छी रकम नहीं दी जाती है। इस प्रकार संघर्ष की शुरुआत होती है। कभी-कभी तथाकथित विकास के नाम पर पूरे-के-पूरे जंगल काट दिए जाते हैं और स्थानीय आदिवासी जनता को निराधार कर दिया जाता है। वे अपनी हानि का बदला लेने के लिए सशस्त्र संघर्ष शुरू कर देते हैं।

कभी पूंजीवाद संपूर्ण विश्व को नियंत्रित करने के लिए अपनी बांहें फैलाता है। इन ताकतों से निपटने के लिए साम्यवाद की उत्पत्ति होती है। एकतंत्र का प्रतिरोध करने के लिए लोकतंत्र आता है। लोकतंत्र के लिए भ्रष्ट ताकतें, मन-माफिक जोड़-घटाव करती हैं। आम आदमी की आर्थिक जरूरतों की रक्षा के लिए कानून बनाए जाते हैं। दूसरों के क्षेत्र में व्यवसाय करने के लिए और दूसरों के अर्थतंत्र पर पकड़ बनाने के लिए ऐसे रक्षक कानून तोड़े जाते हैं। इसके बाद बहुराष्ट्रीय संस्कृतियां जन्म लेती हैं। इस प्रकार विश्व एक अखंड सर्वोच्च अर्थतंत्र बनता है। इसमें किसी भी तरह की गिरावट ग्लोबल मंदी बनकर उभरती है, लेकिन विभिन्न अर्थ-व्यवस्थाओं के मिलने से कई सकारात्मक प्रभाव होते हैं। लोगों के द्वारा कई अच्छी चीजें अपनायी जाती हैं। कई अलग-अलग संस्कृतियां हाथ थामे एक साथ चलती हैं।

कृष्ण को इन सब विषयों की जानकारी थी। वे मानव-जीवन की विविधताओं का सम्मान करते थे। उनका अपना जीवन भी विविधताओं से भरा पड़ा था। उनका बचपन ब्रज के एक सामान्य परिवार में गुजरा। ब्रज के लोगों का जीवन सादगी से परिपूर्ण था। ब्रजवासियों का अर्थतंत्र जंगल के उत्पाद और गायों पर निर्भर करता था। वे अत्यंत सरल व्यक्ति थे। उन्हें शहरी सुरुचि संपन्नता की कोई जानकारी नहीं थी। वे सुखी जीवन का आनंद उठाते थे। उनके लिए एकमात्र खतरा मथुरा का दुर्जन राजा कंस था। कृष्ण ने कंस सहित सभी छोटे-मोटे खतरों को ब्रजवासियों की जिन्दगी से निर्मूल समाप्त कर दिया। जब

वे मथुरा पहुंचे तो उन्होंने वहां के लोगों को भी भरपूर खुशी दी, लेकिन राक्षसों का आक्रमण मथुरा पर भी जारी रहा। कृष्ण उनसे निपटने में इतने व्यस्त रहे कि वे कभी नजदीकी इलाके में स्थित ब्रज नहीं लौट पाए। जरासंध की कृष्ण से निजी दुश्मनी थी। मथुरा को उसके आक्रमण से निजात नहीं मिल रहा था। अंत में कृष्ण ने मित्रों, रिश्तेदारों और परिवार वालों के साथ मथुरा छोड़ने का निर्णय लिया। कुछ लोग निजी दुश्मनी मिटाने के लिए दूसरों की जिन्दगियों से खेलते हैं। कृष्ण ऐसे नहीं थे, वे निजी आनंद और दुश्मनी से कहीं ज्यादा समाज में शांति को महत्त्वपूर्ण मानते थे। उन्होंने राजधानी बदलने का निर्णय लिया।

कृष्ण गुजरात के समुद्री किनारे पर स्थित द्वारका चले गये। जल्द ही यह एक महत्त्वपूर्ण शहर बन गया। यहां की अर्थव्यवस्था भी सुदृढ़ थी। जरासंध, मगध जो आधुनिक केंद्रीय बिहार का क्षेत्र है, के राजा थे। उनके लिए यहां पहुंचना मुश्किल था। इसके लिए उन्हें कई राजाओं के साम्राज्यों से होकर गुजरना पड़ता, इसलिए कृष्ण ने काफी सोच-समझकर यह राजधानी बनायी थी। यह उत्तर और दक्षिण भारत के व्यापारिक मार्ग को जोड़ता था। इसलिए, यह प्रांत एक शक्तिशाली ताकत बनकर उभरा। द्वारका ने अपनी आर्थिक और कूटनीतिक शक्ति को भी बढ़ाया। कृष्ण ने पड़ोसी राजाओं से अच्छे संबंध स्थापित किये। वे परस्पर आक्रमण नहीं करते थे। यह कदम भारतीय उपमहाद्वीप की शांति के पक्ष में गया। दरअसल, कृष्ण ने अपना ध्यान इसी बिंदु पर केंद्रित किया था। कृष्ण को अपने लिए जो सही लगा, उसी का सुझाव उन्होंने अपने मित्रों को भी दिया। पांडवों को इंद्रप्रस्थ की बंजर जमीन दी गयी। कृष्ण की मदद से उन्होंने इसे समृद्ध राजधानी बनाया। इस बंजर जमीन को स्वीकार करना आवश्यक था क्योंकि कौरवों ने उन्हें यह हिस्सा दिया था। पांडव शक्तिशाली थे, वे चाहते तो अच्छे इलाके लिए युद्ध कर सकते थे, लेकिन युद्ध में कई निर्दोषों की जान चली जाती है। लोगों की जान और संपत्ति की रक्षा के लिए युद्ध को टालने की कोशिश करनी चाहिए। इसलिए भगवान् कृष्ण ने पांडवों को बंजर जमीन पर राजधानी बनाने की सलाह दी।

आजकल, औद्योगिक गतिविधियों के लिए उर्वर जमीन का उपयोग किया जाता है। जबकि इस कार्य के लिए बंजर जमीन से भी काम चल सकता है। ऐसा करने पर परिस्थिति की संतुलन भी कायम रहेगा। कृष्ण और पांडवों के संयुक्त प्रयास से इंद्रप्रस्थ एक सुंदर और समृद्ध राजधानी बन गया, लेकिन एक रुकावट बनी रही। उस इलाके में कुछ आपराधिक प्रजातियां रहती थीं। कृष्ण ने पांडवों को उनसे मित्रता की सलाह दी, लेकिन फिर भी वे अपराध पर

उतारू थे, अंत में उन्हें उस इलाके से उखाड़ फेंकना पड़ा। जब तक यातायात शांतिपूर्ण नहीं होगा तब तक कोई शहर समृद्ध नहीं होगा। आवागमन के साधन उन्नत, आरामदायक और निर्विघ्न होने चाहिएं। कृष्ण ने उन्हें इस ओर प्रेरित किया और जल्द ही इंद्रप्रस्थ एक धनी राज्य बन गया।

पांडवों में श्रेष्ठ युधिष्ठिर इंद्रप्रस्थ के राजा बने। उन्होंने कृष्ण के सुझाव पर राजकीय त्याग का आयोजन किया। इसमें सभी क्षेत्रों के राजाओं को निमंत्रण मिला। सभी राजा वहां पहुंचे, यह शांति के लिए किया गया प्रयास था। कृष्ण के कठोर प्रतिद्वन्द्वी शिशुपाल भी वहां आये। शिशुपाल ने कृष्ण का अपमान करना शुरू कर दिया। कृष्ण ने शिशुपाल की मां को वचन दिया था कि शिशुपाल की सौ गलतियां माफ कर देंगे, लेकिन अगर वह इस सीमा को पार कर जाता है तो उसे खतरा हो सकता है, तब उसे सजा मिलेगी। शिशुपाल यह सीमा पार कर गया। फलतः कृष्ण के सुदर्शन चक्र से उसका गला कटकर जमीन पर जा गिरा। भगवान् कृष्ण को विष्णु का अवतार कहा गया है। इस प्रकार एक दुर्जन व्यक्ति का अंत हुआ। वहां एक दूसरा दुर्जन राजा जरासंध भी मौजूद था। उसने कई राजाओं को परेशान कर रखा था और संपूर्ण महाद्वीप के लिए खतरा बना हुआ था। उसका अध्याय खत्म करने का यह एक अच्छा मौका था। भीम ने उसके साथ द्वैत खेला। कृष्ण के निर्देशों पर काम करते हुए भीम ने उसे मार गिराया। विश्व-शांति के रास्ते में अड़चन पैदा करने वालों को खत्म करने के लिए कृष्ण के पास सयंम और कूटनीतिक क्षमता थी।

वे शांति के रास्ते में व्यक्ति की निजी कल्पना और महत्त्वाकांक्षाओं को महत्त्व नहीं देते थे। हस्तिनापुर के दरबार में जब द्रौपदी अपमानित महसूस कर रही थी, तो उन्होंने शपथ ली थी कि वे दुशासन के खून से अपने बालों को धोएंगी। भीम ने दुशासन की छाती पर बैठकर उसका खून पीने और दुर्योधन की जंघा तोड़ने की प्रतिज्ञा ली थी। ये दोनों ही युद्ध के पक्ष में थे। वे समझौते के लिए तैयार नहीं थे, लेकिन कृष्ण ने उन्हें कूटनीतिक मिशन पर भेजने के लिए तैयार किया ताकि कौरवों और पांडवों के बीच शांति कायम हो सके। व्यक्ति विशेष की प्रतिष्ठा के लिए राष्ट्रों के बीच युद्ध नहीं होना चाहिए। हालांकि व्यक्ति का सम्मान विश्व-शांति के लिए आवश्यक है। वे स्वयं शांति मिशन पर गये, लेकिन उनका मिशन असफल रहा। युद्ध को टालने का हर संभव प्रयास करने में कोई बुराई नहीं है। जब युद्ध हुआ तो वे सच्चाई के पक्ष में खड़े थे। जहां सत्य है, वहां ईश्वर है, वहां भगवान् कृष्ण हैं।

# 31

## मानव समाज को कृष्ण का योगदान

**इहैव तैर्जितः सर्गो येषां साम्ये स्थितं मनः।**
**निर्दोषं हि समं ब्रह्म तस्माद् ब्रह्मणि ते स्थिताः॥**

**– गीता**

***जिन लोगों ने मानसिक संपूर्णता व एकरूपता को पा लिया है और जो जीवन व मृत्यु के बंधन से मुक्त हो गए हैं, किसी परम आत्मा के समान शुद्ध हैं, वे उसमें बसते हैं।***

भगवान् कृष्ण मानव–जाति के शाश्वत मित्र हैं। वे हमें रथ पर अपने प्रिय मित्र और शिष्य अर्जुन के साथ बैठने के लिए आमंत्रित करते हैं। हम उनकी बांसुरी की मधुर ध्वनि सुनते हैं और ड्रम, शंख व युद्ध–निनाद के झंझावात भी सुनते हैं। संपूर्ण विश्व युद्ध–क्रंदन से गूंज रहा है। यहां अधिकांश लोग व्यर्थ की चीजों के लिए लड़ रहे हैं, लेकिन कुछ के लड़ने की वजह जायज है। भगवान् कृष्ण संपूर्ण मानव–जाति के लिए लड़े। उन्होंने संपूर्ण मानव–जाति के कल्याण का संदेश दिया। उनका संदेश किसी विशेष धर्म या संपद्राय तक सीमित नहीं था। यह इन सबसे ऊपर की चीज है। उनका संदेश सार्वदेशिक और सार्वकालिक है। हम कल्पना करते हैं कि हम उनके संदेश की मीठी छाया के तले इस दुनिया में भ्रमण करते हैं। इस तरह की अनुभूति से हम एक बिल्कुल अलग दुनिया में पहुंचते हैं – यह दुनिया भयमुक्त और प्रेरणादायी है। यहां अपने और ब्रह्मांड के बीच रिश्ते के गहन ज्ञान के माध्यम से शांति प्रदान की जाती है।

भगवान् कृष्ण के जीवन और संदेश पर दो अच्छी पुस्तकें हैं। इनमें से एक गीता है। भक्ति की दृष्टि से यह किताब अद्भुत है। गीता में हमें पवित्र संदेश

मिलता है। इस किताब में भगवान् जीवन के कर्त्तव्यों के साथ-साथ आध्यात्मिक कर्त्तव्यों की भी चर्चा करते हैं। इसमें कहा गया है कि पाप सिर्फ वह नहीं है जो आपके कृत्यों में नजर आता है, यह आपके उद्देश्य में छिपा हो सकता है। कुछ लोग फल-प्राप्ति के उद्देश्य से काम करते हैं, लेकिन कुछ ऐसे भी हैं जो फल की चिंता नहीं करते हैं। जब फल की चिंता के बिना कोई काम किया जाता है तो इससे आत्मा अशुद्ध नहीं होती है। भगवान् कृष्ण के अनुसार अनुभव प्राप्ति, जीवन के साथ तालमेल बैठाकर चलना, मानसिक संतुलन और शांति कायम रखते हुए परमात्मा में अटूट विश्वास रखना ही सच्चा योग है।

वे एक महान संदेश देते हैं और विश्वासों की विविधता का आदर करते हैं। वे परमात्मा में विलीन होने की बातें करते हैं। वे परमात्मा के साथ एकाकार होने की चर्चा भी करते हैं। परमात्मा के साथ एकाकार होने के बाद आप सार्वभौमिक भाईचारे की अनुभूति करते हैं, इसके कई रास्ते हैं। इसमें कुछ भी ऐसा नहीं है जिसके लिए कहा जा सके कि यह निश्चित रूप से परमात्मा से एकाकार कर देगा। गीता ज्ञान के महत्त्व पर प्रकाश डालती है। गीता दान, त्याज और पूजा पर जोर देती है। यह जीवन को बुरी ताकतों से बचाने का संदेश देती है। दरअसल, यह किताब धर्म और पवित्रता से भी काफी ऊंचे तक जाती है। यह अच्छी और सुखद जिंदगी जीने का तरीका बताती है, चाहे आपकी धार्मिक प्रतिबद्धता जो भी हो। भगवान् कृष्ण जीवन की पवित्रता की वकालत करते हैं। वे कहते हैं कि व्यक्ति जिसे सच्चा ज्ञान प्राप्त हो गया है वह जीवन का पूर्ण रूपेण आदर करता है। गीता में वे कहते हैं कि सच्चा ज्ञानी छोटे प्राणियों को भी बराबर की महत्ता देता है। वह परमात्मा और चींटी में भेद नहीं करता क्योंकि उन दोनों में ही जीवन है।

उन्होंने अपने जीवन के कई वर्ष मानव-कल्याण में लगा दिए। कंस को मारने के बाद कृष्ण और बलराम को गर्ग मुनि ने गायत्री मंत्र का पाठ पढ़ाया। उसके बाद उन दोनों को संदीपनी मुनि के गुरुकुल में भेजा गया। वहां उन दोनों ने चौंसठ दिन तक लगातार अहर्निश परिश्रम कर चौसठों वैदिक और वैज्ञानिक कलाओं में दक्षता हासिल की। उन्हें रक्षा-विज्ञान, राजनीति और अध्यात्म का विशेष ज्ञान दिया गया। किताब की शुरुआत में ही कृष्ण की चौसठ कलाओं का वर्णन किया जा चुका है। गुरु दक्षिणा के तौर पर उन लोगों ने गुरु के पुत्र को मौत के मुंह से निकाला। हालांकि कृष्ण को किसी के द्वारा दिये जाने वाले

आदेश के पालन की जरूरत नहीं थी। फिर भी सामाजिक मान्यताओं में अपनी आस्था व्यक्त करने के लिए वे गुरु संदीपनी के गुरुकुल में गए। इस प्रकार कृष्ण और उनके भाई ने अच्छा उदाहरण पेश किया...भौतिक और आध्यात्मिक जीवन में आगे बढ़ने के लिए व्यक्ति को एक आध्यात्मिक गुरु से निर्देश लेना पड़ता है और उनकी सेवा करनी पड़ती है। जीवन में हमें पथ-प्रदर्शक की जरूरत होती है। एक अच्छे पथ-प्रदर्शक और गुरु के बिना या बड़ों के आशीर्वाद के बगैर हमें जीवन में सफलता नहीं मिलती।

औपचारिक शिक्षा प्राप्त करने के बाद भगवान् कृष्ण अगले अट्ठारह वर्षों तक मथुरा में रहे। वहां रहने की कोई जरूरत नहीं थी, ब्रज में राधा उनका इंतजार कर रही थी। ऐसे कई लोग थे जो कृष्ण की विरह वेदना में जल रहे थे, लेकिन मथुरा पर कई दैत्यों का खतरा मंडरा रहा था। कंस की मृत्यु के बाद दूसरे दैत्य उसकी मृत्यु का बदला लेने के लिए तैयार खड़े थे। आज भी, जब कोई आतंकवादी सरगना मारा जाता है तो उससे आतंकवाद का अंत नहीं होता। अंतर्राष्ट्रीय शांति और समृद्धि को तबाह करने के लिए फिर दूसरे आतंकवादी उठ खड़े होते हैं, यही वजह थी कि कृष्ण मथुरा में रुके रहे। वे दूसरे दुर्जन राजाओं से होने वाले खतरों को रोकना चाहते थे। कृष्ण और बलराम के पास अपने लिए समय नहीं था, लेकिन उन्हें अपनी पारिवारिक जिम्मेदारियां निभानी थीं। बाद में बलराम ने रेवती नामक एक राजकुमारी से विवाह रचाया और कृष्ण की कई रानियां थीं। उनमें सर्वश्रेष्ठ व अत्यंत रूपमती रुक्मिणी थी। भारत के पश्चिमी तट पर स्थित द्वारका में कृष्ण और बलराम ने अपने-अपने महल की स्थापना करवायी, वहां वे वर्षों रहे। हालांकि कृष्ण और बलराम दोनों ही विवाहित थे, लेकिन उन्होंने भौतिकता के प्रति कभी कोई मोह-माया नहीं रखी।

भगवान् कृष्ण जब नब्बे वर्ष के थे, तब कुरुक्षेत्र का महायुद्ध हुआ। उसमें सभी प्रमुख योद्धा शामिल थे। भगवान् कृष्ण पवित्रात्मा पांडवों की ओर से सारथी की भूमिका में थे, लेकिन बलराम ने लड़ाई से इंकार कर दिया। वे भारत वर्ष के सभी राजाओं को अपना आशीर्वाद देकर तीर्थयात्रा पर निकल पड़े। इस युद्ध की शुरुआत में कृष्ण ने अपना अद्भुत सार्वभौमिक रूप दिखाया, साथ ही उन्होंने अपना प्रसिद्ध संदेश भी दिया। इसे भगवद्गीता के नाम से जाना जाता है, सही मायनों में यह ईश्वर का संगीत है। इस गीत में भगवान् कृष्ण के द्वारा कहा गया हर ज्ञान अंकित है।

युद्ध के अंत में दुर्जन राजाओं का अंत हो गया और धार्मिक व नैतिक पांडवों का राज स्थापित हुआ। इसके बाद कृष्ण और बलराम पैंतीस सालों तक द्वारका में रहे व पार्थिव गतिविधियों से मुक्ति ली।

भगवान् शिव ने संसार की रक्षा करने के लिए समुद्र-मंथन में प्राप्त संपूर्ण विष पी लिया। इसी प्रकार कृष्ण को भी कई आरोप झेलने पड़े। दुर्योधन की मां गांधारी को विश्वास था कि कृष्ण युद्ध को रोक सकते हैं, लेकिन कृष्ण ने ऐसा नहीं किया। दुःखी गांधारी ने उन्हें शाप दिया कि उनका भी परिवार नष्ट हो जाएगा, शापित करते हुए गांधारी पर उनका मातृत्व रूप हावी था। वह पांडवों के प्रति हुए अन्याय को भूल गयी, वह द्रौपदी की बेइज्जती भूल गयी। वह सब कुछ भूलकर शाप दे रही थी, लेकिन कृष्ण ने समर्पण नहीं किया। वे ब्रह्मांड की शांति और समृद्धि के लिए हर त्याग करने को तत्पर थे। यीशु को अपनी जिंदगी देनी पड़ी। सुकरात को जहर पीना पड़ा। नेल्सन मंडेला को अपने जीवन के तीन दशक कारावास में गुजारने पड़े। कृष्ण को विश्व-शांति और सामंजस्य के लिए लगातार काम करना पड़ा। उन्होंने संदेश दिया कि अगर किसी परिस्थिति में आपको युद्ध करना पड़े तो मूलरूप को न छोड़ें। उनके गीता संदेश की एकमात्र वजह अर्जुन को प्रेरित कर कर्म-पथ पर अग्रसर करना ही नहीं था, बल्कि वे हमें बताना चाहते थे - "हम सभी मनुष्य हैं। हमारे अंदर एक अमर्त्य आत्मा है। शरीर का अंत, आत्मा का अंत नहीं है। इस जीवन से परे भी जीवन-चक्र है। अतः किसी भी हालत में मनुष्य को अपना धार्मिक कर्त्तव्य करना चाहिए और मानव-सभ्यता में सकारात्मक, शाश्वत और मूल्यवान परंपराओं का योगदान करना चाहिए।"

# 32

# संक्षेप में भगवान् कृष्ण के संदेश

**यत्र योगेश्वरः कृष्णो यत्र पार्थो धनुर्धरः।**
**तत्र श्रीर्विजयो भूतिर्ध्रुवा नीतिर्मतिर्मम ॥**
**- गीता**

***जहां समस्त क्रियाओं (योग) के स्वामी योगेश्वर श्री कृष्ण का अनुग्रह हो और धनुषधारी अर्जुन समान कर्मवान पुरुष हो तो सफलता प्राप्त करने में कोई संशय नहीं होता।***

- जीवन में भ्रम का कोई स्थान नहीं है।
- भ्रमित व्यक्ति सुखी जीवन नहीं व्यतीत कर सकता है।
- भ्रमित व्यक्ति सफलता प्राप्त नहीं कर सकता है।
- अपने ऊपर विश्वास करो।
- भगवान् के ऊपर विश्वास करें।
- ईश्वर, अपने कर्त्तव्य को समर्पित भाव से पूरा करने वालों की मदद करता है।
- परिश्रम का कोई विकल्प नहीं है।
- ज्ञान, कर्म और भक्ति के बीच संतुलन होना चाहिए।
- प्रत्येक व्यक्ति के पास अविनाशी आत्मा होती है।
- सत्य की रक्षा के लिए लड़ने में झिझक नहीं होनी चाहिए।
- मृत्यु जीवन का अंत नहीं है।
- सुख और दु:ख जीवन के दो अभिन्न अंग हैं।
- जीवन के द्वैत में मानसिक संतुलन नहीं खोना चाहिए।
- परिणाम की चिंता किए बिना अपने कर्त्तव्यों का निर्वहन् करें।
- परिणाम चाहे जो हो आप अपने काम पर ध्यान केन्द्रित करें।

- अपने आपको समझने की कोशिश करें।
- मानव–जीवन का उद्देश्य बड़ा है।
- ईश्वर ने आपको यह जीवन दिया है, इसे व्यर्थ न गवाएं।
- सत्यमय जीवन जीएं।
- जिसमें पूर्ण भक्ति है, ईश्वर उसका ख्याल रखता है।
- समर्पण और धैर्य से काम करें, आप विजयी होंगे।
- अगर आप धार्मिक जीवन जीयेंगे तो आपको शाश्वत सुख प्राप्त होगा।
- जनमानस के कल्याण के प्रति व्यक्तिगत सपनों और उपेक्षाओं का त्याग करना पड़ता है।
- स्वस्थ शरीर और शांत दिमाग के लिए शुद्ध भोजन लें।
- किसी मिशन पर जाने से पहले उसकी पूरी जानकारी हासिल कर लें।
- स्पष्ट अवधारणा के लिए समझदारी जरूरी है।
- ज्ञान, अनुभव और भक्ति से समझदारी आती है।
- स्पष्ट अवधारणा के बाद समर्पण प्राप्त होता है।
- जीवन का उसकी पूर्णता में आदर करें। यह कीमती है।
- दूसरों की जिन्दगी भी उतनी ही महत्त्वपूर्ण है।
- ईश्वर के आशीर्वाद और अपने अथक परिश्रम से जो काम किया जाता है उसका फल अवश्य मिलता है।